STATISTISCHE
MITTHEILUNGEN
ÜBER DIE
VOLKSWIRTHSCHAFTLICHEN ZUSTÄNDE
KURHESSENS

NACH AMTLICHEN QUELLEN

VON

BRUNO HILDEBRAND,
DR. DER PHILOSOPHIE UND DER RECHTE, UND ORDENTL. PROFESSOR DER STAATSWISSENSCHAFTEN AN DER HOCHSCHULE ZU ZÜRICH.

BERLIN, 1853.
VERLAG DER T. TRAUTWEINSCHEN BUCH- U. MUSIKALIEN-HANDLUNG.
(J. GUTTENTAG.)

Vorrede.

Zu den wenigen Resultaten der deutschen Märzbewegung von 1848 gehören die zahlreichen statistischen Publicationen über die volks- und staatswirthschaftlichen Zustände Deutschlands. Nicht nur, dass sich an die Thätigkeit des Frankfurter Parlaments und die dort zur Sprache gebrachten nationalökonomischen Fragen einzelne Veröffentlichungen unmittelbar anreihten [1]), auch die Regierungen der meisten Staaten legten die hergebrachte Scheu vor der Publicität ab und fanden sich veranlasst durch amtliche Mittheilungen über die ökonomische Cultur ihrer Bevölkerung die öffentliche Meinung aufzuklären. So hatte Oesterreich zwar schon vom Jahre 1846 an grosse statistische Tabellen [2]) dem Buchhandel übergeben, aber von ihnen war vieles ausgeschieden, dessen Kenntniss man dem Publicum für nachtheilig hielt; erst die Jahre 1848 und 1849 haben diese Trennung des Stoffes beseitigt, und namentlich über die Finanz-Verwaltung dieses Staates ist erst durch die neuesten Veröffentlichungen [3]) Licht verbreitet worden.

So besass Preussen zwar die vortrefflichen Arbeiten Hoffmann's, aber eine regelmässige und umfassende Publication der von der Regierung gemachten statistischen Erhebungen begann ebenfalls erst 1848 [4]), und über Baiern [5]) Hannover [6]) und Baden [7]) sind seit 1850 überhaupt zum ersten Male amtliche Beiträge zur Statistik ans Licht gekommen.

---

1) Zum Theil in den Berichten des volkswirthschaftlichen Ausschusses, zum Theil in besonderen Werken, wie in dem Buche „die Resultate der Berathungen der Regierungs-Kommissaire in Frankfurt zur Herstellung der Zolleinheit im Deutschen Reiche. Halle 1851."

2) Tafeln zur Statistik der Oesterreichischen Monarchie für das Jahr 1842. Wien 1846, für das Jahr 1843. Wien 1847 und für das Jahr 1844. Wien 1848. Fol.

3) Dasselbe Werk für die Jahre 1845 und 1846 I. Theil. Wien 1850, und Uebersichts-Tafeln zur Statistik der Oesterr. Monarchie für die Jahre 1847 und 1848. Wien 1851. 8v.

4) Durch die „Mittheilungen des statistischen Büreau's in Berlin, herausgeg. von Dieterici", von denen jetzt der 5te Jahrgang erscheint, und durch die „Tabellen und amtliche Nachrichten über den Preuss. Staat für das Jahr 1849. Bd. I. Berlin 1851.

5) Hermann, Beiträge zur Statistik des Königreichs Baiern. Bevölkerung. München 1850.

6) Zur Statistik des Königreichs Hannover, aus dem statistischen Büreau. Hannover 1851. 1852. 2 Hefte.

7) Amtliche Beiträge zur Statistik der Staatsfinanzen des Grossherzogthums Baden. Karlsruhe 1851.

Alle diese Publicationen sind zwar in ihrer Gesammtheit noch keine nationale Statistik Deutschlands, wie sie zur Erzeugung eines nationalen Selbstbewusstseins nothwendig ist, aber sie bilden die unentbehrlichen Grundlagen derselben und werden zu nothwendigen Ausgangspunkten für statistische und nationalökonomische Privatforschung auf Deutschem Boden.

Kurhessen gehört zu denjenigen Staaten Deutschlands, dessen volkswirthschaftliche Zustände noch immer in dem Schleier der Dunkelheit gehüllt sind. Weder die Staatsregierung hat jemals irgend welche Thatsachen über die Cultur des Landes publicirt, noch liegt irgend eine umfassende statistische Privatarbeit über Kurhessen vor.

Diese Lücke in der Statistik Deutschlands auszufüllen, ist der Zweck der hier folgenden Schrift. Den Anfang zu derselben machte ich in meiner Stellung als Professor der Staatswissenschaften an der Universität Marburg schon vor 8 Jahren mit eigenen Beobachtungen und Erhebungen. Später kam mir als Mitglied des volkswirthschaftlichen Ausschusses in Frankfurt einiges werthvolle Material in die Hände. Das Meiste verdanke ich aber meiner Theilnahme an dem hessischen Landtage in den Jahren 1849 und 1850, welche mir nicht nur das landständische Archiv, sondern auch die verschiedenen Ministerial-Reposituren öffnete, und mich in die Lage setzte, über einzelne Zweige der Statistik amtliche Ermittelungen zu veranlassen.

Was ich hier gebe, ist allerdings noch keine vollständige Statistik des Landes, wie ich sie ursprünglich beabsichtigte. Bei dem Mangel eines statistischen Büreau's konnte ich nur aus sehr zerstreuten Materialien eine Mosaikarbeit liefern, die noch vielerlei Lücken hat. Aber sie enthält dafür Manches, namentlich über die arbeitenden Klassen des Landes, was sonst selten in derartigen Mittheilungen zu finden ist, und was gerade für volkswirthschaftliche Untersuchungen besonders brauchbar erscheinen dürfte.

Dass überall grösste Zuverlässigkeit erstrebt und nichts ohne kritische Sichtung aufgenommen ist, bedarf wohl nicht erst der Versicherung. Von der staatswirthschaftlichen Gesetzgebung ist nur so viel beigefügt, als zum Verständniss der Zahlen nothwendig schien. Namentlich ist absichtlich sowohl jede Kritik der Gesetzgebung als auch jede Schlussfolgerung aus den statistischen Thatsachen behufs dieser Kritik ausgeschlossen worden. Daher die trockene Objectivität des Buches. Möge sein Inhalt der Kurhessischen Bevölkerung einigen Stoff zum Nachdenken über sich selbst gewähren und zu einer Quelle des Trostes werden.

Im Juni 1852.

Der Verfasser.

Inhaltsverzeichniss.

Erster Abschnitt.

Das Land.

Zweiter Abschnitt.

Die Bevölkerung.

A. Bevölkerungsverhältnisse der Lebenden.

B. Statistik der Geburten.

C. Statistik der Sterblichkeit.

D. Die ökonomischen Zustände der Bevölkerung.

I. Die landwirthschaftliche Bevölkerung.

Beilagen.

Erster Abschnitt.

Das Land.

A.

Politische Eintheilung des Landes.

§. 1.

Hessen-Cassel umfasste in der zweiten Hälfte des vorigen Jahrhunderts folgende 9 Gebiete:

das	Niederfürstenthum,	im	Jahre	1789	mit	214,808	Einw.*)
„	Oberfürstenthum	„	„	„	„	51,961	„
die	Grafschaft Ziegenhain	„	„	„	„	28,256	„
das	Fürstenthum Hersfeld	„	„	„	„	19,434	„
„	Schmalkaldensche	„	„	„	„	20,391	„
die	Niedergrafschaft Catzenelnbogen	„	„	„	„	19,871	„
„	Herrschaft Plesse	„	„	„	„	4,996	„
„	Grafschaft Schaumburg	„	„	„	„	33,755	„
„	„ Hanau	„	„	„	„	60,427	„
						453,899	Einw.

Die Verwaltung derselben lag in den Händen verschiede-

*) Neues Götting. Magazin B. 2. St. 2. S. 305. und Curtius, Geschichte und Statistik von Hessen. Marburg 1793. S. 298. Wir theilen diese Angabe über die Einwohnerzahl, deren Richtigkeit wir nicht verbürgen können, nur mit, um das Verhältniss dieser Gebiete anschaulich zu machen.

ner Collegien. In Cassel bestand eine Hauptregierung, deren Befugnisse sich zum Theil über das ganze Land erstreckten, in Marburg, Rinteln und Hanau Nebenregierungen mit rein localen Befugnissen, und für die Finanzen gab es nur in Cassel und Hanau Collegien, dort ein Steuercollegium und eine Oberrentkammer für Althessen, hier ein Steuercollegium und eine Rentkammer für die später hinzugekommenen Gebietstheile. Aber bei dieser Verwaltung blieb die historische Eintheilung des ganzen Staates durchaus bestehen und jeder der aufgeführten Bestandtheile wurde als ein selbstständiges Glied des Staates mit Rücksicht auf sein eigenthümliches Herkommen besonders verwaltet.

Durch den Reichs-Deputations-Hauptschluss vom 25. Februar 1803 verlor Hessen seine überrheinischen Besitzungen, Rheinfels und St. Goar, und erhielt dafür die in Hessen liegenden Mainzischen Gebiete unter dem Titel des Fürstenthums Fritzlar. 1806 folgte die westphälische Zeit. Nach der Wiederherstellung des Staates im Jahre 1813 erhielt derselbe durch verschiedene Verträge, namentlich im Süden, eine neue Begrenzung. Catzenelnbogen fiel an Nassau, die Herrschaft Plesse mit einigen Aemtern an Hannover, mehrere Bezirke an Weimar und einige Hanauische Gebiete wurden an Hessen-Darmstadt abgetreten. Dafür fielen ihm andere Hanauische Bezirke, ferner der Hauptheil des Hochstifts Fulda, ein Theil des Fürstenthums Isenburg, Volkmarsen und das ritterschaftliche Amt Buchenau zu.

In diesem neu begrenzten Staatsgebiet wurde zunächst das alte Verwaltungssystem des vorigen Jahrhunderts provisorisch wieder hergestellt. Dagegen trat durch das Organisationsedikt vom 29. Juni 1821 ein neuer Verwaltungsorganismus ins Leben, welcher die Erinnerungen an den historischen Ursprung der einzelnen Landestheile verwischte. Der ganze Staat wurde in 4 Provinzen oder Regierungsbezirke und 22 Kreise getheilt, von denen die Provinz Niederhessen 10, die Provinz Oberhessen, Fulda und Hanau jede 4 Kreise umfassten. 1829 wurde durch ein Ausschreiben des Staatsministeriums vom 23. Novbr. einer der 4 hanauischen Kreise, Salmünster, wieder aufgelöst und seine Bestandtheile den übrigen Kreisen dieser Provinz zugetheilt,*) so dass das ganze Land nur noch 21 Kreise umfasste. Seitdem blieb diese Eintheilung bestehen bis zum Jahre 1848. Das Gesetz vom 31. Octbr. 1848, welches eine Mitwirkung des Volkes bei der Verwaltung durch Einführung der schon in der Verfassungsurkunde vorgeschriebenen Bezirksräthe anordnete, setzte unter Beibehaltung der vorhandenen Kreiseintheilung an die Stelle der 4 Provinzen 9 Bezirke. Aber durch die Verordnung vom 7. Juli 1851 ist diese Bezirksorganisation wieder aufgehoben und die alte Provinzialeintheilung mit der Modification restaurirt worden, dass für die abgelegenen Kreise Schaumburg und Schmalkalden besondere Regierungs-Commissionen bestehen sollen.

B.

Umfang seiner Bodenfläche.

§. 2.

Das Gebiet des ganzen Staates ist noch nicht vollständig vermessen. Daher sind alle bisher über seinen Flächeninhalt gegebenen Angaben ungenau und differiren unter einander um nicht weniger als 41 □ Meilen. Die meisten geographischen und statistischen Handbücher geben den Umfang zu 208 □ M. an. Nach der im Jahre 1818 von Baumbach-Freudenthal gefertigten Karte Kurhessens beträgt sein Flächeninhalt 202 □ M. Pfister in seiner Landeskunde**) giebt ihn zu 176 □ M. an. Nach der um das Jahr 1830 angefertigten Karte des Herrn von Humbert beträgt er 170,81 geogr. □ M. oder $168\frac{7}{16}$ kurhess. □ M., und Landau endlich in seiner Beschreibung des Kurfürstenthums Hessen***) giebt ihn zu 167 □ M. an.

Eine kurze Geschichte der Landesvermessungen in Kur-

*) Das Amt Salmünster nebst dem Gerichte Romsthal wurde mit dem Kreise Schlüchtern, die Aemter Wächtersbach und Birstein mit dem Kreise Gellnhausen und das Amt Langenselbold mit dem Kreise Hanau vereinigt.

**) F. Pfister, kleines Handbuch der Landeskunde von Kurhessen. Kassel 1840. S. 5.

***) Cassel 1842. S. 36.

hessen wird zeigen, wie weit zur Ermittelung des Flächeninhaltes bereits sichere Grundlagen vorhanden sind. Die ältesten Vermessungen wurden in Kurhessen Behufs des Katasters am Ende des 17ten Jahrhunderts veranstaltet und es sind gegenwärtig noch Flurkarten vorhanden, die aus der Zeit vor 1700 herstammen. Später sind diese Vermessungen von 1764 bis 1797 unter Leitung einer Rectifications-Commission ziemlich ununterbrochen fortgesetzt worden. Da sie indessen nur in einzelnen Landestheilen zerstreut vorgenommen wurden und ausser Zusammenhang mit einander standen, so sind sie zur Ermittelung des Umfanges grösserer Gebiete erst in neuerer Zeit brauchbar geworden, seitdem sie mit den topographischen Landesvermessungen Hand in Hand gehen. Diese Letzteren begannen im Jahre 1822 unter Leitung des Oberst Wiegrebe, wurden im Jahre 1830 unterbrochen und erst in der Mitte des Jahres 1835 wieder fortgesetzt. 1837 war das Hauptdreiecks-Netz für den ganzen Kurstaat vollendet und die trigonometrischen Operationen in Beziehung auf die Dreiecke 2ten Ranges, die Detail-Vermessungen und die topographischen Verzeichnungen wurden begonnen und werden bis jetzt noch unter derselben Leitung des Oberst Wiegrebe durch ein besonderes topographisches Büreau fortgesetzt. Von der Karte, welche im Umfange von 40 Blättern das topographische Büreau publicirt, *) sind bis jetzt 6 Special-Karten-Blätter erschienen, welche zu den ausgezeichnetsten Arbeiten dieser Art in ganz Deutschland gehören, und man kann hoffen, dass das ganze Werk in etwa 2 Jahren vollendet sein wird.

Nach diesen topographischen Landesvermessungen lässt sich bis jetzt nur der Flächeninhalt folgender Landestheile bestimmen:

I. Der Herrschaft Schmalkalden (nach der im Jahre 1823 vollendeten Aufnahme) zu

5,247 geogr. □M. oder 118,699,4 C. Ack. **)

II. Der Provinz Oberhessen (nach der seit 1841 stattgefundenen Aufnahme) zu

35,434 geogr. □M. oder 801,599,99 C. Ack.

---

*) Nach dem Massstabe von $\frac{1}{50000}$ der wirklichen Grösse.

**) 1 geogr. □M. = 0,984 hess. □M. = 22,622,33 Cass. Acker; 1 C. Acker = 150 □R. = 0,934 Pr. Morgen.

III. Der Provinz Niederhessen, ohne Schaumburg, zu 72,095 geogr. □M. oder 1,630,957,6 C. A.*)

Vergleicht man diese Resultate mit den Flächengehalten der entsprechenden Landestheile theils nach der Humbertschen Karte, theils nach den Catastern in folgender Uebersicht:

	Landes-Vermessung.	Humbertsche Karte.	Cataster.
Schmalkalden	5,247	4,6355	5,248
Oberhessen	35,434	35,3695	35,218
Niederhessen ohne Schaumburg	72,095	72,8025	68,661

so ergiebt sich, dass die Flächengehalte sowohl der Humbertschen Karte, als auch des Catasters fast durchgängig etwas zu klein sind und dafs immer ihre gröfsten Angaben der Wahrheit am nächsten kommen. Ergänzt man daher die Landesvermessung in der Weise, durch die Beihülfe der Humbertschen Karte und des Catasters, dass man für die durch die Landesvermessung noch nicht bestimmbaren Landestheile denjenigen Flächengehalt annimmt, welcher in den beiden genannten Hülfsquellen der gröfste ist, so kommt man offenbar nach den vorhandenen Hülfsmitteln der Wahrheit am nächsten und es ergeben sich auf diese Weise für den Umfang des ganzen Landes folgende Resultate:

Landestheile.	In Cass. Ack.	In geogr. □M.
Niederhessen ohne Schaumburg nach der Landes-Vermessung	1,630,957,60	72,095
Schaumburg nach den Catastern	186,334,68	8,236
Provinz Niederhessen	1,817,292,28	80,331
Oberhessen nach der Landesvermessung	801,599,99	35,434
Fulda ohne Schmalkalden nach der Humbertschen Karte . . .	627,758,62	27,749
Schmalkalden nach der L.-Verm.	118,699,41	5,247
Provinz Fulda	746,458,03	32,996
Provinz Hanau n. d. Humb. K.	554,496,17	24,511
Ganz Kurhessen	3,919,846,47	173,27

*) Diese Berechnungen verdanke ich der besonderen Güte der Mitglieder des topographischen Büreaus.

Zugleich ergiebt sich aus dieser Darstellung das Grössen-Verhältniss der einzelnen Landestheile zu einander.

Niederhessen umfasst 46,3 % des Flächenraums,
und ohne Schaumburg 41,6 %

Oberhessen	20,5 %	
Fulda	19,1 %	und ohne Schmalkalden 16,1 %
Hanau	14,1 %	
	100	

C.

Cultur-Verhältnisse des Landes.

§. 3.

Allgemeines.

Von dem gesammten Gebiete sind nach den Catastern und nach den Ermittelungen der obersten Forstbehörde:

1,545,565	Cass. Acker	oder	39,4 %	Waldboden,
1,457,108$\frac{11}{16}$	„	„	37,2 %	Ackerland,
502,819$\frac{11}{16}$	„	„	12,8 %	Wiesen, Gärten u. Weinberge.
414,353$\frac{10}{16}$	„	„	10,6 %	Triesche, Wege, Gewässer und Unland,

und es kommt demnach gegenwärtig (nach der Volkszählung von 1849) auf einen Einwohner

2,03 Acker Wald,
1,91 „ Ackerland,
0,66 „ Wiese.

In den einzelnen Provinzen verhält sich die Bodenbenutzung in folgender Weise zu einander:

	In Niederhessen ohne Schaumburg.		Schaumburg.		Ganz Niederhessen.	
	Acker.	%	Acker.	%	Acker.	%
Wald	604,534	37	76,097	40,9	680,631	37,5
Ackerland	648,676,6	39,8	73,438,9	39,4	722,115	39,8
Wiesen u. Gärten	178,015	10,9	31,484,78	16,8	209,499,28	11,5
Triesche u. Unland	199,732	12,3	5,374	2,9	205,047	11,2
	1,630.957,60	100	186,334,68	100	1,817,292,28	100

	In Oberhessen.	
	Acker.	%
Wald	347,606	43,3
Ackerland	275,853,62	34,4
Wiesen und Gärten	105,438,37	13,1
Triesche und Unland	73,702	9,2
	801,599,99	100

	In Fulda ohne Schmalkalden.		Schmalkalden.		Ganz Fulda.	
	Acker.	%	Acker.	%	Acker.	%
Wald	248,179	39,5	65,783	55,5	313,962	42,0
Ackerland	235,050,92	37,5	26,893,6	22,6	261,944,03	35,0
Wiesen u. Gärten	88,237,7	14,1	15,780,81	13,3	104,028	14,0
Triesche u. Unland	56,291	8,9	10,242	8,6	66,524	9,0
	627,758,62	100	118,699,41	100	746,458,03	100

	In Hanau:	
	Acker.	%
Wald	203,366	36,7
Ackerland	197,196	35,6
Wiesen und Gärten	83,853	15,1
Triesche und Unland	70,081	12,6
	554,496	100

§. 4.
Die Waldungen.

Von der Waldfläche gehören:

	dem Staate,	den Gemeinden und Corporationen,	den Privaten,
in Niederhessen	465,971 A.	105,359 A.	109,301 A.
in Oberhessen	207,972 „	97,901 „	41,733 „
in Fulda	213,061 „	62,460 „	38,441 „
in Hanau	102,527 „	58,146 „	42,693 „
Ueberhaupt	989,531 A.	323,866 A.	232,168 A.

Die Productionsfähigkeit dieser Waldfläche erkennt man aus dem Ertrage der Staatswaldungen.*) Letztere lieferten

*) Diese werden unter Leitung eines Oberforst-Collegiums von 12 Forst-Inspectoren, 26 Oberförstern und 152 Revierförstern bewirthschaftet. Das Oberforst-Collegium wurde 1851 in eine Commission des Finanz-Ministeriums verwandelt. Ueber die seit langer Zeit angestrebte Verbesserung in der Forstverwaltung siehe meine Schrift: die Kurh. Finanzverwaltung. Cassel 1850. S. 20.

im Jahre.		Kl.*)		Thl. à Kl.
1830	einen Ertrag v.	233,340	od. Schock. z. Nettopr. v.	1
1835	„ „ „	239,568	„ „ „	$1\frac{1}{3}$
1848	„ „ „	287,522	„ „ „	$1\frac{3}{4}$**)

und zwar 93,67 % Brennholz,
2,95 % Bauholz,
1,70 % Werk- und Nutzholz
und 1,68 % Geschirr- und Stangenholz.

Hiernach kam auf einen Acker Wald
im J. 1830 ein durchschnittlicher Ertrag von 0,23 Klaftern
„ 1835 „ „ „ „ 0,24 „
„ 1848 „ „ „ „ 0,29 „

Die gesammte Waldfläche Kurhessens (1,545,565 Acker) liefert daher ausschliesslich der Nebennutzungen nach dem Maasstabe von 1848 einen Jahresertrag von 448,213 Klaftern im Werthe von 1,344,639 Thlrn., von denen 419,841 Klaftern in Brennholz und 28,372 Klafter in Bau-, Nutz- und Geschirrholz bestehen.

Nach der Volkszählung von 1849 kommen demnach auf die Familie 2,83 Klaftern Brennholz und 0,19 Kl. Nutzholz, und auf den Kopf 0,55 Klaftern Brennholz und 0,04 Klaftern Nutzholz. Uebrigens wird vom Finanzministerium, welches die oben mitgetheilten Resultate über den Holzertrag der Staatswaldungen in einer 1849 der Ständeversammlung gemachten Vorlage angiebt, selbst ausgesprochen, dass durch Verbesserung der Culturen eine fortwährende Steigerung des Holzertrages bis zu 0,4 und selbst vielleicht bis zu 0,5 Klaftern zu erwarten steht.

---

*) Der durchschnittliche Waldpreis war in den letzten Jahren 3 Thlr. für die Klafter, und die gesammten Productionskosten betrugen, inclusive von 20 Sgr. Holzhauerlohn, 1 Thlr $7\frac{1}{2}$ Sgr. In der Staatsrechnung belaufen sich die Productionskosten höher und steigen sogar auf 52 % der Einnahme, weil abgesehen von dem viel zu kostspieligen Verwaltungsmechanismus ein grosser Theil des Holzes aus den Staatswaldungen zu ermässigten Taxen gesetzlich abgegeben wird, und daher der gesammte Geldertrag geringer ist.

**) Die Klafter Holz (5 Fuss hoch und breit bei einer Scheitlänge von 6 F.) = 150 Kubikfuss = 1,0689 Preuss. Klafter = 3,572 Franz. Stères.

§. 5.
Die Produkte des Bergbaues.

a.

Die Bergwerksverfassung.

Der Kurhessische Boden verbirgt zwar in seinem Innern keine edeln Metalle, liefert aber alle bergmännischen Erzeugnisse, welche zu nothwendigsten Bedürfnissen der Völker geworden sind, fossile Brennstoffe, Eisen und Salz und ausserdem noch Kupfer, Kobalt und vortreffliche Bausteine.

Für die Gewinnung dieser Producte gelten im ganzen Lande mit Ausnahme von Schmalkalden noch die gesetzlichen Vorschriften der Verordnung vom 21. März 1616 (der sogenannten Bergfreiheit). Nach derselben sind Salzwerke, Steinkohlen und Eisenwerke ausschliesslich dem Staate vorbehalten und der übrige Bergbau insoweit Privaten und Gewerkschaften gestattet, als dieselben vom Staate Schürf- und Muthscheine lösen und sich gegen Abgabe des Zehnten vom Rohertrag belehnen lassen können. Für die Grafschaft Schmalkalden dagegen besteht eine besondere Bergwerksverfassung. Hier sind auch die Eisenwerke nach jahrhundertlangem Herkommen gewerkschaftlich und stehen mit den Hütten- und Hammerwerken nur unter der Aufsicht des Staates. *)

Den Zehnten hat die Praxis bei Bergwerken, welche eine geringe Ausbeute liefern, nach Befinden in den Zwanzigsten, Dreissigsten oder Vierzigsten umgewandelt, und von manchen Gruben wird statt des Zehnten ein fixer Kanon gezahlt. Die Erhebung aller dieser Abgaben, sowie die Leitung des Betriebes der Staatswerke und die Aufsicht über die Privatwerke ist einem Collegium übertragen, welches früher Bergrathscollegium und von 1821 an Ober-Berg- und Salzwerks-Direction hiefs, und seit 1851 als Commission im Finanz-Ministerium fungirt.

§. 6.
Fortsetzung.

b.

Fossile Brennstoffe.

Steinkohlen werden nur in der Grafschaft Schaumburg

*) S. die Gewerbeordnung für Schmalkalden vom 14. Februar 1827.

auf den mit Schaumburg-Lippe gemeinschaftlichen Staatsbergwerken bei Obernkirchen gewonnen. Dieselben lieferten in den Jahren

1831 u. 1832	durchschn. jährl.	1,115,842	Cub. Fuss Ausbeute
1840 bis 1842	„ „	1,730,232	„ „ „
1843 „ 1845	„ „	2,244,226	„ „ „

Der Geldwerth war 1843—1845 1½ Sgr. pro Cubikfuss und die Productionskosten betrugen ziemlich genau 50 Proc. des Ertrages, so dass der Rohertrag der letzgenannten Jahre einen Geldwerth von 110,211 Thlr. hatte und einen jährlichen Reingewinn von 55,105 Thlr. abwarf.

Da der Betrieb in seiner jetzigen Ausdehnung noch mindestens 200 Jahre fortbestehen kann, so lässt sich die Production von 1843—45 auch für die Zukunft annehmen, und es kommt demnach auf den Kopf 2,95 Cubikfuss Steinkohlen.

Braunkohlenwerke bestehen gegenwärtig 31 in Förderung, von welchen 3 auf Staatsrechnung, alle übrigen gewerkschaftlich oder von Privatbesitzern betrieben werden. Die grosse Mehrzahl liegt in der Provinz Niederhessen, wo die Ausdehnung mehrerer Kohlenlager bei dem dermaligen Betriebsumfange nach den angestellten Bohr- und Schürfversuchen noch eine Dauer von Jahrhunderten verspricht. Die jährliche Gesammtförderung beläuft sich auf 5,500,000 Cubikfuss im Geldwerthe von 150,000 Thlr. *) und kostet durchschnittlich gegen 70,000 Thlr. oder 46%, **) so dass sie einen reinen Gewinn von 80,000 Thlr. bringen. Von dem Gesammtproduct kommen demnach auf den Kopf 7,23 Cubikfuss Braunkohlen.

Ausser diesen fassilen Brennstoffen giebt es auch an mehreren Punkten des Landes noch Torfablagerungen, mit deren Ausbeutung sich Privatpersonen und an einem Punkte zu

---

*) Im Jahre 1845 wurden 5,593,465,5 Cubikfuss Braunkohlen im Verkaufswerthe von 162,579 Thlr. und 1846 4,957,447,5 Cubikfuss im Verkaufswerthe von 143,123 Thlr. gewonnen. S. Strippelmann in der landwirthschaftlichen Zeitung für Kurhessen. Cassel 1847 S. 144 und 316.

**) In dem habichtswalder Braunkohlenwerke, auf welchem die besten Kohlen gewonnen werden, sind die Productionskosten weit geringer. Hier wurden 1838 bis 1840 durchschnittlich 1,088,890 Cubikfuss Kohlen zum Verkaufspreise von 1 Sgr. 2 H. à Cubikfuss mit einem Kostenaufwand von 38 Procent des Verkaufspreises gewonnen.

Grossenmoor in der Provinz Fulda auch der Staat beschäftigen. Die Ergebnisse der Torfgewinnung sind höchst schwankend; gewöhnlich erstreckt sich letztere jährlich auf 7,000,000 Stück im Werthe von 5000 Thlr. am Ursprungsorte. Da das Stück Torf 192 Cubikzoll enthält, so gehen 9 Stück Torf auf 1 Cubikfuss (1728 Cubikzoll), und die Production beträgt demnach 777,777 Cubikfuss oder 1,02 Cubikfuss auf den Kopf.

§. 7.

Fortsetzung.

e.

Verhältniss der Production fossiler Brennstoffe zum Erzeugniss an Brennholz.

Nach den vorhergehenden Ermittelungen producirt Hessen an Brennstoffen auf den Kopf der Bevölkerung nach der Zählung von 1849 0,55 Klafter Brennholz oder, da die Klafter Holz 100 Cubikfuss wirklichen Holzinhalt umfasst,

55	Cubikfuss	Holz,
2,95	„	Steinkohlen,
7,23	„	Braunkohlen,
1,02	„	Torf.

Um das Verhältniss der Production an fossilen Brennstoffen zum Holzerzeugniss festzustellen, müssen alle 4 verschiedene Gattungen von Brennstoffen nach ihrer Heizkraft gemessen werden. Torf giebt bei gleicher Gewichtsmenge so viel Wärme wie Holz und besitzt durchschnittlich die Hälfte der Heizkraft der Steinkohlen*), und 140 Cubikfuss Braunkohlen besitzen im Durchschnitt die Heizkraft von 100 Cubikfuss Holz.**)

---

*) S. Zeller landwirthschaftliche Verhältnisskunde (Gewerbe). Darmstadt 1845 S. 148.

**) Strippelmann nimmt am angeführten Orte an, dass bereits 120 Cubikfuss Braunkohlen die Heizkraft von 100 Cubikfuss Holz besässen, aber seiner Annahme liegt offenbar nur die Erfahrung an den besseren Kohlen auf den Staatswerken zu Grunde. Nach angestellten Versuchen erhitzt zwar 1 Pfund der besten habichtswalder Braunkohlen ebenso wie 1 Pfund künstlich ausgetrocknetes Holz 35 Pfund Wasser bis zum Siedepunkt, aber 1 Pfund der schlechtesten Sorten Kohlen nur 20 Pfund Wasser. S. Zellers landw. Verhältnisskunde im angeführten Hefte. S. 150.

Ein Cubikfuss brauner und schwarzer Torf wiegt ferner durchschnittlich 13 Pfd. Ein Cubikfuss habichtswalder Braunkohlen wiegt 40 Pfund, und die übrigen Braunkohlen zwischen 35 und 38 Pfund, so dass man im Durchschnitt den Cubikfuss sämmtlicher hessischen Braunkohlen zu 37 Pfund annehmen kann. Das Gewicht eines Cubikfusses Steinkohlen beträgt ungefähr 50 Pfund, und 100 Cubikfuss lufttrockenes Buchenholz wiegen 40 Ctr. oder 4,400 Pfund. Da indessen das Holzerzeugniss nicht ausschliesslich in Buchenholz besteht, sondern zum Theil ein geringeres Gewicht hat, so wird man der Wahrheit nahe kommen, wenn man 100 Cubikfuss Holz durchschnittlich zu 4000 und 55 Cubikfuss Holz zu 2200 Pfund annimmt.

Nach diesen Thatsachen sind:

2,95	C.-F.	Steink. =	147,5	Pfd.	Steink. =	295	Pfd.	Holz,
7,23	„	Braunk. =	267,5	„	Braunk. =	191	„	„
1,02	„	Torf =	13,26	„	Torf =	13,26	„	„
					Summa	499,26	Pfd.	Holz.

Das Product an fossilen Brennstoffen hat demnach die Heizkraft von 499,26 Pfund oder in runder Summe von 500 Pfund, d. h. $\frac{1}{8}$ Klafter Holz, und beträgt demnach 18,5 % der gesammten in Hessen erzeugten Brennstoffe.

§. 8.

Fortsetzung.

d.

Eisen.

Unter allen Zweigen des Bergbaues in Kurhessen ist die Eisenproduction die bedeutendste. Von den bestehenden Eisenhüttenwerken gehören 4 dem Staat, 1 zu Neuenschmidden im Kreise Schlüchtern dem Fürsten Isenburg und 2 zur Neuenmühle und bei Bettenhausen im Kreise Kassel dem Fabrikanten Hartwig und der grosse Eisen- und Stahl-Hütten und Hammerbetrieb des Kreises Schmalkalden ist gewerbschaftlich. Die Staatswerke sind zu Schönstein im Kreise Ziegenhain, zu Holzhausen bei Homberg, zu Bieber im Kreise Gelnhausen und zu Veckerhagen im Kreise Hofgeismar. Zu dem ersteren dieser 4 Hüttenwerke gehören die Eisenhämmer zu Rosenthal und

Obernurf nebst den gepachteten Eisenhämmern zu Fischbach und Neubau. Zu den letzten, das Eisenhammerwerk zu Lippoldsberg.

Auf den beiden Werken des Fabrikanten Hartwig werden jährlich gegen 570,000 Pfd. Stabeisen verschiedener Art aus erkauftem Roheisen und altem Brucheisen erzeugt und theils unmittelbar in der Umgegend abgesetzt, theils zu Blech auf dem zugehörigen Walzwerke verarbeitet. Das Eisenhammerwerk des Fürsten von Isenburg besteht aus einem schwach betriebenen Hochofen mit Giesserei und aus einem Eisenhammer. Die jährliche Production desselben steigt gegenwärtig nicht über 2500 Ctr. Gusswaaren und 1200 Ctr. Stabeisen.

Auf den Staatswerken wurde:

	Gusseisen,	Schmiedeeisen,
1831 —	46,923 Ctr. 73 Pfd.	21,045 Ctr. 23 Pfd.
1832 —	46,623 „ 86 „	18,986 „ 64 „

erzeugt.

	Gusswaaren,	Roh- u. Wascheisen,	Schmiedeeisen,
1840—42 durchschn.	20,488,58 Ct.	28,886,39 Ct.	18,350,17 Ct.
1843—45 „	19,966,91 „	34,264,43 „	17,830,19 „

Und im Durchschnitte der Jahre 1846 und 47 betrug die jährliche Erzeugung an Gusswaaren, Roheisen und Wascheisen auf den Staatswerken 7,320,987 Pfd. Kölnisch und auf den Privatwerken 4,420,900 Pfd., überhaupt also 11,741,887 Pfd., an Stabeisen verschiedener Gattung und an Stahl aber auf den Staatswerken 2,223,787 Pf. und auf den Privatwerken 2,902,770 Pf., zusammen also 5,126,557 Pfd.

Der Werth dieser Production stellt sich bei richtiger Veranschlagung, d. h. wenn der Werth des zu Stabeisen und Stahl verfrischten Roheisenquantums für sich unberücksichtigt gelassen wird, weil derselbe in der Preisberechnung des ausgebrachten Stabeisens enthalten ist, auf die Summe von 458,750 Thlr. jährlich.

Zur Ermittelung der Productionskosten liegen uns nur aus den Jahren 1838 und 1839 und zum Theil auch aus den Jahren 1840 und 41 Berechnungen der Oberbergwerks-Direction vor. Eisenstein wird in vielen verschiedenen Gruben gewonnen, und es kostet das Fuder (25,76 Hess. Cub. Fuss) 2½ bis 5 Thlr.

Ausserdem wird aber auch noch in der Schönsteiner Hütte Wetzlarer Eisenstein wegen seines grösseren Eisengehaltes und seiner Leichtflüssigkeit bezogen und zwar das Fuder zu 10 Thlr.

Gusseisen wurde in den Jahren 1838 und 1839 auf den Holzhäuser Hüttenwerken am theuersten und auf dem Eisenwerke zu Bieber*) am wohlfeilsten producirt. Dort betrug der Netto-Gewinn 13,18 %, hier 71,9 % des Productenwerthes. Dazwischen steht die Production in Veckerhagen und Schönstein. In Veckerhagen wurde der Centner Gusseisen für 4 Thlr. 11 Sgr. 6 Hlr. verkauft und für 3 Thlr. 15 Sgr. produzirt**), so dass 27,04 % gewonnen wurden, in Schönstein verkaufte man den Centner für 4 Thlr. 1 Sgr. 3 Hlr. und produzirte ihn für 2 Thlr. 24 Sgr. 7 Hlr., so dass sich ein Gewinn von 45,15 % des Verkaufspreises ergab.

Roheisen wurde zu Bieber in den Jahren 1838—41 mit 36,6 % Gewinn producirt, in Holzhausen dagegen konnte es im Jahre 1839 nur mit 20,16 % des Productionspreises Verlust verkauft werden, und im Jahre 1838 wurde gar nichts abgesetzt. Für Stabeisen endlich stellte sich das Verhältniss der Productionskosten zum Gewinn in folgender Weise heraus:

---

*) Bei einem Hochofen zu Bieber wurden auf 100 Pfd. Eisenstein

	verbraucht:		gewonnen:
im Jahr	Zuschlag	Kohlen	
1838	3,96 Pfd.	46,69 Pfd.	35,43 Pfd. Eisen
1839	4,69 „	53,52 „	39,14 „ „
1840	0,27 „	50,66 „	39,69 „ „
1841	5,28 „	50,07 „	36,60 „ „
Bei dem Hochofen zu Homberg dagegen			
1838	23,75 Pfd.	55,76 Pfd.	31,56 Pfd. Eisen
1839	22,05 „	58,11 „	36,82 „ „

**) Beim Hochofen zu Veckerhagen wurden auf 100 Pfd. Eisenstein

	verbraucht:		gewonnen:
im Jahr	Zuschlag	Kohlen	
1838	21,4 Pfd.	58,0 Pfd.	30,7 Pfd. Eisen
1839	15,14 „	51,48 „	32,18 „ „
1840	16,88 „	54,86 „	35,03 „ „
1841	18,37 „	51,32 „	36,87 „ „

auf den Werken	in den Jahren	die Waage (120 Pfd.) wurde verkauft für Th.	Sg.	Hl.	producirt für Th.	Sg.	Hl.	der Gewinn betrug daher Th.	Sg.	Hl.	oder Prozenten des Verkaufspreises.
Fischbach (Schönstein) .	1838 und 1839	6	9	9	6	4	3	—	5	6	2,74
Obernurf „	1838 „ 1839	6	8	7	5	21	11	—	16	8	9,99
Rosenthal „	1838 „ 1839	6	8	10	5	20	9	—	18	10	11,42
Neubau „	1838 bis 1840	6	11	10	5	19	8	—	22	2	13,60
Lippoldsberg (Veckerhagen)	1838 „ 1842	6	10	6	5	18	2	—	22	4	14,32
Bieber	1838 „ 1841	6	13	10	4	29	1	1	14	9	29,09
Homberg (Holzhausen) .	1838 und 1839	6	18	10	6	3	9	—	15	1	8,51
Rommershausen (Holzhausen)	1838 „ 1839	4	1	3	2	24	10	1	6	5	20,84
Durchschnitt		6	2	11	5	10	3	—	22	8	13,81

Uebrigens fehlt in diesen Productionskosten sowohl die Summe, welche für allgemeine Betriebskosten verwendet wird, als auch der Beamtengehalt, und es lässt sich aus dem berechneten Gewinn noch kein Schluss auf die Vortheile des Staats ziehen, welche mit dem Selbstbetriebe des Berg- und Hüttenwesens verbunden sind.

§. 9.

Fortsetzung.

e.

Kobalt und Nickelerze.

Kobalt und Nickelerze werden gegenwärtig nur zu Richelsdorf und Bieber vom Staate gewonnen. Früher wurden auch in dem Kreise Schmalkalden am Kirchberge bei Asbach diese Erze gefunden, zwar in geringer Quantität, aber sehr ausgezeichnet ihrer Qualität nach. Indessen ist dieser Bergbau so erschöpft, dass schwerlich Aussicht auf Erschrotung neuer Anbrüche noch vorhanden ist.

Die Betriebsresultate waren:

zu Richelsdorf:

im Jahre	Kobalt u. Nickel.		Preis eines Centners.		Selbstkost eines Centners.		Gewinn.		Gewinn in Procenten.
	Ctr.	Pfd.	Thlr.	Ggr.	Thlr.	Ggr.	Thlr.	Ggr.	
1838	373	77,5	49	3,7	41	12,1	7	15,6	18,4 %
1839	516	40,7	37	23	30	13,9	7	9,8	24,2 %
1840	440	56,5	30	19	32	41,1	1	19,2	5,5
1841	463	1	31	5,4	32	3,5	—	22	2.8
1842	472	51,2	30	21,7	30	21,2	—	0,5	0,05

zu Bieber:

				Die Selbstkosten übersteigen den Erlös um
1838	303½ Ctr.	44 Fl. 39 Kr.	54 Fl. 53 Kr.	10 Fl. 14 Kr.
1839	100 „	28 „ 1 „	62 „ 1 „	34 „ — „
1840	302¼ „	33 „ 35 „	56 „ 3 „	22 „ 28 „
1841	281 „	24 „ 26 „	68 „ 40 „	44 „ 14 „

Der Werth dieser Erze ist nach den sehr verschieden vorkommenden Abstufungen des Gehaltes und der Qualität höchst abweichend. In der neuesten Zeit beträgt die gesammte Jahresförderung gegen 900 Centner und ihr Geldwerth schwankt zwischen 30,000 und 40,000 Thlr. Die ganze Erzgewinnung wird jetzt auf dem Staats-Blaufarbenwerke zu Schwarzenfels verarbeitet, indem der Kobaltgehalt der Erze zur Darstellung blauer Schmalte verwendet, ihr Nickelgehalt aber zu einer reichhaltigen Nickelspeise concentrirt wird. Es wurden früher durchschnittlich 6000 Centner Schmalteglas im Geldwerthe von 65,000 Thlr. jährlich in Handel gebracht, gegenwärtig erreicht aber der Absatz in Folge der Concurrenz der Schmalte mit dem künstlichen Ultramarin nur die halbe Höhe des angegebenen Belaufs, und es hat deshalb die Production beschränkt werden müssen.

§. 10.

Fortsetzung.

f.

Kupfer.

Kupfererze werden nur zu Richelsdorf und zwar ebenfalls vom Staate gewonnen. In älterer Zeit wurde auch noch zu

Bieber, zu Frankenberg, im Kreise Schmalkalden und an mehreren Punkten am Fusse des Meissners Bergbau auf Kupfererze getrieben. Es hat hier aber die Erschöpfung solcher Erze, deren Gehalt bauwürdig war, den Bergbau zum Erliegen gebracht.

Der in Richelsdorf gewonnene Kupferschiefer enthält 2½ % Kupfer, und die Felder sind so weit aufgeschlossen, dass man bei der gegenwärtigen Production von 1350 bis 1450 Centner Garkupfer jährlich, mindestens auf einen hundertjährigen Betrieb rechnen kann. Das gewonnene Garkupfer wird zum Theil auswärts an Privatfabriken nach Nürnberg, Augsburg, Bremen u. s. w. verkauft, zum Theil auf der dem Staate gehörigen Kupfer- und Messingfabrik bei Kassel verarbeitet. Die Erzeugungskosten für den Centner Garkupfer zu 110 Pfd. Köln. betragen gegenwärtig immer noch über 30 Thlr.: es wird daher nur mit Vortheil producirt, wenn die schwankenden Kupferpreise hoch stehen. In den Jahren 1838 bis 1841, über welche uns specielle Nachweise vorliegen, stellten sich folgende Betriebsresultate heraus.

im Jahr	wurden producirt	der Preis des Centners Kupfer betrug		die Selbstkosten betrugen		der Gewinn oder Verlust betrug		
	Ctr.	Thlr.	Ggr.	Thlr.	Ggr.	Thlr.	Ggr.	
1838	1242	33	12,5	33	10,8	—	1,7	Gewinn
1839	1138	33	4,7	34	17,7	1	13	Verlust
1840	1177	33	12,7	36	3,6	2	14,9	„
1841	1259	34	6,1	35	9,2	1	3	„

§. 11.

Fortsetzung.

g.

Salz.

In Kurhessen sind gegenwärtig 3 Salinen im Betriebe, Sooden bei Allendorf an der Werra, Nauheim bei Friedberg in der Wetterau und Rodenberg im Kreise Schaumburg. Die Salinen zu Karlshafen und Schmalkalden sind eingegangen, weil sie bei zu geringem Gehalte ihrer Soolquellen und zu kostspieligen Brennmaterialien zu theuer producirten, und weil das erforderliche Salz durch die andern Salinen geliefert werden konnte. Der Betrieb aller 3 Werke geschieht durch den Staat und für Rechnung des Staates. Rodenberg ist seit Beginn seines Betriebes völliges Staatseigenthum. Sooden gehörte Anfangs einer Actiengesellschaft, den sogenannten Pfännern, wurde aber verschiedene Male durch besondere Verträge und zuletzt durch einen Vertrag, der unter Landgraf Wilhelm IV., dem ältesten Sohne Philipp des Grossmüthigen, im Jahre 1586 abgeschlossen wurde, für einen bestimmten jährlichen Betrag dem Staate verpachtet, und Nauheim, welches ebenfalls ursprünglich in den Händen einer sogenannten Söderzunft war, wurde seit 1566 durch mehrere Vergleiche nach und nach stückweise an die Grafen von Hanau abgetreten.

Der Gehalt, der aus einem Schachte geförderten Soolquelle wechselt in Sooden von 4 bis 4,8 %, aber Bohrversuche in der Nähe haben Soole von 6,5 %, jedoch bis jetzt noch nicht in genügender Menge gegeben. Auch in einer Entfernung von 2½ Stunden von der Saline, nordöstlich vom Meissner, ist bei dem Dorfe Laudenbach ein Bohrversuch angestellt, aber noch nicht vollendet, der eine reichere Soole, die keiner Gradirung bedürfte, zu geben verspricht.

Die Nauheimer Soolquellen haben einen Rohsalzgehalt von 3,2 %; sie sind durch Bohrlöcher aufgeschlossen, aus denen die Soole mit hoher Temperatur (22 bis 27° R.) freiwillig überfliesst. In Rodenberg dagegen erhebt sich die Soole, welche ebenfalls durch Bohrlöcher gewonnen ist, bei schwacher Förderung bis zu einem Gehalte von 9 %. Um jedoch hier die zum Betriebe der Gradirung und Siedung nöthige Soole zu gewinnen, muss die Förderung in der Regel so stark betrieben werden, dass der Gehalt auf 4,3 bis 4 % herunter sinkt, und es ist dabei nöthig, dass die wilden Wasser mittelst einer Dampfmaschine aus einem Schachte bis auf einen gewissen Grad gefördert werden.

Die Salzproduction hat sich in Sooden und Rodenberg von Jahr zu Jahr gesteigert, in Nauheim dagegen ist sie ziemlich constant geblieben.

Sie betrug:

im Jahre	in Sonden Säcke.	in Rodenberg Säcke.	in Nauheim Säcke.	überhaupt Säcke zu 200 Pfd. Köln.
1831	30,418	3,698	37,070	71,186
1832	32,005	3,787	37,982	73,774
1838	39,411	12,885	35,985	88,281
1839	40,674	13,036	37,374	91,084
1840	40,701	11,626	37,735	90,062
1841	41,666	14,571	36,304	92,541

In den Jahren 1847 und 1848 ist die jährliche Gesammtproduction auf 97,382 Säcke oder 182,193 Zollcentner (à 106,9 Pfd. Köln.) gestiegen, welche vom Staate für 541,000 Thlr. (der Zollcentner zu 2 Thlr. 29 Sgr. 1 Hell.) verkauft wurden, und einen reinen Gewinn von 155,687 Thlrn. abwarfen.*) Es kam demnach auf den Kopf der Bevölkerung 25,6 Pfd. Salz.

§. 12.

Durchschnittlicher Jahresertrag sämmtlicher Berg- und Salinenwerke und sein Geldwerth.

Aus den bisherigen Ermittelungen ergiebt sich folgende Uebersicht der jährlichen Bergbauproducte und des Geldwerthes derselben:

Producte.		Geldwerth.
Steinkohlen . .	2,244,226 Cub.-Fuss	110,211 Thlr.
Braunkohlen . .	5,500,000 „ „	150,000 „
Torf	777,777 „ „	5,000 „
Guss- und Roheisen	11,741,887 Pfd.	458,750 „
Stabeisen und Stahl	5,126,557 „	
Kobalt u. Nikkelerze . . .	900 Ctr.	35,000 „
Garkupfer . . .	1,400 „	46,200 „
Salz	97,382 Säcke à 200 Pfd.	541,000 „
	Summa	1,346,161 Thlr.

Allerdings werden ausser den hier aufgeführten Producten noch natürliche Bausteine, Kalksteine zur gewöhnlichen

*) Siehe meine Schrift über die Kurh. Finanzverwaltung. Cassel 1850. S. 28.

Mörtel- und zur Cement-Bereitung, Gyps zur Verwendung als Düngmittel und für bauliche Zwecke, Thon zu gebrannten Waaren des verschiedenartigsten gewerblichen und häuslichen Bedarfs, so wie zum Gebrauche als Wascherde im Lande häufig gewonnen und benutzt. Diese Materialien sind jedoch in der Regel nur von örtlicher Wichtigkeit, und es fehlt an genügenden statistischen Zahlenangaben über den Umfang ihrer Gewinnung. *) Höchstens dürfte sich ihr Geldwerth auf 54,000 Thlr. belaufen, so dass der Gesammtwerth aller Bergbauproducte Kurhessens in runder Summe zu 1,400,000 Thlr. anzunehmen ist.

§. 13.

Landwirthschaftliche Cultur.

a.

Feldbestellung.

Bis zu Anfang dieses Jahrhunderts war in Hessen die mittelalterliche Dreifelderwirthschaft noch das herrschende Ackerbau-

*) Die einzigen noch vorhandenen zuverlässigen Angaben beziehen sich:

I. auf die Sandsteingewinnung am Bückeberge bei Obernkirchen im Kreise Schaumburg. In diesen Steinbrüchen werden jährlich gegen 100,000 Cubikfuss Sandsteinquadern gewonnen, von denen etwa 25,000 Cubikfuss über die Grenzen Deutschlands hinaus, nach Russland, Holland, Dänemark, Schweden, Amerika etc. ausgeführt werden. Der Durchschnittswerth der jährlichen Production wird von den Steinhauern zu c. 25,000 Thlr. angegeben. Der Staat bezieht von diesen Brüchen eine Abgabe von 2 bis 3 Proc. dieses Werthes.

II. auf die Gewinnung von Schwerspath und Alabaster im Kreise Schmalkalden. Dort werden durchschnittlich jährlich

3350	Centn.	Schwerspath	im Werthe von	1680 Thlrn. und
1680	„	Alabaster	„ „ „	778 „
			Summa	2458 Thlrn.

gewonnen und ins Zollvereinsgebiet ausgeführt.

III. auf die Ausfuhr von Häfenthon aus den Staatsthongruben zu Grossalmerode. Die Ausfuhr dieses vortrefflichen Thones über Bremen nach Amerika, wo er in den Glasfabriken zur Anfertigung der Glashäfen (Schmelzgefässe für die Glasmasse) und zur Herstellung der feuerfesten Schmelzofentheile verwendet wird, beträgt jährlich im Durchschnitte

24,000 Ctr. à 110 Pfd. Köln. im Werthe von 4,000 Thlr.

Wie viel dagegen von diesem Thon für die einheimische Industrie jährlich gewonnen wird, ist unbekannt.

system. Seit den letzten Jahrzehnten ist indessen die Bestellung des Brachfeldes mit Kartoffeln, Hülsenfrüchten, Futterkräutern, Flachs etc. immer allgemeiner geworden, und gegenwärtig wird nur noch in einzelnen Gegenden das Brachfeld unbestellt gelassen.

Das Winterfeld wird mit Korn und Waizen, das Sommerfeld mit Gerste und Hafer bepflanzt. Zum Waizenbau werden vorzugsweise die Kleeäcker benutzt, und was in der einen Periode mit Gerste, wird in der anderen mit Hafer bepflanzt und umgekehrt. In der Regel düngt man das Land nur alle 3 Jahre bei Bestellung der Brachfrüchte und rechnet durchschnittlich auf den Casseler Acker 6 vierspännige Wagen Dünger im Werthe von 12 Thlrn. Nur wo Wintersaamen oder Klee gestanden, wird in vielen Gegenden auch das Winterfeld mässig gedüngt oder gepfercht, eben so das Sommerfeld, welches zur Gerste bestimmt ist, wenn Wintersaamen oder Klee folgen soll.

Ueber die Verhältnisse der auf dem Ackerboden erzeugten Producte gewähren zwei statistische Erhebungen Aufschluss, welche im Jahre 1847 unter dem Ministerium Koch in Folge der stattgefundenen Theuerung über die Feldbestellung gemacht wurden. Die eine fand Ende Mai statt und umfasste die bereits bestellten Felder, die andere wurde im September ausgeführt und umfasste die Aecker, welche für die Ernte des Jahres 1848 bestellt wurden.

Nach dem Durchschnitt der beiden Aufnahmen umfasste von den 1,457,108 Cass. Ackern Pflugland:

In den Provinzen.	Das Waizenfeld.		Das Roggenfeld.		Das Gerstenfeld.		Das Haferfeld.		Das Kartoffelfeld.*)	
	Acker.	%	Acker.	%	Acker.	%	Acker.	%	Acker.	%
N.-Hessen	63,177,5	8,7	174,568	24	44,594	6,1	134,249	18,6	69,433,5	9,6
O.Hessen .	15,419	5,6	69,997	25,2	22,377,5	8,1	56,602	20,6	21,553,5	7,8
Fulda . . .	25,239,5	9,6	76,116,5	29	18,866	7,2	62,457	24,0	37,464,5	14,3
Hanau . .	21,944,5	11,1	44,432,5	22,5	21,699,5	11,0	24,845	13,0	34,585,5	17,5
Kurhessen	125,780,5	8,7	365,114	25,1	107,557	7,1	278,153	19	163,037	11,2

*) Von den übrigen Feldern führen wir nur noch die mit Oelfrüchten, Flachs und Taback bebauten an.

Der verhältnissmässig grösste Anbau von Waizen fand im Kreise Hanau statt, er umfasste $\frac{3}{4}$ des Roggenfeldes; in den Kreisen Hünfeld, Homberg und Eschwege circa die Hälfte; in den Kreisen Melsungen, Rotenburg und Gelnhausen circa $\frac{2}{5}$ und im ganzen Lande durchschnittlich ungefähr $\frac{1}{3}$. Am ungünstigsten war das Verhältniss im Kreise Frankenberg, wo 14 Mal so viel Roggen als Waizen angebaut war. Hieran reihen sich die Kreise Schmalkalden und Fulda, wo das Waizenfeld 0,22 % und 0,24 % des Roggenfeldes betrug. Die Fläche, auf welcher Hafer gebaut wurde, war durchschnittlich $\frac{3}{4}$ von der des Roggens, im Kreise Frankenberg steigt sie bis über $\frac{6}{7}$, in Schmalkalden sinkt sie bis zu $\frac{1}{3}$ und in Hanau und Schaumburg bis zu $\frac{3}{8}$.

§. 14.

Fortsetzung.

b.

Aussaat- und Ernteresultate.

Für Aussaat rechnete man in den 3 letzten Jahrhunderten durchschnittlich 5 Casseler Metzen*) auf den Casseler Acker**),

Es waren bestellt:

	Mit Oelfrüchten. Cass. A.	Mit Flachs und Hanf. Cass. A.	Mit Taback und Handelspflanzen. Cass. A.
In Niederhessen	9,191	19,171	829
„ Oberhessen	8,482	7,420	1
„ Fulda	694	9,097	233
„ Hanau	2,517	3,263	90
Summa	20,884	38,951	1,153

Verhältnissmässig der meiste Flachs wurde in den Kreisen Ziegenhain (3116 C. A.), Fulda (3353 C. A.), Hünfeld (2700 C. A.) und Hersfeld (2664 C. A.) gebaut.

*) Eine Casseler Metze = 506,15 Pariser Kubikzoll, und 16 Casseler Metzen = 1 Casseler Viertel.

**) S. Rentkammer-Ordnung vom 1. März 1568 §. 28. in der Sammlung der älteren Landes-Ordnungen, Cassel 1770 I. 346, ferner Rentkammer-Ordnung von 1682 §. 28. ebendas. III. 195 und Grundsteueranschlag von 1680 §. 5. ebendas. III. 144.

und erst in neuerer Zeit, seitdem die Landwirthschaft durch Bestellung des Brachfeldes, Vermehrung der Viehzucht und Ablösung der Grundlasten wesentliche Fortschritte machte, ist die Quantität der Aussaat gestiegen. In der Ständeversammlung von 1835 bei Berathung eines neuen Grundsteuergesetzes schlug man bereits die durchschnittliche Aussaat für einen Casseler Acker allgemein zu 6 Metzen Korn an, und ein noch höheres Quantum stellte sich bei der letzten, im September 1847 stattgefundenen Aufnahme des stellbaren Landes heraus.

Die Resultate dieser Aufnahme sind folgende:

Aussaat.

Namen der Kreise.	Waizen.		Roggen.		Gerste.		Hafer.		Kartoffeln.	
	Zahl der Acker.	Auf 1 Ack. Aussaat. Mtz.	Zahl der Acker.	Auf 1 Ack. Aussaat. Mtz.	Zahl der Acker.	Auf 1 Ack. Aussaat. Mtz.	Zahl der Acker.	Auf 1 Ack. Aussaat. Mtz.	Zahl der Acker.	Auf 1 Ack. Aussaat. Mtz.
Kassel	4996	5,6	15084	6,8	3606	7,3	12334	8,9	7859	56,8
Eschwege	9263	6,5	20560	7,0	6681	6,6	17070	8,1	8195	44,1
Fritzlar	6405	6,1	17231	6,1	5481	6,8	11966	8,1	6055	51,5
Hofgeismar	5229	6,2	21447	6,2	4471	6,3	18148	8,0	7488	45,7
Homberg	6570	5,6	13387	5,7	4264	6,4	10744	7,2	5662	41,9
Melsungen	6071	6,3	16299	6,2	3206	6,9	10989	8,1	6366	42,9
Rotenburg	8287	6,4	20578	6,2	4540	6,5	17561	7,8	9291	34,7
Schaumburg	4852	3,9	20375	6,6	6607	6,7	9015	9,7	5160	65,8
Witzenhausen . . .	5094	7,2	12405	7,4	2295	6,9	10668	8,7	6885	44,3
Wolfhagen	5699	5,8	16565	5,9	3894	6,0	15511	8,2	6170	48,2
Prov. Niederhessen	62466	6,1	173931	6,4	45045	6,6	134006	8,3	69131	47,6
Marburg	4944	6,7	21223	7,1	7164	7,7	17810	8,7	5634	43,3
Frankenberg . . .	1011	7,5	14807	7,5	2402	7,6	13092	9,0	4516	44,9
Kirchhain	3633	6,4	14438	6,8	7673	8,0	9689	9,2	4698	53,3
Ziegenhain	5854	10,3	20286	6,9	5586	7,9	16589	9,8	6813	52,2
Prov. Oberhessen	15442	8,1	70754	7,0	22825	7,8	57180	9,1	21661	48,4
Fulda	6476	7,1	27710	6,9	8020	7,3	23507	7,5	16404	15,9
Hersfeld	6717	7,2	18263	7,2	3738	7,4	14280	8,5	8974	32,6
Hünfeld	9659	6,6	19776	7,0	6141	6,4	20508	7,6	8319	8,0
Schmalkalden . . .	1936	7,1	9309	6,8	1626	7,5	2748	10,4	4436	42,1
Prov. Fulda	24788	7,0	75058	7,0	19525	7,0	61043	8,5	38133	24,6
Hanau	13830	4,1	18766	4,1	10375	4,2	6261	5,4	16358	10,5
Gelnhausen	4211	6,3	10393	7,3	5326	7,1	6542	9,6	8424	34,1
Schlüchtern	4737	10,8	16288	11,0	6891	12,2	11888	12.3	11187	32,4
Prov. Hanau	22778	5,8	45447	7,3	22592	7,3	24691	9,1	35969	25,6
Kurhessen	125474	6,4	365190	6,8	107987	7,2	276920	8,5	166793	40,8

Aus vorstehender Tabelle ersieht man zugleich, dass gerade in den fruchtbarsten Gegenden, wie im Kreise Hanau, die Aussaat viel geringer ist, als in den unfruchtbaren. Noch schärfer tritt diese Thatsache hervor, wenn man die Einsaat mit der Ernte vergleicht, deren Resultate ebenfalls für das Jahr 1848 aufgenommen wurden. Damals kamen durchschnittlich auf einen Casseler Acker:

In dem Kreise.	Waizen.		Roggen.		Gerste.		Hafer.		Kartoffeln.	
	Aus-saat.	Ernte.	Aus-saat.	Ernte.	Aus-saat.	Ernte.	Aus-saat.	Ernte.	Aus-saat.	Ernte.
	Metzen.	Metzen.	Metzen.	Metzen.	Metzen.	Metzen.	Metzen.	Metzen.	Metzen.	Metzen.
Cassel . . .	6,8	49,2	5,6	57,4	7,3	53,1	8,9	55,0	56,8	328,5
Eschwege .	6,5	39,8	7,0	53,7	6,6	55,1	8,1	56,2	44,1	359,2
Fritzlar . .	6,4	48,2	6,1	45,5	6,8	50,9	8,4	50,9	51,5	411,8
Hofgeismar	6,2	38,5	6,2	45,3	6,3	52,4	8,0	49,4	45,7	270,0
Homberg .	5,6	40,6	5,7	40,4	6,1	37,0	7,2	36,8	41,9	304,7
Melsungen	6,3	46,1	6,2	49,3	6,9	48,1	8,4	48,7	42,9	274,6
Rotenburg .	6,4	37,0	6,2	40,7	6,5	45,2	7,8	37,5	34,7	340,2
Schaumburg . . .	3,9	48,4	6,6	56,0	6,7	43,6	9,7	54,6	65,8	304,0
Witzenhausen	7,2	42,7	7,4	50,7	6,9	53,2	8,7	63,3	44,3	386,7
Wolfhagen	5,8	40,8	5,9	47,1	6,0	48,7	8,2	58,2	48,2	295,0
Marburg . .	6,7	40,2	7,1	42,8	7,7	44,1	8,7	37,8	43,3	433,8
Frankenberg . . .	7,5	42,7	7,5	40,2	7,6	40,5	9,0	34,9	44,9	388,7
Kirchhain .	6,4	43,6	6,8	46,5	8,0	44,7	9,2	39,7	53,3	443,2
Ziegenhain	10,3	41,7	6,9	47,3	7,9	36,4	9,8	37,5	52,2	339,6
Fulda . . .	7,1	33,5	6,9	34,1	7,3	31,7	7,5	26,8	15,9	260,7
Hersfeld . .	7,2	38,4	7,2	30,3	7,4	35,9	8,5	32,4	32,6	301,8
Hünfeld . .	6,6	25,7	7,0	30,0	6,4	27,2	7,6	26,5	8,0	194,9
Schmalkalden	7,1	33,8	6,8	36,2	7,5	46,3	10,4	44,8	42,1	453,6
Hanau . . .	4,1	53,6	4,1	57,8	4,2	59,9	5,4	64,4	10,5	349,9
Gelnhausen	6,3	59,1	7,3	44,1	7,1	39,1	9,6	33,4	34,1	333,5
Schlüchtern	10,8	33,1	11,0	39,6	12,2	37,5	12,3	30,7	32,4	330,2
Summa	6,5	41,5	6,7	44,4	7,2	44,2	8,5	42,2	40,8	331,1

Hiernach betrug die Waizeneinsaat in Schaumburg $\frac{1}{12}$ der Ernte, in Hanau über $\frac{1}{13}$, in Frankenberg dagegen beinahe $\frac{1}{5}$, in Hünfeld $\frac{1}{4}$ und in Schlüchtern fast nur $\frac{1}{3}$ und die Korneinsaat stand ziemlich in demselben Verhältniss zur Ernte.

§. 15.

Fortsetzung.

c.

Der gegenwärtige Rohertrag der bebauten Felder, verglichen mit ihrem Ertrage in früheren Jahrhunderten.

Gegen die früheren Jahrhunderte hat die Ernte bedeutend zugenommen. Die angeführten Rentkammer-Ordnungen von 1568 und 1682 nehmen auf den Domänen, also auf Aeckern, welche zu den besten im Lande gehören, einen Rohertrag von 35 Metzen als Norm an. Ein noch geringerer Ertrag ergiebt sich aus den Resultaten der seit 1764 in Alt-Hessen bestehenden Grundbesteuerung. Nach derselben werden 4 Metzen Partim (halb Korn, halb Hafer) Rohertrag zu 1 Fl. Steuercapital angeschlagen; von diesem Steuercapital werden dann die Grundlasten in der Weise abgezogen, dass 12 Viertel Partim oder 20 Fl. oder seit 1833 *) $34\frac{1}{2}$ Thlr. Grundzinsen 100 Steuergulden gleichgesetzt werden, und endlich wird von jedem der übrig bleibenden Steuergulden 1 Hlr. als Steuersimplum erhoben. Das durchschnittliche Steuercapital eines in voller Grundsteuer stehenden Ackers Pflugland betrug aber im ganzen Lande noch 1836 nach den Catastern 5,74 Steuergulden. Der Rohertrag eines Ackers betrug daher nach Abzug der Grundlasten-Vergütung 22,96 Metzen partim. Die Summe der Grundlasten ist zwar aus den Catastern nicht ermittelt, aber sie lässt sich aus den Ablösungs-Capitalien, welche die Landes-Creditkasse nach dem Ablösungsgesetz von 1832 vorgeschossen hat, ungefähr abnehmen. In den ersten 9 Jahren des Bestehens der Landes-Creditkasse von 1833 bis 1841 wurden aus derselben

---

*) Nach der Instruction für die Landmesser und Rectificatoren vom 12. April.

4,911,221 Thlr. zur Ablösung von Grundlasten geliehen.*) In den darauf folgenden 6 Jahren bis Ende 1847 2,585,188 Thlr., also von 1833 bis Ende 1847 im Ganzen 7,496,409 Thlr. Durch das Gesetz vom 26. August 1847 wurde auch aller Lehens-, Leihe-, Meier-Erbpacht und sonstiger gutsherrlicher Verband und alle damit verknüpften ständigen und unständigen Leistungen gegen Entschädigungen aufgehoben. Da die Entschädigungssummen ebenfalls aus der Landes-Creditkasse entnommen werden konnten, so vermehrte sich in der letzten Zeit die Summe der entliehenen Capitalien. Sie betrug bis zum 1. Juli 1851 incl. der Entschädigungsgelder 9,298,597 Thlr. Unter den letzteren sind aber auch die Entschädigungssummen für Leistungen von exemten Gütern mitbegriffen, welche nicht in voller Grundsteuer standen und auf welche sich daher der oben angegebene durchschnittliche Steuerguldensatz nicht bezieht. Die Summe aller aus der Landes-Creditkasse entliehenen Ablösungs- und Entschädigungs-Capitalien für solche Grundlasten, welche bei der Besteuerung vergütet wurden, darf man daher nur ungefähr zu 8½ Million Thaler anschlagen. Nimmt man nun an, dass etwa 3½ Million Thaler Ablösungsgelder aus eigenen Mitteln oder auf andere Weise bestritten wurden, so stellt sich das gesammte Ablösungscapital auf 12,000,000 Thlr.

Da nun nach dem Ablösungsgesetz bei der Ablösung der 20fache Betrag des Werthes der Grundlasten als Ablösungssumme gezahlt wird, so repräsentiren 12,000,000 Thlr. einen

*) Nämlich zur Ablösung von

	Diensten. Thlr.	Zehnten. Thlr.	Grundzinsen. Thlr.	Summa. Thlr.
1833	490	26,920	1,540	28,950
1834	11,200	201,800	13,550	226,550
1835	72,980	371,345	21,545	465,870
1836	104,760	451,825	34,105	590,690
1837	188,635	639,065	75,195	902,895
1838	76,525	719,915	152,710	949,150
1839	129,810	372,315	176,670	678,795
1840	84,747½	271,900	163,861½	520,509
1841	51,865	420,215	68,500 und	547,812
		Triftabgaben	7,232	
	721,012½	3,475.300	714,908½	4,911,221

Grundlastenwerth von 600,000 Thlr. und diese wieder nach der angegebenen Reductionsformel ($34\frac{1}{2}$ Thlr. = 100 Steuergulden) 1,739,130,4 Steuergulden. Da aber in ganz Kurhessen überhaupt 1,269,012 Casseler Acker Land in voller Grundsteuer standen und Grundlasten zu tragen hatten, so kam auf jeden Acker durchschnittlich 1,37 Steuergulden oder 5,48 Metzen Partim, und der gesammte Rohertrag eines Ackers war demnach 22,96 + 5,48 oder 28,44 Metzen Partim. Hierbei ist aber freilich nicht ausser Acht zu lassen:

1) dass immer noch nicht alle Ablösungen vollständig ausgeführt sind;
2) dass diese Resultate der Grundbesteuerung weit mehr den Zustand des vorigen Jahrhunderts als den dieses Jahrhunderts beurkunden; und
3) dass auch die seit 1833 erst eingeführte Reductionsformel, wonach $34\frac{1}{2}$ Thlr. = 100 Steuergulden sind, nicht ganz den richtigen Grundlastenwerth liefert, weil ihr nicht die Fruchtpreise des vorigen Jahrhunderts, sondern die des Ablösungsgesetzes, d. h. die der zwanziger Jahre zu Grunde liegen.*)

Nach den oben mitgetheiltenErnteresultaten von 1848 beträgt dagegen die durchschnittliche Ernte bei keiner Fruchtgattung unter 41,5 Metzen vom Acker. Allerdings wurden diese Resultate in einem fruchtbaren Jahre gewonnen. Da indessen Ernteaufnahmen, zumal wenn sie zum ersten Male veranstaltet werden, in der Regel einen zu geringen Ertrag enthalten, da ferner im vorhergehenden Jahre 1847 nach den gesammelten Erfahrungen der hessischen Landwirthe sich ein viel höherer

*) Nach der sogenannten Kammertaxe vom 7. April 1774, welche aus vieljährigen Durchschnittspreisen im ganzen Lande gebildet wurde, galt 1 Casseler Viertel Waizen 4 Thlr., Korn 3 Thlr., Gerste 2 Thlr., Hafer 1 Thlr 4 Albus, Erbsen 4 Thlr., Bohnen 3 Thlr.; nach dem Ablösungsgesetz vom 23. Juni 1832 dagegen ist das Casseler Viertel Waizen zu 5 Thlr., Korn zu 4 Thlr., Gerste zu 3 Thlr., Hafer zu $1\frac{3}{4}$ Thlr., Erbsen zu 4 Thlr. und Bohnen ebenfalls zu 4 Thlr. angesetzt.

Ertrag herausstellte,*) so dürfen wir getrost das Ergebniss von 1848 als Norm für die gewöhnlichen Ernten betrachten.

Stellt man diese Erntebeträge mit dem Durchschnitt der angebauten Getraideflächen zusammen, so erhält man für ganz Kurhessen folgenden Jahresertrag:

an	Ackerzahl	Ernte: à Acker Metzen	Ernte: Gesammtbetrag in Metzen
Waizen . .	125,780,5	41,5	5,219,890,75
Roggen . .	365,114	44,4	16,211,061,6
Gerste . . .	107,557	44,2	4,754,019,4
Hafer	278,153	42,2	11,738,056,6
Kartoffeln .	163,037	331,1	53,981,550,7

Von der Kartoffelernte waren aber 619,529 Viertel oder 9,912,464 Metzen krank, so dass nur 44,069,086 Metzen Kartoffeln in Anschlag zu bringen sind.

Hieraus ergeben sich für gewöhnlich gute Jahre folgende Resultate:

Es beträgt:

Fruchtgattung	der Rohertrag	der Aussaatbedarf	der Ueberschuss des Rohertrags über den Aussaatbedarf	der Rohertrag auf den Kopf der Bevölkerung. **)	der Ueberschuss des Rohertrags auf den Kopf der Bevölkerung. **)
	Metzen	Metzen	Metzen	Metzen	Metzen
Waizen . . .	5,219,890,7	804,995,2	4,414,895,5	6,8	5,8
Roggen . . .	16,211,061,6	2,482,775,2	13,728,286,4	21,3	18,0
Gerste . . .	4,754,019,4	774,410,4	3,979,609	6,2	5,2
Hafer	11,738,056,6	2,364,300,5	9,373,756,1	15,4	12,3
Kartoffeln. .	44,069,086	6,651,909,6	37,417,176,4	58,0	49,2

*) S. Landwirthschaftliche Zeitung für Kurhessen 1848 Seite 79 f., wo folgender Durchschnittsertrag für's ganze Land auf einen Casseler Acker angegeben wird:

Waizen 45 Metzen, Roggen 48 Metzen, Gerste 48 Metzen,
Hafer . 58 „ Erbsen 21 „ Bohnen 26 „
Wicken 58 „ Lein . 17 „ Kartof. 414 „
Heu 13 Ctr. 11 Pfd., Grummet 6 Ctr. 80 Pfd.
Klee 11 „ 14 „ Wintersaamen 26 Mtzn., Sommersaamen 20 Mtzn.

**) Nach der Volkszählung von 1849.

§. 16.

Fortsetzung.

d.

Geldwerth des Roh- und Reinertrags der bebauten Ländereien.

Die angebaute Fläche, auf welcher die angegebenen Fruchtquantitäten gewonnen wurden, betrug 1,039,641,5 Acker. Das gesammte Ackerland umfasst aber 1,457,108 Casseler Acker, folglich waren noch 417,456,5 Casseler Acker übrig, von denen 129,904 Acker ganz brach lagen, der übrige Theil (287,552 Cass. Acker) mit Hülsenfrüchten, Flachs, Futterkräutern etc. bestellt war.

Der Durchschnittspreis der Früchte von 1840—1845 betrug: *)

	Für das Casseler Viertel: **)			oder für die Metze:	
Waizen	6 Thlr.	11 Sgr.	11 Hlr.	12 Sgr.	
Roggen	4 „	23 „	2 „	9 „	
Gerste.	3 „	17 „	8 „	6 „	9 Hlr.
Hafer.	2 „	10 „	4 „	4 „	5 „

und als mittleren Preis der Kartoffeln, deren Preise nicht offi-

---

*) Der Durchschnittspreis für das Casseler Viertel war:

	Waizen.			Roggen.			Gerste.			Hafer.		
	Thlr.	Sgr.	Hlr.	Thlr.	Sgr.	Hlr.	Thlr.	Sgr.	Hlr.	Thlr.	Sgr.	Hlr.
von 1822 bis 1829:	4	27	1	3	16	2	2	20	—	1	25	1
von 1830 bis 1839:	5	12	7	4	8	1	2	11	7	2	6	—
im Jahre 1846:	8	25	6	7	18	—	5	5	—	3	4	6
im Jahre 1847:	11	11	5	9	12	2	7	6	9	4	2	3
im Jahre 1848:	6	12	5	4	2	7	3	15	7	2	13	4

Die Preise der ausserordentlichen Theuerungsjahre sind hier bei Berechnung des Geldertrages absichtlich ausser Acht gelassen worden.

**) 1 Casseler Viertel = 1,6074 Fr. Hektoliter
= 2,9205 Preuss. Scheffel

ciell ermittelt und bekannt gemacht werden, kann man seit Beginn der Kartoffelkrankheit 1 Thlr. 10 Sgr. für das Viertel oder $2\frac{1}{2}$ Sgr. für die Metze annehmen.

Schlägt man nach diesen Durchschnittspreisen der Früchte obige Erntebeträge in Geld an, so erhält man

für den Waizen einen Rohertrag von	2,088,289 Thlr.	19 Sgr.	6 Hlr.
„ „ Roggen „ „ „	4,863,318 „	14 „	— „
„ die Gerste „ „ „	1,069,654 „	10 „	3 „
„ den Hafer „ „ „	1,728,102 „	23 „	4 „
„ die Kartoffeln „ „	3,672,423 „	25 „	— „
und einen Rohertrag für die ganze specificirte Bodenfläche von 1,039,641,5 Ackern von	13,421,789 Thlr.	2 Sgr.	1 Hlr.

oder für den Acker 12 Thlr. 27 Sgr. 3,6 Hlr.

Rechnet man ferner für die mit Hülsenfrüchten etc. bebauten Felder nach dem üblichen Anschlag der hessischen Landwirthe durchschnittlich denselben Ertrag wie für jene mit Getraide uud Kartoffeln bepflanzten Ländereien, so ergiebt sich für diese eine Ernte im Werthe von

3,712,615 Thlr. 24 Sgr. 8 Hlr.

folglich für ganz Hessen als Gesammtwerth des Rohertrags

17,134,404 Thlr. 26 Sgr. 9 Hlr.

Die gesammte Ackerfläche mit Einschuss des Brachfeldes betrug aber 1,457,108 Casseler Acker, und es kommt daher auf den Casseler Acker Land ein durchschnittlicher Rohertrag von 11 Thlr. 22 Sgr. 8 Hlr.

Nach der Grundsteuer-Gesetzgebung rechnet man durchschnittlich seit 1764 52% des Rohertrags auf Kulturkosten,*) und es stellt sich demnach der Reinertrag für das ganze Ackerland Kurhessens auf

8,224,514 Thlr. 10 Sgr. 4 Hlr.

und für den Acker auf 5 Thlr. 19 Sgr. 4 Hlr.

---

*) S. B. Hildebrand, landständischer Bericht, Namens des Budgetausschusses über den Entwurf eines Gesetzes, die Besteuerung des Grundeigenthums betreffend, in den Landtags-Verhandlungen von 1849—50, Beilage 113. S. 6.

§. 17.

Fortsetzung.

e.

Wiesen, Gärten und Weinberge.

Zur Ermittelung des Ertrags der Wiesen, Gärten und Weinberge fehlen statistische Erhebungen, und die Resultate der Grundbesteuerung können hier am wenigsten maassgebend sein, weil gerade die Wiesencultur seit dem vorigen Jahrhundert die meisten Fortschritte gemacht hat. Nach den Prinzipien der Grundsteuergesetze wird 1 Ctr. Heu-Ertrag zu 1 Steuer-Gulden und 1 Ctr. Grummet zu $\frac{1}{2}$ Steuer-Gulden angesetzt, und auf jeden Casseler Acker Wiese kommen nach den Catastern durchschnittlich 7,24 Steuer-Gulden.*) Der durchschnittliche Ertrag wäre hiernach 7,24 Ctr. Heu, oder da man den mittleren Preis des Heues höchstens zu 15 Sgr. pro Ctr. veranschlagen kann 3 Thlr. 18 Sgr. 6 Hl. Gegenwärtig geben aber zweischürige Wiesen bereits einen Ertrag bis zu 14 Ctr. Heu und und 7 Ctr. Grummet und man muss deshalb den durchschnittlichen Wiesenertrag jedenfalls zu 7 Thlr. anschlagen. Da die Summe der Wiesen, Gärten und Weinberge 502,819 Casseler Acker umfasst und Gärten und Weinberge den Wiesen an Ertragsfähigkeit mindestens gleich stehen, so ergiebt sich ein jährlicher Reinertrag von 3,519,733 Thlr. Hiermit stimmt auch der Preis der Wiesen überein, der je nach der Beschaffenheit der Grundstücke den sechsten Theil bis zur Hälfte höher steht als der Preis des Ackerlandes.

§. 18.

Fortsetzung.

f.

Viehzucht.

Ueber den Viehstand in Kurhessen ist uns nur eine im Jahre 1827 in Verbindung mit der damaligen Volkszählung

*) S. B. Hildebrand a. a. O. S 114.

stattgefundene vollständige statistische Aufnahme bekannt, welche wir hier folgen lassen:

Namen der Kreise.	Pferde: erwachsene.	Pferde: unter 4 Jahren.	Esel und Maulesel.	Rindvieh. Zug- und Zuchtochsen.	Rindvieh. Kühe.	Rindvieh. Junges Vieh.	Schafe.	Ziegen.	Schweine.
Residenzstadt Cassel mit Colonie Philippenhof.	166*)	—	—	39	359	43	350	55	292
Landkreis Cassel	2904	939	31	582	5282	1629	25695	1967	7902
Eschwege	2353	408	43	1636	6182	2995	36143	1837	8321
Fritzlar	2048	340	30	1137	4126	1066	28462	2358	3538
Hofgeismar . . .	3640	807	29	496	6019	1619	33309	2394	9922
Homberg	1265	343	1	1595	3023	1264	26913	1108	3934
Melsungen . . .	2224	561	7	1274	4866	1656	31545	1427	6261
Rotenburg . . .	2121	470	66	2409	5313	2471	40277	2174	7225
Schaumburg . .	3829	940	16	148	7864	3404	21138	2596	7599
Witzenhausen .	1717	302	22	1278	4106	1616	21434	2744	5917
Wolfhagen . . .	2423	502	82	254	3995	1080	23504	1779	4435
I. Niederhessen	24690	5612	327	10848	51135	18843	288770	20439	65346
Marburg	2166	621	56	2107	7959	4329	37646	1081	10023
Frankenberg . .	949	332	37	1623	3620	2415	25103	572	3975
Kirchhain	1285	374	36	1597	5121	2556	27375	959	6070
Ziegenhain . . .	2165	787	33	3165	7184	3270	41469	1811	9446
II. Oberhessen	6565	2114	162	8492	23884	12570	130593	4423	29514
Fulda	1801	323	31	4122	9215	8588	22590	1254	9366
Hersfeld	1518	287	20	2699	4471	3330	32240	1407	4913
Hünfeld	1514	281	53	2337	4900	4449	22713	1579	4615
Schmalkalden . .	347	57	2	1631	3849	1825	10748	1459	1917
III. Fulda	5180	948	106	10789	22435	18192	88291	5699	20811
Hanau	1627	189	11	669	7860	1883	14870	1106	14326
Gelnhausen . . .	921	118	43	942	5570	2650	9664	627	7643
Schlüchtern . . .	726	147	15	1764	5672	4884	16583	1330	6297
Salmünster . . .	578	118	24	1406	5410	3501	9067	496	5228
IV. Hanau	3852	572	93	4781	24512	12918	50184	3559	33494
Hauptsumme	40287	9246	688	34910	121968	62523	551838	34120	149165

*) In dieser Summe fehlen die Pferde des Militärs und des Kurfürstlichen Marstalles.

Hiernach kamen auf eine Quadratmeile:

In den Provinzen.	Pferde: erwachsene.	Pferde: unter vier Jahren.	Esel und Maulesel.	Rindvieh: Zug- und Zuchtochsen.	Rindvieh: Kühe.	Rindvieh: Junges Vieh.	Schafe.	Ziegen.	Schweine.
Niederhessen ohne Schaumburg	289,3	66,3	4,3	148,1	600,1	214,1	3712,2	247,6	800,9
Schaumburg	464,8	114,1	1,9	17,9	954,8	413,3	2566,5	315,2	922,6
Ganz Niederhessen . . .	307,3	69,8	4,0	135,0	636,5	234,8	3599,1	254,4	813,4
Oberhessen	188,3	59,6	4,5	239,6	674,0	354,7	3685,4	124,8	832,9
Fulda ohne Schmalkalden	141,1	32,1	3,7	330,0	669,8	590,0	2794,6	152,7	680,8
Schmalkalden	66,1	10,8	0,3	310,8	733,5	347,8	2048,4	278,0	365,3
Ganz Fulda	156,9	28,7	3,2	326,9	679,9	551,3	2675,8	172,7	630,7
Hanau	157,1	23,3	3,7	195,0	1000,0	527,0	2047,4	145,2	1366,4
Ganz Kurhessen	232,5	53,3	3,9	201,4	703,9	360,8	3184,8	196,9	860,8

§. 19.

Geldwerth sämmtlicher Gebäude.

Um das gesammte unbewegliche Nationalvermögen berechnen zu können, nehmen wir hier auch die statistischen Ermittelungen über den Werth der Gebäude auf. Die besten Grundlagen geben die Versicherungssummen, wie sie aus folgender Tabelle zu ersehen sind.

Die Versicherungs-Capitalien der Gebäude in Kurhessen betrugen:

Im Jahr	In der Provinz:				Für die Staatsgebäude	Gesammtes Versicherungs-Capital.
	Nieder-Hessen.	Ober-Hessen.	Fulda.	Hanau.		
	Thlr.	Thlr.	Thlr.	Thlr.	Thlr.	Thlr.
1826	27750720	8452920	5581630	8663200		50448470
1830	30768140	9477630	6346200	10163890		56755860
1836	34687040	11419820	7697050	12211020	2428110	68443040
1837	35586370	11677310	7973400	12585330	2426580	70248990
1838	37039700	11898630	8358950	12975770	2398010	72671060
1839	38323750	12170330	8871180	13377250	2755810	75498320
1840	39637350	12465250	9330170	13780020	2808760	78021550
1841	40807750	12785650	9607560	14124090	2895520	80220570
1842	41725260	13042530	9888390	14500340	2972510	82129030
1843	43122010	13374430	10182670	14888390	3062690	84530090
1844	44674920	13709740	10609940	15281230	3084380	87360210
1845	46249870	14111550	10916170	15762270	3106270	90146130
1846	47783050	14598690	11412610	16205960	3197720	93198030
1847	49542120	15073770	12101790	16645470	3251750	96623900
1848	51276720	15448130	12929380	17062000	3431140	99847370

Da die Versicherungs-Capitalien von 1826 bis 1848 in ununterbrochenem Steigen begriffen sind, so lässt sich der Versicherungswerth des letzteren Jahres jedenfalls auch für die Gegenwart als Minimum annehmen, so dass das gesammte Capital zu 99,847,370 Thlr. oder in runder Summe zu 100 Mill. Thlr. anzuschlagen ist. Zu den versicherten Häusern gehören aber auch sämmtliche Staatsgebäude Diejenigen, welche unter dem Ministerium der Justiz, des Innern und der Finanzen stehen, sind mit der in der besonderen Rubrik verzeichneten Summe von 3,431,140 Thlr. versichert. Die Versicherungssummen für Paläste und Kasernen sind dagegen nicht ausgeschieden, und man wird deshalb den Gesammtwerth der Staatsgebäude auf circa 6,000,000 Thlr. veranschlagen müssen. Für die Wohn- und Geschäftsgebäude der Privaten bleiben demnach 94,000,000 Thlr. übrig.

Die Zahl der Privathäuser betrug im Jahre 1849 102,496; und es kommt daher auf jedes Haus durchschnittlich ein Versicherungs-Capital von 917 Thlr. 3 Sgr. 3 Heller. Dass die

Städte einen verhältnissmässigen sehr grossen Antheil dieses Versicherungs-Capitals wegnehmen, versteht sich von selbst und wird hier besonders klar, wenn man wenigstens die Versicherungssummen der 4 Provinzial-Hauptstädte in Vergleich zieht.

					Thlr.	
Cassel hatte i. J.	1848	1790	Häuser	mit	9,932,250	versichert.
Hanau „ „	„	1484	„	„	4,768,440	„
Fulda „ „	„	1109	„	„	1,859,850	„
Marburg„ „	„	837	„	„	1,810,360	„

Durchschnittlich betrug demnach der Versicherungswerth eines Hauses

in Cassel .	5540	Thlr.
„ Hanau .	3213	„
„ Fulda .	1677	„
„ Marburg	2162	„

Ueber den Ertrag der Häuser oder den Miethsnutzen haben keinerlei statistische Erhebungen stattgefunden. Da indessen Versicherungssummen stets möglichst hoch gegriffen werden, da ferner die Erhaltung der Gebäude immer einen wesentlichen Theil des Miethsertrages in Anspruch nimmt, so wird man den gesammten Miethsnutzen nicht über 3 % des Versicherungs - Capitals veranschlagen dürfen, und es würde demnach für Kurhessen der Häuserertrag auf 3,000,000 Thlrn. zu berechnen sein.

§. 20.

Geldwerth des gesammten unbeweglichen Nationalvermögens und seines Ertrags.

Aus den bisherigen Erörterungen ergeben sich für den Nationalertrag, soweit er aus unbeweglichem Vermögen hervorgeht, folgende Resultate:

	Rohertrag.	Reinertrag.
	Thlr.	Thlr.
Die Waldungen bringen	1,344,639	884,373
Das Ackerland	17,134,405	8,224,514
Wiesen, Gärten und Weinberge . . .	— —	3,519,733
Häuser	— —	3,000,000
Bergwerke	1,346,161	— —
	Summa	15,628,620

Nähme man an, dass der reine Nationalertrag 5 % des Nationalvermögens betrüge, so berechnete sich das unbewegliche Nationalvermögen hiernach mit Ausschluss der Bergwerke auf 312,572,400 Thlr. Indessen muss hier noch eine specielle Ermittelung des Werthes eintreten. Bei den Häusern haben wir ihn bereits angegeben; er fehlt nur für die Waldungen, das Ackerland und die Wiesen. An festen Anhaltspunkten für diese Untersuchung fehlt es leider fast gänzlich. Allerdings liegen die Resultate der Expropriation von Grundeigenthum zum Bau der Eisenbahn vor; wir wissen z. B., dass die Friedrich-Wilhelms-Nordbahn 2562 Casseler Acker Land erwarb und durchschnittlich für den Casseler Acker 278 Thlr. zahlte, allein diese durchschnittliche Entschädigungssumme würde bei der Veranschlagung des gesammten Bodenwerthes in Kurhessen viel zu hoch sein. Es ist bekannt, wie durch die Nähe der Eisenbahnen, und namentlich durch die künstliche Trennung zusammengehöriger Stücke, die Entschädigungssummen bei derartigen Expropriationen steigen. Dazu kommt noch, dass in diesen Expropriationskosten auch die Entschädigungsgelder für angekaufte Häuser mit begriffen sind. Will man daher den Werth des Landes berechnen, so bleibt nichts übrig, als theils auf praktische Erfahrungen über die Bodenpreise, theils auf den Reinertrag zurückzugehen.

Für die Waldungen ergab sich, wie wir oben *) gesehen haben, ein Holzertrag von 0,29 Klaftern pro Acker, und die Klafter hatte einen Nettowerth von 1¾ Thlr. Der Geldnettoertrag eines Ackers Wald betrug daher 15 Sgr. 2 Heller. Den Reinertrag zu 5 % gerechnet, würde demnach ein Acker Wald nur 10 Thlr. 3 Sgr. 4 Heller werth sein. Da man indessen in Anschlag bringen muss, dass die Waldungen gegenwärtig noch mit vielen Weide-Servituten belastet sind, da ferner bei obiger Ertragsberechnung alle Nebennutzungen der Waldungen, z. B. der Gewinn an Lohe, ausser Acht gelassen sind, so kann man für den Acker Wald den bei Verkäufen üblichen Preis von 20 Thalern als Durchschnittspreis annehmen, und es

---

*) Siehe §. 4.

würde demnach der Werth sämmtlicher Hessischen Waldungen sich auf 30,911,300 Thlr. belaufen.

Ackerland wird von 40 bis 400 Thlr. per Acker, je nach der Güte des Bodens und der Lage, verkauft, und das Zwanzigfache des Reinertrages dürfte hier einen ziemlich richtigen Durchschnittspreis liefern. Da der Reinertrag 8,224,514 Thlr. beträgt, so würde hiernach der Werth des Ackerlandes sich auf 164,490,280 Thlr. belaufen.

Wiesen und Gärten werden endlich von 60 bis zu 600 Thlr. per Acker verkauft, und das Zwanzigfache des Reinertrages muss als Minimum des Werthes angesehen werden. Der Werth sämmtlicher Wiesen, Gärten u. s. w. berechnet sich demnach zu 10,056,380 Thlr. Wir erhalten somit, abgesehen von dem Werthe der Trieschen, Eisenbahnen, Chausseen, Berg- und Hüttenwerke folgenden ungefähren Gesammtwerth des unbeweglichen Volksvermögens:

1) Waldungen	30,911,300	Thlr.
2) Ackerland .	164,490,280	„
3) Wiesen . .	10,056,380	„
4) Häuser . .	100,000,000	„
	305,457,960	Thlr.

Zweiter Abschnitt.

Die Bevölkerung.

A.

Bevölkerungs-Verhältnisse der Lebenden.

§. 21.

Die Ergebnisse der Volkszählungen seit 1818.

Um die Bevölkerung, welche das Kurhessische Staatsgebiet bewohnt, näher kennen zu lernen, theilen wir zunächst die Resultate der Volkszählungen mit, soweit sich dieselben zurückverfolgen lassen.

Die früheste Angabe über die Bevölkerung Kurhessens nach der westphälischen Zeit kommt in dem Staatskalender von 1819 vor, und gründet sich auf eine 1818 veranstaltete amtliche Aufnahme derselben. Indessen erstreckte sich diese Letztere ebenso wie die im Anfange des Jahres 1821 behufs der neuen Staatsorganisation bewirkte Volkszählung lediglich auf Häuser und Kopfzahl ohne alle Rücksicht auf Alter und Geschlecht. Wenigstens geht aus den Ministerialacten etwas Weiteres nicht hervor. Das Ergebniss dieser ersten Aufnahme war Folgendes:

	Häuser.	Seelen.
Landgrafschaft Niederhessen	38,498	244,701
Fürstenthum Hersfeld	2,695	18,304
Grafschaft Ziegenhain	3,920	27,885
Fürstenthum Oberhessen . .	9,159	58,537
Fürstenthum Fritzlar	3,587	21,867
Grossherzogthum Fulda	9,236	70,567
Herrschaft Schmalkalden . .	4,156	23,402
Fürstenthum Hanau	9,836	57,427
Fürstenthum Isenburg . . .	3,131	17,984
Grafschaft Schaumburg . . .	4,246	27,192
Kurhessen	88,464	567,866

Nach Einführung des Organisationsedicts von 1821 ging man zuerst weiter und wollte durch die Zählungen auch Alter, Geschlecht, Religion etc. der Bevölkerung erforschen.

Nach vielen Verhandlungen über die Methode einer solchen Zählung kam die erste umfassende Bevölkerungsaufnahme, deren Detail uns noch vorliegt, im Juli 1827 zu Stande. Die zweite folgte in den beiden ersten Monaten des Jahres 1832, und seit 1834 wurden die dreijährigen Zollvereinszählungen eingeführt. Die beiden ersteren Aufnahmen von 1827 und 1832 unterscheiden sich dadurch von den letzteren, dass sie sich auch auf die Inländer erstrecken, welche sich im Auslande aufhielten, während im Zollverein bekanntlich nur alle Anwesenden gezählt werden. Indessen werden die Resultate beider Zählungsmethoden wenig differiren, weil nach der ersteren nur diejenigen Ausländer mit aufgenommen wurden, welche einen ständigen Aufenthalt in Kurhessen hatten, während im Zollverein nur die eigentlich Reisenden ausgeschlossen werden.

Bevöl-

nach der Aufnahme

Namen der Kreise.	Zahl der Wohnhäuser.	Männliche:				
		bis 7 Jahre.	über 7 Jahre bis zu 14 Jahren.	über 14 Jahre bis zu 70 Jahren.	über 70 Jahre.	Summa.
Residenzstadt Cassel mit Kolonie Philippinenhof	1608	2193	1871	6848	188	11100
Landkreis Cassel	3832	2474	2137	8703	203	13517
Eschwege	5924	3219	2744	11704	319	17986
Fritzlar	3589	1490	2086	9473	159	13208
Hofgeismar	5341	3021	2717	10550	275	16563
Homberg	2898	1634	1531	5935	177	9277
Melsungen	3846	2405	1991	8445	220	13061
Rotenburg	4667	2936	2430	9396	219	14981
Schaumburg	4500	3012	2436	9763	310	15521
Witzenhausen	4192	2379	2122	8550	214	13265
Wolfhagen	3559	2153	1805	6963	256	11177
I. Niederhessen	43956	26916	23870	96330	2540	149656
Marburg	4927	3096	2707	11566	424	17793
Frankenberg	2727	1482	1505	5496	140	8623
Kirchhain	3647	2080	2034	7176	251	11541
Ziegenhain	4257	2828	2387	10110	253	15578
II. Oberhessen	15558	9486	8633	34348	1068	53535
Fulda	5316	4115	3774	13697	246	21832
Hersfeld	4221	2733	2318	8889	162	14102
Hünfeld	3321	2389	2277	7792	188	12646
Schmalkalden	4215	2024	1720	7465	190	11399
III. Fulda	17073	11261	10089	37843	786	59979
Hanau	5904	3552	2851	13755	277	20435
Gelnhausen	3555	2328	1849	7294	146	11617
Schlüchtern	2859	2098	1723	7166	119	11106
Salmünster	2527	1620	1422	5508	131	8681
IV. Hanau	14845	9598	7845	33723	673	51839
Gesammtsumme:	91432	57261	50437	202244	5067	315009

kerung

vom Juli 1827.

Weibliche:					Ueberhaupt.
bis 7 Jahre.	über 7 Jahre bis zu 14 Jahren.	über 14 Jahre bis zu 70 Jahren.	über 70 Jahre.	Summa.	
2183	1762	9456	324	13725	24825
2485	2082	9214	206	13987	27504
3348	2613	12637	344	18942	36928
1172	1930	8703	25	11830	25038
2762	2583	10663	306	16314	32877
1705	1554	6174	163	9596	18873
2313	1993	8998	202	13506	26567
2966	2357	10248	201	15772	30753
2948	2336	10518	371	16173	31694
2543	1900	9244	205	13892	27157
2070	1669	7426	223	11388	22565
26495	22779	103281	2570	155125	304781
3064	2738	11353	437	17592	35385
1460	1405	5949	142	8956	17579
2077	1949	7262	259	11547	23088
2760	2475	10848	237	16320	31898
9361	8567	35412	1075	54415	107950
3885	3750	14350	179	22164	43996
2572	2303	9534	191	14600	28702
2406	2140	8315	157	13018	25664
2104	1753	7915	224	11996	23395
10967	9946	40114	751	61778	121757
3406	2764	14602	385	21157	41592
2244	1837	7560	153	11794	23411
2108	1793	7070	98	11069	22175
1570	1358	5649	104	8681	17362
9328	7752	34881	740	52701	104540
56151	49044	213688	5136	324019	639028

Bevöl-

nach der Aufnahme

Namen der Kreise.	Zahl der Wohnhäuser.	Männliche: bis 14 Jahre.	über 14 Jahre bis zum 60sten Jahre.	über 60 Jahre.	Summa.
1. Cassel:					
a) Residenzstadt.	1643	3800	9232	626	13658
b) Landgemeinde	4102	4913	8883	692	14488
2. Eschwege . . .	6218	6320	11292	1134	18746
3. Fritzlar	3589	4476	7757	738	12971
4. Hofgeismar . .	4872	5889	10803	945	17637
5. Homberg . . .	2920	3374	6243	615	10232
6. Melsungen . . .	4243	4562	9018	654	14234
7. Rotenburg . . .	4739	5459	9320	763	15542
8. Schaumburg . .	4516	5939	9598	1157	16694
9. Witzenhausen .	4111	4881	8485	746	14112
10. Wolfhagen . . .	3602	3967	6897	680	11544
I. Niederhessen	44555	53580	97528	8750	159858
11. Marburg	5111	5599	10938	979	17516
12. Frankenberg . .	2796	3182	6277	496	9955
13. Kirchhain . . .	3664	4134	7323	689	12146
14. Ziegenhain . .	4321	5295	9982	987	16264
II. Oberhessen	15892	18210	34520	3151	55881
15. Fulda	5359	7492	13850	1035	22377
16. Hersfeld	4383	5401	9269	813	15483
17. Hünfeld	3386	4395	7983	713	13091
18. Schmalkalden .	4183	3948	7406	595	11949
III. Fulda	17311	21236	38508	3156	62900
19. Hanau	6807	7664	14764	1199	23627
20. Gelnhausen . .	4430	5168	9252	712	15132
21. Schlüchtern . .	3807	5217	9559	698	15474
IV. Hanau	15044	18049	33575	2609	54233
Gesammtsumme	92802	111075	204131	17666	332872

kerung

im Januar und Februar 1832.

Weibliche:				Gesammt-Bevölkerung.
bis 14 Jahre.	über 14 Jahre bis zum 60sten Jahre.	über 60 Jahre.	Summa.	
3862	8920	862	13644	27302
4836	9281	813	14930	29418
6356	12165	1275	19796	38542
4263	8650	751	13664	26635
5678	10969	1124	17771	35408
3294	6631	791	10716	20948
4597	9527	782	14906	29140
5622	10142	796	16560	32102
5807	10088	1340	17235	33929
4723	8985	902	14610	28722
3871	7433	771	12075	23619
52909	102791	10207	165907	325765
5521	11594	1170	18285	35801
3147	6385	581	10113	20068
4040	7775	745	12560	24706
5341	10589	1068	16998	33262
18049	36343	3564	57956	113837
7331	14846	1096	23273	45650
5427	9771	940	16138	31621
4402	8496	728	13626	26717
3913	7963	771	12647	24596
21073	41076	3535	65684	128584
7593	15861	1699	25153	48780
4999	8981	777	14757	29889
5282	9565	673	15520	30994
17874	34407	3149	55430	109663
109905	214617	20455	344977	677849

Bevölkerung nach der

Kreise beziehungsweise Provinzen.	A. Nach den Ortserhebungen über den Civilstand.								
	Zahl der bewohnten Häuser.	Zahl der Familien.	Kinder unter 14 Jahren.		Personen über 14 bis zum 60. Lebensjahre.		Alte über 60 Jahre.		Zahl aller Einwohner.
			Knaben.	Mädchen.	Männer und Jünglinge.	Frauen und Jungfrauen.	Männer.	Frauen.	
1. Cassel:									
a. Residenz	1633	6678	3579	3620	8826	9959	699	942	27625
b. Landkreis . . .	4112	5350	5101	4988	9152	9514	712	907	30374
2. Eschwege	6631	7301	6513	6523	11839	12525	1152	1288	39840
3. Fritzlar	3673	4697	4610	4355	7848	8858	776	823	27270
4. Hofgeismar . . .	5055	6966	5859	5709	10749	11204	972	1168	35661
5. Homberg	3015	3781	3353	3270	6467	6746	714	853	21403
6. Melsungen . . .	4037	5528	4709	4624	8642	9293	800	847	28915
7. Rotenburg. . . .	4810	6414	5623	5712	9574	10323	832	875	32939
8. Schaumburg . .	4800	5809	5995	5838	9715	10303	1113	1291	34255
9. Witzenhausen . .	4207	5947	5026	4905	8743	9292	822	911	29699
10. Wolfhagen . . .	3624	4747	4060	3889	7096	7628	684	798	24155
I. Niederhessen	45597	63218	54428	53433	98651	105645	9276	10703	332136
11. Marburg	5127	6183	5571	5427	10982	11591	1105	1228	35904
12. Frankenberg . .	2852	3518	3308	3404	6296	6608	567	608	20791
13. Kirchhain	3724	4487	4169	4016	7154	7781	742	740	24602
14. Ziegenhain . . .	4380	5985	5199	5204	9710	10616	1160	1213	33102
II. Oberhessen	16083	20173	18247	18051	34142	36596	3574	3789	114399
15. Fulda	5391	7729	7296	7158	14318	15398	1036	986	46192
16. Hersfeld	4497	5257	5396	5471	9743	10121	807	975	32513
17. Hünfeld	3428	4665	4423	4446	8309	8786	678	689	27331
18. Schmalkalden . .	4178	5363	3999	3934	7628	8190	563	702	25016
III. Fulda	17491	23014	21114	21009	39998	42495	3084	3352	131052
19. Hanau	6866	10244	7974	7834	15425	16339	1262	1737	50571
20. Gelnhausen . . .	4627	5554	5387	5231	9579	9525	767	837	31326
21. Schlüchtern . . .	3954	5352	5456	5458	9560	9716	726	698	31614
IV. Hanau	15447	21150	18817	18523	34564	35580	2755	3272	113511
Summe der Bevölkerung	94618	127555	112606	111016	207355	220316	18689	21116	691098

Aufnahme von 1834.

B. Nach den Erhebungen über den Militärstand.								Gesammt-Bevölkerung.
Zahl der Familien.	Kinder unter 14 Jahren.		Personen über 14 bis zum 60. Lebensjahre.		Alte über 60 Jahre.		Zahl aller Einwohner vom Militärstand.	
	Knaben.	Mädchen.	Männer und Jünglinge.	Frauen und Jungfrauen.	Männer.	Frauen.		
422	328	325	949	665	22	17	2306	29931
7	5	6	272	7	—	—	300	30674
—	—	—	289	—	—	—	289	40129
—	—	—	248	—	—	—	248	27518
141	99	108	499	164	31	6	907	36568
—	—	—	220	—	—	—	220	21623
39	9	7	276	31	12	4	339	29254
—	—	—	258	—	—	—	258	33197
3	2	1	231	10	1	—	245	34500
—	—	—	252	—	—	—	252	29951
—	—	—	265	—	—	—	265	24420
612	443	447	3769	877	66	27	5629	337765
6	2	4	249	11	1	—	267	36171
—	—	—	129	—	—	—	129	20920
—	—	—	192	—	—	—	192	24794
5	2	—	280	5	5	1	293	33395
11	4	4	850	16	6	1	881	115280
95	82	78	558	119	13	6	856	47048
1	—	—	213	3	1	—	217	32730
—	—	—	223	—	—	—	223	27554
—	—	—	137	—	—	—	137	25153
96	82	78	1131	122	14	6	1433	132485
69	69	74	461	103	5	6	718	51289
—	—	—	267	—	—	—	267	31593
1	—	—	298	2	1	—	301	31915
70	69	74	1026	105	6	6	1286	114797
789	598	603	6776	1120	92	40	9229	700327

Bevölkerung nach der

Kreise beziehungsweise Provinzen.	Zahl der bewohnten Häuser.	Zahl der Familien.	Kinder unter 14 Jahren.		Personen über 14 bis zum 60. Lebensjahre.		Alte über 60 Jahre.		Zahl aller Einwohner.
			Knaben.	Mädchen.	Männer und Jünglinge.	Frauen und Jungfrauen.	Männer.	Frauen.	
	A. Nach den Ortserhebungen über den Civilstand.								
1. Cassel:									
a. Residenz	1693	6808	3593	3568	9486	10550	708	1024	28929
b. Landkreis	4137	5685	5232	5230	9410	9853	700	858	31283
2. Eschwege	6100	7244	6403	6454	11490	12249	1106	1241	38943
3. Fritzlar	3677	4715	4869	4552	7912	8796	787	904	27820
4. Hofgeismar	5080	7180	6058	5979	10815	11341	940	1047	36180
5. Homberg	3141	3933	3570	3557	6770	7042	756	837	22532
6. Melsungen	4024	5642	4821	4828	8731	9323	807	889	29399
7. Rotenburg	4827	6375	5703	5769	9625	10421	814	814	33146
8. Schaumburg	4820	6139	5924	5808	9987	10624	1077	1258	34678
9. Witzenhausen	4466	6395	5334	5291	9444	9913	823	963	31768
10. Wolfhagen	3750	4808	4202	4129	6974	7742	751	836	24634
I. Niederhessen	45715	64924	55709	55165	100644	107854	9269	10671	339312
11. Marburg	5262	6277	5761	5553	10902	11723	1202	1350	36491
12. Frankenberg	2884	3468	3403	3539	6015	6375	533	607	20472
13. Kirchhain	3751	4674	4167	4095	7219	7909	768	818	24976
14. Ziegenhain	4450	6115	5410	5245	9591	10727	1062	1145	33180
II. Oberhessen	16347	20534	18741	18432	33727	36734	3565	3920	115119
15. Fulda	5555	8092	7126	7014	14358	15623	1124	1152	46397
16. Hersfeld	4878	6244	5873	5880	10091	10604	873	1043	34364
17. Hünfeld	3505	5024	4377	4477	8618	9278	757	713	28220
18. Schmalkalden	4132	5698	4072	4029	7712	8344	666	828	25651
III. Fulda	18070	25058	21448	21400	40779	43849	3420	3736	134632
19. Hanau	7088	11417	7907	7908	15943	16750	1417	1942	51867
20. Gelnhausen	4681	5669	5395	5198	9672	9626	819	835	31545
21. Schlüchtern	4067	5663	5451	5458	9552	9850	806	773	31890
IV. Hanau	15836	22749	18753	18564	35167	36226	3042	3550	115302
Summe der Bevölkerung	95968	133265	114651	113561	210317	224663	19296	21877	704365

Aufnahme von 1837.

B. Nach den Erhebungen über den Militärstand.								Gesammt Bevölkerung.
Zahl der Familien.	Kinder unter 14 Jahren.		Personen über 14 bis zum 60. Lebensjahre.		Alte über 60 Jahre.		Zahl aller Einwohner vom Militärstand.	
	Knaben.	Mädchen.	Männer und Jünglinge.	Frauen und Jungfrauen.	Männer.	Frauen.		
394	344	365	958	715	21	17	2420	31349
1	1	—	277	1	—	—	279	31562
1	—	—	300	1	—	—	301	39244
—	—	—	277	—	—	—	277	28097
91	72	104	506	133	26	6	847	37027
—	—	—	208	—	—	—	208	22740
29	16	7	254	15	9	2	303	29702
—	—	—	275	—	—	—	275	33421
3	1	1	350	7	3	1	363	35041
—	—	—	269	—	—	—	269	32037
—	—	—	241	—	—	—	241	24875
519	434	477	3915	872	59	26	5783	345095
32	36	25	314	42	3	1	421	36912
—	—	—	136	—	—	—	136	20608
—	—	—	224	—	—	—	224	25200
—	—	—	319	—	—	—	319	33499
32	36	25	993	42	3	1	1100	116219
65	64	56	436	91	8	3	658	47055
1	—	—	240	3	1	—	244	34608
—	—	—	227	—	—	—	227	28447
—	—	—	117	—	—	—	117	25768
66	64	56	1020	94	9	3	1246	135878
58	56	73	400	91	6	5	631	52498
—	—	—	173	—	—	—	173	31718
—	—	—	272	—	—	—	272	32162
58	56	73	845	91	6	5	1076	116378
675	590	631	6773	1099	77	35	9205	713570

Bevölkerung nach der

Kreise und Provinzen.	*A.* Nach den Ortserhebungen über den Civilstand.								
	Zahl der bewohnten Häuser.	Zahl der Familien.	Kinder unter 14 Jahren.		Personen über 14 bis zum 60. Lebensjahre.		Alte über 60 Jahre.		Zahl aller Einwohner.
			Knaben.	Mädchen.	Männer und Jünglinge.	Frauen und Jungfrauen.	Männer.	Frauen.	
1. Cassel:									
a. Residenz	1692	6914	3655	3597	9600	10894	689	1060	29495
b. Landkreis	4233	6136	5637	5492	9731	10276	783	915	32834
2. Eschwege	6022	7777	6642	6520	11750	12428	1174	1299	39813
3. Fritzlar	3725	4833	4895	4814	7871	8886	854	907	28227
4. Hofgeismar	5138	7365	6318	6191	10822	11397	1123	1238	37089
5. Homberg	3216	4109	3719	3634	6722	7119	743	817	22754
6. Melsungen	3999	5847	5098	5177	8670	9482	840	914	30181
7. Rotenburg	4949	6607	5886	5949	9676	10516	809	855	33691
8. Schaumburg	5065	6685	6037	5914	10224	10964	1082	1248	35469
9. Witzenhausen	4561	6609	5510	5487	9783	10185	868	995	32828
10. Wolfhagen	3775	4895	4393	4148	7050	7767	765	872	24995
I. Niederhessen	46375	67777	57790	56923	101899	109914	9730	11120	347376
11. Marburg	5183	6474	5912	5773	11408	12035	1131	1259	37518
12. Frankenberg	1309	3623	3546	3568	5989	6513	643	655	20914
13. Kirchhain	3888	4638	4320	4271	7293	7990	825	890	25589
14. Ziegenhain	4552	6626	5572	5513	9691	10865	1088	1200	33929
II. Oberhessen	14932	21361	19350	19125	34381	37403	3687	4004	117950
15. Fulda	5589	8167	7090	7122	14307	15502	1358	1366	46745
16. Hersfeld	5076	6603	5946	6019	10152	10732	929	1036	34814
17. Hünfeld	3519	5090	4608	4694	8410	9122	851	851	28536
18. Schmalkalden	4117	5531	4281	4259	7905	8386	744	903	26478
III. Fulda	18301	25391	21925	22094	40774	43742	3882	4156	136573
19. Hanau	7187	10783	8275	8248	15892	16880	1511	2087	52893
20. Gelnhausen	4702	5727	5565	5270	9926	9895	879	956	32491
21. Schlüchtern	4142	5608	5478	5520	9574	9904	901	827	32204
IV. Hanau	16031	22118	19318	19038	35392	36679	3291	3870	117588
Summe der Bevölkerung	95639	136647	118383	117180	212446	227738	20590	23150	719487

Aufnahme von 1840.

B. Nach den Erhebungen über den Militärstand.									Gesammt-Bevölkerung.
Zahl der Familien.	Kinder unter 14 Jahren.		Personen über 14 bis zum 60. Lebensjahre.		Alte über 60 Jahre.		Zahl aller Einwohner vom Militärstand.		
	Knaben.	Mädchen.	Männer und Jünglinge.	Frauen und Jungfrauen.	Männer.	Frauen.			
412	325	343	927	692	22	15	2324		31819
4	3	2	274	4	—	—	283		33117
—	—	—	339	—	—	—	339		40152
—	—	—	298	—	—	—	289		28516
144	66	101	479	117	29	6	798		37887
—	—	—	244	—	—	—	244		22998
35	18	16	320	30	4	2	390		30571
—	—	—	317	—	—	—	317		34008
3	1	1	312	8	3	1	326		35795
1	1	1	273	1	—	—	276		33104
—	—	—	258	—	—	—	258		25253
599	414	464	4032	852	58	24	5844		353220
28	29	20	320	36	4	2	411		37929
—	—	—	139	—	—	—	139		21053
—	—	—	198	—	—	—	198		25787
2	1	2	305	2	—	—	310		34239
30	30	22	962	38	4	2	1058		119008
59	66	52	441	93	9	—	661		47406
1	—	—	216	3	1	—	220		35034
—	—	—	226	—	—	—	226		28762
—	—	—	97	—	—	—	97		26575
60	66	52	980	96	10	—	1204		137777
48	47	63	442	84	1	6	643		53536
—	—	—	163	—	—	—	163		32654
—	—	—	251	—	—	—	251		32455
48	47	63	856	84	1	6	1057		118645
737	557	601	6830	1070	73	32	9163		728650

Bevölkerung nach der

Kreise beziehungsweise Provinzen.	*A.* Nach den Ortserhebungen über den Civilstand.								
	Zahl der bewohnten Häuser.	Zahl der Familien.	Kinder unter 14 Jahren.		Personen über 14 bis zum 60. Lebensjahre.		Alte über 60 Jahre.		Zahl aller Einwohner.
			Knaben.	Mädchen.	Männer und Jünglinge.	Frauen und Jungfrauen.	Männer.	Frauen.	
1. Cassel:									
a. Residenz	1721	7032	3903	3854	9254	11339	724	1120	30194
b. Landkreis . . .	4283	6316	5922	5829	9704	10245	791	989	33480
2. Eschwege	6117	7871	6950	6793	11840	12760	1085	1272	40700
3. Fritzlar	3945	4977	5056	5006	7972	8900	819	876	28629
4. Hofgeismar . . .	5284	7472	6744	6495	11082	11506	1127	1191	38145
5. Homberg	3329	4232	4056	3929	6985	7329	735	828	23862
6. Melsungen . . .	4052	6023	5288	5443	8566	9357	834	984	30472
7. Rotenburg. . . .	4877	6658	6122	6144	9769	10573	790	881	34279
8. Schaumburg . .	5109	6659	6215	6033	10618	11292	1111	1213	36482
9. Witzenhausen . .	4635	6675	5668	5618	10024	10441	808	947	33506
10. Wolfhagen . . .	3831	5017	4592	4503	7191	7855	772	918	25831
I. Niederhessen	47183	68932	60516	59647	103005	111597	9596	11219	355580
11. Marburg	5417	7132	6144	5943	11575	12366	1101	1332	38461
12. Frankenberg . .	2945	3548	3703	3692	5987	6482	703	677	21244
13. Kirchhain	3933	4753	4513	4403	7332	8081	790	870	25989
14. Ziegenhain . . .	4633	6586	5860	5821	9831	10924	1111	1232	34779
II. Oberhessen	16928	22019	20220	19859	34725	37853	3705	4111	120473
15. Fulda	5610	8002	7270	7239	14558	15715	1398	1487	47667
16. Hersfeld	5156	6836	6297	6373	10467	11037	922	1042	36135
17. Hünfeld	3615	4697	4668	4801	8395	9127	877	884	28752
18. Schmalkalden . .	4166	5710	4427	4469	8033	8493	755	966	27143
III. Fulda .	18547	25245	22659	22882	41453	44372	3952	4379	139697
19. Hanau	7223	11198	8518	8557	16385	17255	1585	2081	54381
20. Gelnhausen . . .	4805	6050	5791	5620	10257	10120	919	992	33699
21. Schlüchtern . . .	4167	5762	5757	5699	9752	10069	930	898	33105
IV. Hanau	16195	23010	20066	19876	36394	37444	3434	3971	121185
Summe der Bevölkerung	98853	139206	123461	122264	215577	231266	20687	23680	736935

Aufnahme von 1843.

B. Nach den Erhebungen über den Militärstand.								Gesammt-Bevölkerung.
Zahl der Familien.	Kinder unter 14 Jahren.		Personen über 14 bis zum 60. Lebensjahre.		Alte über 60 Jahre.		Zahl aller Einwohner vom Militärstand.	
	Knaben.	Mädchen.	Männer und Jünglinge.	Frauen und Jungfrauen.	Männer.	Frauen.		
370	319	289	1011	657	23	23	2322	32516
8	11	14	320	12	—	—	357	33837
—	—	—	363	—	—	—	363	41063
—	—	—	329	—	—	—	329	28958
55	33	52	515	92	26	6	724	38869
—	—	—	254	—	—	—	254	24116
32	25	26	335	37	3	—	426	30898
—	—	—	323	—	—	—	323	34602
3	3	4	373	7	1	1	389	36871
—	—	—	308	—	—	—	308	33814
1	1	—	300	1	—	—	302	26133
469	392	385	4431	806	53	30	6097	361677
29	25	18	368	40	4	1	456	38917
—	—	—	166	—	—	—	166	21410
—	—	—	215	—	—	—	215	26204
1	1	2	351	1	—	—	355	35134
30	26	20	1100	41	4	1	1192	121665
60	62	64	424	91	5	1	647	48314
—	—	—	260	—	—	—	260	36395
—	—	—	244	—	—	—	244	28996
—	—	—	135	—	—	—	135	27278
60	62	64	1063	91	5	1	1286	140983
61	58	57	478	103	—	2	698	55079
—	—	—	230	—	—	—	230	33929
—	—	—	267	—	—	—	267	33372
61	58	57	975	103	—	2	1195	122380
620	538	526	7569	1041	62	34	9770	746705

Bevölkerung nach der Zählung

Kreis und Provinz.	Anzahl der Wohnhäuser.	A. Nach den Ortserhebungen über den Civilstand.					
		Anzahl der Familien.	Seelen.				
			Männer und Jünglinge über 14 Jahre.	Weiber und Jungfrauen über 14 Jahre.	Kinder unter 14 Jahren: männl.	Kinder unter 14 Jahren: weibl.	Anzahl der Einwohner vom Civilstand.
1. Cassel:							
a) Residenzstadt	1726	7149	10283	12552	4010	3917	30762
b) Landkreis	4446	6849	11141	11645	5865	5765	34416
2. Eschwege	6308	8630	13142	14060	7289	7192	41683
3. Fritzlar	5988	5515	9006	9860	5144	5061	29071
4. Hofgeismar	5485	8146	12880	12621	7031	6835	39367
5. Homberg	2750	4289	7853	8279	4030	3872	24034
6. Melsungen	3065	5950	10183	10406	5414	5337	31340
7. Rotenburg	4977	7348	11063	11825	6172	5912	34972
8. Schaumburg	5478	7174	11914	12544	5924	5892	36274
9. Witzenhausen	4781	6883	11016	11580	5688	5471	33755
10. Wolfhagen	2858	5288	8263	8948	4665	4362	26238
I. Niederhessen	47862	73221	116744	124320	61232	59616	361912
11. Marburg	5523	7353	12703	13687	6444	6222	39056
12. Frankenberg	2962	3798	6830	7100	3654	3634	21218
13. Kirchhain	4007	5111	8305	8950	4698	4487	26440
14. Ziegenhain	3897	8001	11482	12225	5959	5744	35410
II. Oberhessen	16389	24263	39320	41962	20755	20087	122124
15. Fulda	5914	8961	15773	16887	7353	7214	47227
16. Hersfeld	6921	7519	11514	12267	6324	6321	36426
17. Hünfeld	4037	5068	9303	9940	4657	4648	28548
18. Schmalkalden	4256	5820	8857	9456	4647	4712	27672
III. Fulda	21128	27368	45447	48550	22981	22895	139873
19. Hanau	7506	12295	19361	20199	8671	8488	56719
20. Gelnhausen	4904	6306	11233	11373	5856	5630	34092
21. Schlüchtern	4369	6033	10710	11083	5700	5676	33169
IV. Hanau	16779	24634	41304	42655	20227	19794	123980
Bevölkerung in Kurhessen	102138	149486	242815	257487	125195	122392	747889

im Monat December 1846.

B. Nach den Erhebungen über den Mitairstand.							Gesammt-Bevölkerung.
Anzahl der Familien.	Seelen.						
	Männer und Jünglinge über 14 Jahre.	Weiber und Jungfrauen über 14 Jahre.	Kinder unter 14 Jahren:		Anzahl der Einwohner vom Militairstand.		
			männlich.	weiblich.			
384	2471	654	357	303	3785		34547
4	18	5	6	5	34		34450
12	18	17	14	13	62		41745
7	7	9	9	6	31		29102
63	379	102	47	53	581		39948
6	8	8	9	7	32		24066
31	61	53	21	23	158		31498
7	10	9	14	5	38		35010
14	16	17	12	16	61		36335
9	9	11	10	15	45		33800
8	9	10	9	8	36		26274
545	3006	895	508	454	4863		366775
35	68	54	35	29	186		39242
6	7	8	3	3	21		21239
9	12	13	9	9	43		26483
11	15	13	19	11	58		35468
61	102	88	66	52	308		122432
72	451	119	70	87	727		47954
9	15	11	13	5	44		36470
6	7	9	11	7	34		28582
9	10	11	7	7	35		27707
96	483	150	101	106	840		140713
72	442	107	69	87	705		57424
8	8	13	11	13	45		34137
10	10	10	15	17	52		33221
90	460	130	95	117	802		124782
792	4051	1263	770	729	6813		754702

Bevölkerung nach der Zählung

Verwaltungsamt und Verwaltungsbezirk.	Anzahl der Wohnhäuser.	A. Nach den Ortserhebungen über den Civilstand.					
		Anzahl der Familien.	Seelen.				
			Männer und Jünglinge über 14 Jahre.	Weiber und Jungfrauen über 14 Jahre.	Kinder unter 14 Jahren: männl.	Kinder unter 14 Jahren: weibl.	Anzahl der Einwohner vom Civilstand.
1. Verwaltungsamt Cassel							
Residenzstadt.	1749	6852	11186	13110	3985	3808	32089
Landbezirk	4405	6941	11584	12050	5832	5730	35196
2. Verw.-A. Hofgeismar .	5434	7675	12904	13329	6579	6251	39063
3. „ Wolfhagen . .	2869	4080	6248	6606	3372	3196	19422
I. Bezirk Cassel	14457	25548	41922	45095	19768	18985	125770
4. Verw.-A. Eschwege . .	6207	7800	13343	14451	6663	6690	41147
5. „ Witzenhausen	4812	6915	11045	11666	5530	5261	33502
II. Bezirk Eschwege	11019	14715	24388	26117	12193	11951	74649
6. Verw.-A. Hersfeld . . .	6913	9330	14787	16013	8377	8265	47442
7. „ Melsungen . .	3087	4615	7223	7835	3850	3864	22772
8. „ Rotenburg . .	5049	7408	10987	11796	5963	5620	34366
III. Bezirk Hersfeld	15049	21353	32997	35644	18190	17749	104580
9. Verw.-A. Fritzlar . . .	6178	8415	14194	14994	7648	7405	44241
10. „ Homberg. . .	2755	3536	6732	6998	3245	3010	19985
11. „ Ziegenhain . .	3975	5184	9723	10278	4577	4429	29007
IV. Bezirk Fritzlar	12908	17135	30649	32270	15470	14844	93233
12. Verw.-A. Marburg . . .	5550	7537	14019	14112	6336	6046	40513
13. „ Frankenberg .	3050	3961	7016	7148	3615	3573	21352
14. „ Kirchhain . .	4097	5190	8633	9302	4775	4520	27230
V. Bezirk Marburg	12697	16688	29668	30562	14726	14139	89095
15. Verw.-A. Fulda	5918	8973	15752	16967	7305	7089	47113
16. „ Hünfeld . . .	4050	5076	9415	10072	4561	4435	28483
VI. Bezirk Fulda	9968	14049	25167	27039	11866	11524	75596
17. Verw.-A. Hanau	7626	11986	19698	20507	8347	8516	57068
18. „ Gelnhausen .	4941	6488	11216	11204	5822	5757	33999
19. „ Schlüchtern .	4299	6079	10556	11217	5606	5679	33058
VII. Bezirk Hanau	16866	24553	41470	42928	19775	19952	124125
VIII. Verwaltungsamt und Bezirk Schmalkalden	4304	5909	9008	9492	4743	4759	28002
IX. Verwaltungsamt und Bezirk Rinteln	5228	7432	11877	12713	5928	5865	36383
Bevölkerung von Kurhessen	102496	147382	247146	261860	122659	119768	751433

im Monat December 1849.

B. Nach den Erhebungen über den Mitairstand.							Gesammt-Bevölkerung.
Anzahl der Familien.	Seelen.						
	Männer und Jünglinge über 14 Jahre.	Weiber und Jungfrauen über 14 Jahre.	Kinder unter 14 Jahren: männlich.	Kinder unter 14 Jahren: weiblich.	Anzahl der Einwohner vom Militairstand.		
374	2458	640	322	285	3705		35794
20	157	24	20	18	219		35415
61	483	94	49	35	661		39724
6	7	7	10	8	32		19454
461	3105	765	401	346	4617		130387
13	14	16	12	11	53		41200
9	10	16	8	9	43		33545
22	24	32	20	20	96		74745
15	18	20	20	13	71		47513
30	54	51	20	25	150		22922
7	7	7	12	9	35		34401
52	79	78	52	47	256		104836
12	13	19	10	12	54		44295
4	7	5	3	4	19		20004
8	13	12	5	12	42		29049
24	33	36	18	28	115		93348
32	70	43	25	22	160		40673
6	8	9	4	7	28		21380
9	11	11	8	8	38		27268
47	89	63	37	37	226		89321
73	784	118	59	79	1040		48153
6	7	8	6	6	27		28510
79	791	126	65	85	1067		76663
88	1456	140	79	83	1758		58826
8	8	10	9	8	35		34034
9	12	16	11	7	46		33104
105	1476	166	99	98	1839		125964
9	13	11	12	8	44		28046
14	19	18	9	12	58		36441
813	5629	1295	713	681	8318		759751

§. 22.

Bewegung der Bevölkerung nach den Ergebnissen der Volkszählungen.

Jahr.	N.-Hessen. Bevölkerung.	N.-Hessen. Jährl. Zunahme in %.	O.-Hessen. Bevölkerung.	O.-Hessen. Jährl. Zunahme in %.	Fulda. Bevölkerung.	Fulda. Jährl. Zunahme in %.	Hanau. Bevölkerung.	Hanau. Jährl. Zunahme in %.	Ganz Kurhessen. Bevölkerung.	Ganz Kurhessen. Jährl. Zunahme in %.
1818	—	—	—	—	—	—	—	—	567866	
1821 (Im Anfange des Jahres.)	281597		100168		112748		83988		578501	0,93
1827 (Juli.)	304781	1,26	107950	1,18	121757	1,22	104540	3,76	639028	1,60
1832 (Januar und Februar.)	325765	1,52	113837	1,20	128584	1,24	109663	1,08	677849	1,34
1834 (December.)	337765	1,22	115280	0,42	132485	1,01	114797	1,56	700327	1,10
1837 „	345095	1,77	116219	0,27	135878	0,85	116378	0,45	713570	0,63
1840 „	353220	0,78	119008	0,79	137777	0,46	118645	0,64	728650	0,70
1843 „	361677	0,79	121665	0,74	140983	0,77	122380	1,04	746705	0,82
1846 „	366775	0,46	122432	0,21	140713	0,06	124782	0,65	754702	0,35
1849 „	363195	0,32	118370	1,10	152222	2,27	125964	0,31	759751	0,14
Gesammte Vermehrung in dem 29jährigen Zeitraume von 1821 bis December 1849	—	28,9	—	18,1	—	35,0	—	49,9		31,3
									und in dem 31-jährigen Zeitraume von 1818 bis 1849.	33,7

§. 23.

Vergleich mit den Fortschritten der Bevölkerung nach den Ergebnissen der Geburts- und Todtenlisten.*)

Provinz.	Bevölkerung: vom Jahre 1827.	Bevölkerung: vom Jahre 1846.	Vermehrung nach den Ergebnissen der Volkszählungen.	In dem Zeitraume von dem Jahre 1828 bis 1846: geboren.	In dem Zeitraume von dem Jahre 1828 bis 1846: gestorben.	Ueberschuss der Zahl der Gebornen über die Zahl der Gestorbenen.	Folglich sind mehr ausgewandert als eingewandert.
Niederhessen .	304781	366775	61994	234316	179249	55067	—6927
Oberhessen . .	107950	122432	14482	75572	55534	20038	5556
Fulda	121757	140713	18956	88741	65615	23126	4170
Hanau	104540	124782	20242	75238	54971	21267	1025
Kurhessen . .	639028	754702	115674	473867	355369	119498	3824

§. 24.

Dichtigkeit der Bevölkerung.

Landestheile.	Flächeninhalt in geogr. □Meilen.	Einwohnerzahl nach der Volkszählung: im Jahre 1821.	Einwohnerzahl nach der Volkszählung: im Jahre 1849	Durchschnittl. Bevölkerung auf 1 □M.: im Jahre 1821.	Durchschnittl. Bevölkerung auf 1 □M.: im Jahre 1849.
Niederhessen ohne Schaumburg	72,095	260395	326754	3611	4532
Schaumburg	8,236	21202	36441	2573	4424
Provinz Niederhessen	80,331	281597	363195	3505	4521
Provinz Oberhessen	35,134	100168	118370	2826	3340
Fulda ohne Schmalkalden	27,749	90431	124176	3258	4474
Schmalkalden	5,247	22317	28046	4253	5345
Provinz Fulda	32,996	112748	152222	3417	4613
Provinz Hanau	24,511	83988	125964	3426	5139
Kurhessen	173,27	578501	759751	3338	4384

*) Diese Vergleichung konnte nur bis zum Jahre 1846 angestellt werden, weil die Geburts- und Todtenlisten noch nicht bis 1849 vorliegen.

§. 25.

Verhältniss der Einwohnerzahl zu den Wohnhäusern.

Dieses Verhältniss ist insofern von Wichtigkeit, als eine Einsicht in die Bewegung desselben es möglich macht, bei historischen Untersuchungen aus älteren Angaben über die Zahl der Häuser innerhalb gewisser Grenzen sichere Schlüsse auf die Grösse der Bevölkerung zu machen. Durch die folgende Uebersicht von 1818—1849 wird die auch in anderen Ländern wahrnehmbare Thatsache bestätigt, dass mit der steigenden Bevölkerung auch die Zahl der Menschen wächst, welche durchschnittlich ein Haus bewohnen.

Im Jahre:	Häuser.	Einwohner.	Auf 1 Haus.
1818 gab es in Kurhessen	88464	567866	6,4
1821 „ „ „ „	88534	578501	6,5
1827 „ „ „ „	91432	639028	6,9
1846 „ „ „ „	102496	754702	7,3
1849 „ „ „ „	102496	759751	7,4

Wie sehr hier die Städte einwirken, geht aus einer getrennten Betrachtung jenes Verhältnisses in den Städten und auf dem Lande hervor.

Jahr.	In den Städten.			Auf dem Lande.			In der Haupstadt Cassel.		
	Häuser.	Einw.	%	Häuser.	Einw.	%	Häuser.	Einw.	%
1818	20823	143755	6,95	67641	424111	6,27	1552	20423	13,1
1821	20716	149672	7,2	67818	428829	6,32	1586	23296	14,6
1827	20323	166859	8,21	71109	472169	6,64	1608	24825	15,4
1846	22088	198318	8,97	80408	556384	6,91	1726	34547	20,0
1849	22097	201840	9,11	80399	557911	6,93	1749	35794	20,4

§. 26.

Zahl der Familien.

Die Familien wurden bei den Volkszählungen erst mit aufgenommen, seitdem Hessen dem Zollvereine angehört, daher lässt sich das durchschnittliche Verhältniss zwischen Menschen-

und Familienzahl nur für den Zeitraum von 1834—1849 angeben. Es gestaltete sich auf folgende Weise:

Provinz.	Durchschnittszahl der Familien im Zeitraume von 1834 — 1849.	Durchschnittliche Bevölkerung.	Auf 1 Familie kamen Personen.
Niederhessen	68839	354621	5,15
Oberhessen	21740	118829	5,60
Fulda	25974	140010	5,39
Hanau	23108	120491	5,21
Kurhessen	139661	733951	5,25

§. 27.

Verhältnisse der Alter und Geschlechter zu einander.

Ueber das Verhältniss der Alter und Geschlechter zu einander geben nicht alle Volkszählungen gleichmässigen Aufschluss. Während bei der im Jahre 1827 veranstalteten Aufnahme 4 Lebensalter beider Geschlechter unterschieden sind, nämlich bis zum 7ten, vom 7ten bis zum 14ten, vom 14ten bis zum 70ten Jahre und die über 70jährigen, nahm man vom Jahre 1832 an bis zur Zählung im Jahre 1843 nur 3 Lebensalter auf, nämlich bis zum 14ten Jahre, vom 14ten bis zum 60sten und die über 60jährigen. Bei den zwei letzten Volkszählungen hat man auch die letzte Unterscheidung noch weggelassen, so dass hier nur die Geschlechter unter 14 Jahren und über 14 Jahre angegeben sind. Es lässt sich daher nur für diese beiden Lebensalter eine Durchschnittszahl aus sämmtlichen Volkszählungen ermitteln.

Nach der Zählung von 1827 gestaltet sich das Verhältniss der Alter und Geschlechter in folgender Weise:

	Bis zum 7ten Jahre.		Vom 7ten bis zum 14ten Jahre.		Vom 14ten bis zum 70sten Jahre.		Ueber 70 Jahre.		Summa.	
	Anzahl.	in %	Anzahl.	in %	Anzahl.	in %	Anzahl.	in %	Anzahl.	in %
Männlich	57261	8,97	50437	7,89	202244	32,65	5067	0,79	315009	49,30
Weiblich	56151	8,78	49044	7,68	213688	33,14	5136	0,80	324019	50,70
Summa	113412	17,75	99481	15,57	415932	65,09	10203	1,59	639028	100

Hiernach betrugen die Personen unter 14 Jahren:
beim männlichen Geschlecht 16,9
beim weiblichen Geschlecht 16,4

Etwas niedriger stellt sich die Summe derselben im Durchschnitt der Jahre von 1827—1849 heraus.

Im Jahre.	Die männliche Bevölkerung: unter 14 Jahren. Anzahl.	unter 14 Jahren. in %	über 14 Jahren. Anzahl.	über 14 Jahren. in %	Summa. Anzahl.	Summa. in %
1827	107698	16,9	207311	32,4	315009	49,3
1832	111075	16,4	221797	32,7	332872	49,1
1834	113204	16,1	232912	33,3	346116	49,4
1837	115241	16,2	236463	33,2	351704	49,4
1840	118940	16,3	239939	32,9	358879	49,2
1843	123999	16,6	243895	32,7	367894	49,3
1846	125965	16,7	246866	32,7	372831	49,4
1849	123372	16,2	252775	33,3	376147	49,5
durchschnittlich:	117437	16,4	235244	32,9	352681	49,4

Im Jahre.	Die weibliche Bevölkerung: unter 14 Jahren. Anzahl.	unter 14 Jahren. in %	über 14 Jahren. Anzahl.	über 14 Jahren. in %	Summa. Anzahl.	Summa. in %
1827	105195	16,4	218824	34,3	324019	50,7
1832	109905	16,2	235072	34,7	344977	50,9
1834	111619	15,9	242592	34,7	354211	50,6
1837	114192	16,0	247674	34,6	361866	50,6
1840	117781	16,2	251990	34,6	369771	50,8
1843	122790	16,4	256021	34,3	378811	50,7
1846	123121	16,4	258750	34,2	381871	50,6
1849	120449	15,9	263155	34,6	383604	50,5
durchschnittlich:	115631	16,1	246760	34,5	362391	50,6

Nimmt man hierzu aus den Jahren 1832—1843 das folgende Durchschnitts-Verhältniss der Personen vom 14ten bis 60sten Jahre und der über 60jährigen

Im Jahre.	Männliche Bevölkerung:				Weibliche Bevölkerung:			
	über 14—60 Jahre.	in %	über 60 Jahre.	in %	über 14—60 Jahre.	in %	über 60 Jahre.	in %
1832	204131	30,11	17666	2,60	214617	31,66	20455	3,01
1834	214131	30,57	18781	2,68	221436	31,61	21156	3,02
1837	217690	30,50	19373	2,71	225762	31,63	21912	3,07
1840	219276	30,00	20663	2,83	228808	31,10	23182	3,18
1843	223146	29,88	20749	2,77	232307	31,11	23714	3,17
durchschnittlich:	215675	30,23	19446	2,72	224586	31,18	22084	3,09

so ergiebt sich in Kurhessen als Norm für das Alters- und Geschlechtsverhältniss der Lebenden:

	bis 7 Jahre. %	von 7 bis 14 Jahre. %	von 14 bis 60 Jahre. %	von 60 bis 70 Jahre. %	über 70 Jahre. %	überhaupt. %
Männlich	8,7	7,7	30,3	1,9	0,8	49,4
Weiblich	8,6	7,5	31,4	2,2	0,9	50,6
Summa	17,3	15,2	61,7	4,1	1,7	100

§. 28.

Vertheilung der Bevölkerung auf Stadt und Land. *)

Kreise und Provinzen.	Zahl der Städte.	Bevölkerung im Jahre 1827: in den Städten.	in den Flecken und Landgemeinden.	Verhältniss der städtischen Bevölkerung zur Landbevölkerung.	Bevölkerung im Jahre 1849: in den Städten.	in den Flecken und Landgemeinden.	Verhältniss der städtischen Bevölkerung zur Landbevölkerung.
1. Cassel	1	24825	27504	47,4 : 52,6	35794	35415	50,3 : 49,7
2. Eschwege . . .	3	7803	29125	21,1 : 78,9	9360	31840	22,7 : 77,3
3. Fritzlar	3	5171	19867	20,6 : 79,4	6077	38218	13,7 : 86,3
4. Hofgeismar . .	7	10885	21992	33,1 : 66,9	12943	26781	32,5 : 67,5
5. Homberg . . .	2	4125	14748	21,3 : 78,7	5176	14828	25,8 : 74,2
6. Melsungen . .	3	6070	20497	22,8 : 77,2	7194	15728	31,3 : 68,7
7. Rotenburg . .	2	5022	25731	16,3 : 83,7	5514	28887	16,0 : 84,0
8. Schaumburg .	5	7177	24517	22,6 : 77,4	8489	27952	23,2 : 76,8
9. Witzenhausen	4	8420	18737	31,0 : 69,0	10314	23231	30,7 : 69,3
10. Wolfhagen . .	4	8510	14055	37,7 : 62,3	9599	9855	49,3 : 50,7
I. Niederhessen	34	88008	216773	25,5 : 74,5	110460	252735	30,4 : 69,6
11. Marburg . . .	2	9007	26378	25,4 : 74,6	9754	30919	23,9 : 76,1
12. Frankenberg .	4	6245	11334	35,5 : 64,5	7222	14158	33,7 : 66,3
13. Kirchhain . . .	5	6544	16544	28,3 : 71,7	7687	19581	28,1 : 71,9
14. Ziegenhain . .	4	6850	25048	21,4 : 78,6	7889	21160	27,1 : 72,9
II. Oberhessen	15	28646	79304	26,5 : 73,5	32552	85818	27,5 : 72,5
15. Fulda	1	9266	34730	21,0 : 79,0	9937	38216	20,6 : 79,4
16. Hersfeld	1	6144	22558	21,4 : 78,6	6379	41134	13,4 : 86,6
17. Hünfeld	1	1833	23831	7,1 : 92,9	2153	26357	7,5 : 92,5
18. Schmalkalden .	1	4770	18625	20,3 : 79,7	5477	22569	19,5 : 80,5
III. Fulda	4	22013	99744	18,0 : 82,0	23946	128276	15,7 : 84,3
19. Hanau	3	17235	24357	41,4 : 58,6	22412	36414	38,0 : 62,0
20. Gelnhausen . .	2	4456	18955	19,0 : 81,0	5107	28927	15,0 : 85,0
21. Schlüchtern . .	4	6501	33036	16,4 : 83,6	7363	25741	22,2 : 77,8
IV. Hanau	9	28192	76348	26,9 : 73,1	34882	91082	27,6 : 72,4
Kurhessen	62	166859	472169	26,1 : 73,9	201840	557911	26,5 : 73,5

*) Im Jahre 1818 wohnten 143,755 Einwohner in den Städten und 424,111 Einwohner auf dem Lande, und es betrug demnach die städtische Bevölkerung 25,3 %.

§. 29.

Vertheilung der Bevölkerung nach den Confessionen.

Kreise und Provinzen.	Protestanten.			Katholiken.			Juden.		
	In den Städten.	Auf dem Lande.	Summa.	In den Städten.	Auf dem Lande.	Summa.	In den Städten.	Auf dem Lande.	Summa.
1. Cassel	22998	27133	50131	1000	133	1133	827	238	1065
2. Eschwege	7320	28218	35538	137	83	220	346	824	1170
3. Fritzlar	2696	19060	21756	2156	272	2428	319	535	854
4. Hofgeismar	10318	21616	31934	156	131	287	411	245	656
5. Homberg	4035	14507	18542	7	22	29	83	219	302
6. Melsungen	5763	20138	25901	18	27	45	289	332	621
7. Rotenburg	4652	25213	29865	85	53	138	285	465	750
8. Schaumburg	6964	24404	31368	25	3	28	188	110	298
9. Witzenhausen	8239	18413	26652	40	89	129	141	235	376
10. Wolfhagen	4119	13845	17964	3929	47	3976	462	163	625
I. Niederhessen	77104	212547	289651	7553	860	8413	3351	3366	6717
11. Marburg	8628	25622	34250	283	495	778	96	250	346
12. Frankenberg	6091	11275	17366	11	17	28	143	42	185
13. Kirchhain	3699	7985	11684	2596	8236	10832	249	323	572
14. Ziegenhain	6487	24642	31129	39	22	61	324	384	708
II. Oberhessen	24905	69524	94429	2929	8770	11699	812	999	1811
15. Fulda	408	45	453	8534	34609	43143	324	76	400
16. Hersfeld	6076	22336	28412	37	27	64	31	195	226
17. Hünfeld	41	8467	8508	1750	14264	16014	42	1100	1142
18. Schmalkalden	4674	18449	23123	15	10	25	81	166	247
III. Fulda	11199	49297	60496	10336	48910	59246	478	1537	2015
19. Hanau	15404	20922	36326	896	2917	3813	935	518	1453
20. Gelnhausen	4026	13937	17963	90	4294	4384	340	724	1064
21. Schlüchtern	3672	16095	19767	30	1564	1594	287	527	814
22. Salmünster	24	10245	10269	2468	4077	6545	10	538	548
IV. Hanau	23126	61199	84325	3484	12852	16336	1572	2307	3879
Kurhessen	136334	392567	528901	24302	71392	95694	6213	8209	14422

6 Menoniten und 5 Zigeuner.

*) Die hier mitgetheilte Uebersicht ist das Resultat einer im Jahre 1827 mit der damaligen Volkszählung verbundenen Aufnahme, der einzigen, welche überhaupt in Kurhessen über das religiöse Bekenntniss der Bevölkerung stattgefunden hat.

Hiernach kamen auf 1000 Einwohner

	in den Städten.	auf dem Lande.	überhaupt.
Protestanten	213,4	614,4	827,8
Katholiken	38,0	111,7	149,7
Juden	9,8	12,7	22,5

B.
Statistik der Geburten.

§. 30.
Die Einführung fortlaufender Geburts- und Sterberegister in Kurhessen.

Fortlaufende Geburts- und Todtenlisten waren in allen Gemeinden Kurhessens bereits durch die Kirchenordnung von 1657 *) eingeführt. Nach derselben sollte jeder Pfarrer ein Kirchenbuch anlegen und in dasselbe Geburtstag, Namen, Eltern und Tauftag aller neugeborenen Kinder, so wie alle Confirmationen, Trauungen und Sterbefälle eintragen. Durch spätere Vorschriften wurden die Kirchenbücher immer mehr vervollkommnet. Ein Consistorialrescript vom 10. August 1772 schrieb die Einzeichnung des Alters der Verstorbenen, ein anderes vom 12. August 1788 die Eintragung des Alters der Confirmirten vor. Ein Ausschreiben vom 30. Juli 1792 bestimmte, dass auch die vor der Taufe gestorbenen Kinder eingetragen würden, und durch das angeführte Rescript vom 10. August 1772 wurden zugleich Formulare vorgezeichnet, um Gleichförmigkeit in die Eintragung zu bringen. Auch mussten nicht nur die Superintendenten und Inspectoren bei den Kirchenvisitationen die Kirchenbücher selbst einsehen und sich von der richtigen Führung derselben überzeugen, sondern bereits seit 1738 war auch die vierteljährliche Einsendung der Trauungs- und Todtenlisten an die Landes-Canzlei angeordnet. Indessen kam diese letztere Vorschrift bald wieder ausser Anwendung **) und das statistische Material über die Geburts- und Sterblichkeitsverhältnisse wurde daher nirgends gesammelt.

*) Kap. VIII. §. 5. S. Kulenkamp, Neue Sammlung der Landes-Ordnungen, B. I. Cassel 1828. S. 164.

**) S. Kurhessisches Kirchenrecht von Ledderhose, neu bearbeitet von H. Pfeiffer. Marburg 1821. S. 335.

Erst nachdem durch das Organisations-Edict von 1821 ein Obermedicinal-Collegium an die Spitze der Landes-Medicinalpolizei gestellt und unter anderem auch beauftragt war, „alle Materialien zur Statistik der verschiedenen Provinzen aus medicinischen Gesichtspunkten sammeln zu lassen und zu ordnen," wurden in jeder Provinz von dem Medicinalreferenten der Regierung durch die Kreisphysiker jährliche Geburts- und Sterbelisten eingezogen, dort für die einzelnen Provinzen zusammengestellt und alsdann dem Obermedicinal-Collegium eingeschickt.

Die ersten Generalübersichten für das ganze Land kamen auf diese Weise im Jahre 1825 zu Stande, und vollendet sind dieselben bis zum Jahre 1847. Die im folgenden Paragraphen mitgetheilte Tabelle enthält zunächst aus dem genannten Zeitraume von 23 Jahren die Geburten nach Geschlechtern und Provinzen getrennt.

§. 31.

Ergebnisse der Geburtslisten für ganz Kurhessen vom Jahre 1825 bis 1847.

Jahr.	Geborene Mädchen:					Geborene Knaben:					Haupt-Summa.
	in Niederhessen.	in Oberhessen.	in Fulda.	in Hanau.	Summa.	in Niederhessen.	in Oberhessen.	in Fulda.	in Hanau.	Summa.	
1825	5396	1841	2160	1783	11180	5236	1677	2001	1678	10592	21772
1826	5590	1831	2164	1814	11399	5170	1680	2066	1709	10625	22024
1827	5092	1701	2117	1796	10706	4825	1618	1994	1570	10007	20713
1828	5238	1726	2154	1795	10912	5106	1671	2072	1615	10464	21376
1829	5400	1826	2036	1724	10986	5134	1722	1902	1626	10384	21370
1830	5644	1860	2075	1822	11401	5287	1768	2055	1719	10829	22230
1831	5283	1664	2112	1814	10873	5088	1665	2005	1657	10415	21288
1832	5546	1896	2098	1874	11414	5158	1772	2032	1809	10771	22185
1833	6144	2045	2395	2018	12602	5878	1968	2187	1971	12004	24606
1834	6523	2055	2419	2133	13130	6205	1878	2359	1988	12430	25560
1835	6611	2417	2543	2168	13739	6438	2198	2405	2035	13076	26815
1836	6433	2083	2460	2092	13068	6203	1877	2294	1998	12372	25440
1837	6187	2085	2397	1998	12667	6082	1894	2334	1864	12174	24841
1838	6870	2179	2351	2115	13515	6431	1981	2186	2023	12621	26136
1839	6573	1965	2492	2130	13160	6167	1917	2281	2017	12382	25542
1840	6958	2135	2469	2107	13669	6399	2087	2417	1997	12900	26569
1841	6741	2197	2580	2140	13658	6395	2029	2404	2038	12866	26524
1842	7116	2233	2618	2248	14215	6602	2021	2593	2073	13289	27504
1843	6796	2110	2605	2100	13611	6215	1966	2335	1799	12315	25926
1844	7015	2041	2380	2121	13557	6696	1969	2302	1987	12954	26511
1845	7015	2387	2724	2282	14408	5696	2208	2515	2137	12556	26964
1846	6751	2061	2638	2086	13536	6292	2016	2518	2118	12944	26480
1847	5880	1889	2291	1837	11897	5648	1791	2149	1707	11295	23192
Summa	142802	46227	54277	45997	289303	134351	43373	51406	43135	272265	561568
Durchschnitt	6208	2010	2360	2000	12578	5841	1886	2235	1875	11837	24411

§. 32.

Ergebnisse der Geburtslisten in den beiden Hauptstädten Cassel und Hanau.

Da in den Geburtslisten Stadt und Land nicht getrennt sind, und daher der Unterschied nicht ermittelt werden kann, welcher in den Geburtsverhältnissen bei der städtischen und ländlichen Bevölkerung des ganzen Staates stattfindet, so theilen wir hier wenigstens die einschlagenden statistischen Thatsachen für die beiden Hauptstädte Cassel und Hanau mit.

Es wurden geboren:

Im Jahre.	In Cassel:			In Hanau:		
	Knaben.	Mädchen.	Summa.	Knaben.	Mädchen.	Summa.
1825	444	410	854	178	159	337
1826	460	399	859	183	170	353
1827	442	402	844	186	151	337
1828	424	444	868	198	211	409
1829	396	413	809	195	173	368
1830	413	397	810	229	199	428
1831	423	382	805	195	191	386
1832	427	409	836	205	203	408
1833	432	429	861	198	209	407
1834	454	467	921	228	221	449
1835	437	413	850	260	224	484
1836	466	454	920	225	224	449
1837	441	427	868	244	195	439
1838	516	452	968	203	206	409
1839	455	437	892	255	212	467
1840	491	478	969	224	200	424
1841	484	480	964	203	228	431
1842	506	473	979	240	227	467
1843	536	471	1007	237	194	431
1844	521	478	999	220	217	437
1845	521	478	999	239	192	431
1846	522	496	1018	230	232	462
1847	470	501	971	215	174	389
Summa	10681	10190	20871	4990	4612	9602
Durchschnitt	464,3	443,1	907,4	216,9	200,5	417,4

§. 33.

Verhältniss der Geborenen zu den Lebenden.

Provinz.	Männliches Geschlecht. Durchschnittliche Zahl von 1827 bis 1846. Geb.	Lebnd.	Demnach kommen auf 1000 Lebende Geb.	Weibliches Geschlecht. Durchschnittliche Zahl von 1827 bis 1846. Geb.	Lebnd.	Demnach kommen auf 1000 Lebende Geb.	Ueberhaupt. Durchschnittliche Zahl von 1827 bis 1846. Geb.	Lebnd.	Demnach kommen auf 1000 Lebende Geb.
Niederhessen	6296	168512	37,3	5916	173639	34,0	12212	342151	35,6
Oberhessen	2034	57391	35,4	1911	59235	32,2	3945	116626	33,8
Fulda	2383	65841	36,1	2259	68184	33,1	4642	134025	34,6
Hanau	2028	57585	35,2	1902	58298	32,2	3930	115883	33,9
Kurhessen	12741	349329	36,4	11988	359356	33,3	24729	708685	34,8
In den beiden Hauptstädten: *)									
Cassel	465,3	14549	31,9	444	15778	28,1	909,3	30327	29,9
Hanau	220,7	—	—	205,4	—	—	426,1	14855	28,6

§. 34.

Geschlechts-Verhältniss der Geborenen.

Provinz.	Summe der Geborenen von 1825 bis 1847. Knaben.	Mädchen.	Demnach kommen auf 1000 Knaben Mädchen.
Niederhessen	142802	134351	941
Oberhessen	46227	43373	938
Fulda	54277	51406	946
Hanau	45997	43135	938
Kurhessen	289303	272265	940

*) Die Bevölkerung der Stadt Cassel ersieht man aus den Bevölkerungslisten in §. 21. Von Hanau muss hier aber noch nachgeholt werden, dass es im Jahre 1791 12045, im Jahre 1805 11952, im Jahre 1827 13792, im Jahre 1832 14396, 1834 14548, 1837 14733, 1840 14923, im Jahre 1843 15265 und 1846 16329 Einwohner umfasste. Das Verhältniss der weiblichen zur männlichen Bevölkerung konnte für Hanau in dem Zeitraume von 1827 — 1846 nicht ermittelt werden.

und in den beiden Hauptstädten Cassel und Hanau

Stadt.	Durchschnittliche Zahl der Geborenen von 1825 — 1847.		Demnach kommen auf 1000 Knaben
	Knaben.	Mädchen.	Mädchen.
Cassel	464,0	443,2	955,1
Hanau	216,2	200,5	928,2

§. 35.
Verhältniss der Todtgeborenen zu den Lebendgeborenen.

Provinz.	Summe der von 1825 — 1847		Demnach kommen auf 1000 Lebendgeborene
	Lebendgeborenen.	Todtgeborenen.	Todtgeborene.
Niederhessen	265783	11370	42,7
Oberhessen	86007	3593	41,7
Fulda	101273	4410	43,5
Hanau	85692	3440	40,1
Kurhessen	538755	22813	42,3
In den Städten			
Cassel	19964	907	45,4
Hanau	9163	439	47,9

§. 36.
Geschlechts-Verhältniss der Todtgeborenen.

Provinz.	Zahl der Todtgeborenen von 1825 — 1847.		Demnach kommen auf 1000 Knaben
	Knaben.	Mädchen.	Mädchen.
Niederhessen	6419	4951	771
Oberhessen	2075	1518	731
Fulda	2522	1888	748
Hanau	1958	1482	757
Kurhessen	12974	9839	758

§. 37.

Die unehelichen Geburten.

a.

Im ganzen Lande.

Jahr.	Niederhessen.			Oberhessen.			Fulda.			Hanau.			Kurhessen.		
	Geburten		Die unehel. betragen in Procent.	Geburten		Die unehel. betragen in Procent.	Geburten		Die unehel. betragen in Procent.	Geburten		Die unehel. betragen in Procent.	Geburten		Die unehel. betragen in Procent.
	überhaupt.	unehel.		überh.	unehel.		überh.	unehel.		überh.	unehel.		überhaupt.	unehel.	
1836	12636	1302	10,3	3960	436	11,0	4754	601	12,8	4090	499	12,2	25440	2838	11,1
1837	12269	1227	10,0	3979	405	10,1	4731	780	16,5	3862	496	12,8	24841	2938	11,8
1838	13301	1217	9,1	4160	411	9,8	4537	691	15,2	4138	466	11,2	26136	2785	10,6
1839	12740	1189	9,3	3882	420	10,8	4773	717	15,0	4147	591	14,2	25542	2917	11,4
1840	13357	1324	9,9	4222	466	11,0	4886	823	14,8	4104	642	15,6	26569	3255	12,2
1841	13136	1305	9,9	4226	543	12,8	4984	784	15,7	4178	590	14,1	26524	3222	12,1
1842	13718	1453	10,5	4254	559	13,1	5211	843	16,1	4321	667	15,4	27504	3522	12,8
1843	13011	1296	9,9	4076	479	11,7	4940	875	17,7	3899	595	15,2	25926	3245	12,5
1844	13711	1435	10,3	4010	422	10,5	4682	715	15,2	4108	564	13,7	26511	3136	11,8
1845	12711	1445	11,3	4595	548	11,9	5239	944	18,0	4419	654	14,7	26964	3591	11,9
1846	13043	1453	11,1	4077	517	12,6	5156	925	17,9	4204	701	16,6	26480	3596	13,5
1847	11528	1128	9,9	3680	441	11,9	4440	781	17,5	3544	540	15,2	23192	2890	12,5
Durchschnitt	12930	1314	10,1	4093	470	11,4	4861	789	16,2	4084	583	14,2	25969	3161	12,2

§. 38.

Die unehelichen Geburten.

b.

In den beiden Hauptstädten Cassel und Hanau.

Jahr.	Cassel.			Hanau.		
	Geburten		Die unehelichen betragen in %.	Geburten		Die unehelichen betragen in %.
	überhaupt.	uneheliche.		überhaupt.	uneheliche.	
1836	920	140	15,2	449	51	11,3
1837	868	139	16,0	439	72	16,4
1838	968	139	14,3	409	45	11,0
1839	892	134	15,0	467	70	14,9
1840	969	150	15,4	424	66	15,5
1841	964	161	16,7	431	59	13,6
1842	979	162	16,2	467	80	17,1
1843	1007	181	17,9	431	52	12,0
1844	999	190	19,0	437	58	13,2
1845	999	190	19,0	431	67	15,5
1846	1018	218	21,4	462	89	19,2
1847	971	186	19,1	389	62	15,9
Durchschnitt	962	165	17,1	436	64	14,6

C. Statistik der

§. 39. Die Ergebnisse der Todtenlisten

a) für die Provinz

Jahr.	Verstorbene männlichen Geschlechts.									
	Todtgeborene.	im 1sten Jahre.	vom 2ten bis 10ten.	vom 11ten bis 20sten.	vom 21sten bis 30sten.	vom 31sten bis 40sten.	vom 41sten bis 50sten.	vom 51sten bis 60sten.	vom 61sten bis 70sten.	höheren Alters.
1825	200	1046	487	140	197	170	238	346	347	420
1826	200	1094	587	168	190	162	247	352	358	423
1827	181	1111	1077	163	194	158	228	334	367	375
1828	188	1061	905	146	185	159	233	394	410	411
1829	200	1014	602	148	227	196	295	424	527	480
1830	184	1006	627	171	243	194	263	362	444	453
1831	223	1025	789	167	266	216	228	388	520	440
1832	199	1171	701	185	273	276	325	444	618	488
1833	275	1543	711	183	278	265	272	419	526	383
1834	273	1531	914	189	283	254	262	473	484	350
1835	306	1279	663	152	248	237	260	383	502	367
1836	287	1206	750	152	244	265	247	414	449	384
1837	298	1394	804	195	248	308	293	469	616	543
1838	312	1136	711	197	305	250	272	394	433	410
1839	300	1391	895	187	233	246	298	351	475	435
1840	355	1375	833	205	255	310	327	383	588	483
1841	348	1411	689	210	319	299	321	393	542	473
1842	382	1406	696	217	344	333	376	387	510	401
1843	338	1358	1014	192	288	286	360	389	527	467
1844	358	1327	831	179	264	267	370	395	460	493
1845	358	1307	831	179	264	267	370	395	460	493
1846	346	1594	848	242	333	298	402	385	491	482
1847	308	1554	1570	264	336	371	466	489	593	537
Summe	6419	29340	18535	4231	6017	5787	6953	9163	11247	10191
Durchschnitt	279	1276	806	184	262	252	302	398	489	443

Sterblichkeit.

von 1827 bis 1847.

Nieder-Hessen.

Verstorbene weiblichen Geschlechts.										Summa der Verstorbenen.		Total-Summe.
Todtgeborene.	im 1sten Jahre.	vom 2ten bis 10ten.	vom 11ten bis 20sten.	vom 21sten bis 30sten.	vom 31sten bis 40sten.	vom 41sten bis 50sten.	vom 51sten bis 60sten.	vom 61sten bis 70sten.	höheren Alters.	Männl.	Weibl.	
175	793	486	133	195	217	296	370	395	420	3591	3480	7071
181	789	611	171	253	257	238	374	483	444	3781	3801	7582
180	822	876	153	180	220	244	370	454	430	4188	3929	8117
179	913	914	156	223	225	267	415	472	481	4092	4245	8337
162	766	673	154	213	230	331	520	621	597	4113	4267	8380
162	770	699	170	244	239	279	381	535	513	3947	3992	7939
162	910	858	171	250	253	313	418	549	491	4262	4378	8640
158	912	871	184	313	306	390	578	734	517	4680	4963	9643
198	1105	772	176	304	288	342	500	656	448	4855	4789	9644
228	1278	970	195	300	295	353	450	605	448	5013	5122	10135
261	1089	703	184	298	288	256	418	535	382	4397	4414	8811
265	1072	733	166	279	265	295	458	530	480	4398	4543	8941
235	1131	821	151	307	361	355	562	731	571	5168	5225	10393
239	930	708	189	241	301	280	415	493	446	4420	4242	8662
226	1194	980	180	254	310	292	409	553	492	4811	4890	9701
242	1084	845	184	289	320	334	503	643	465	5114	4909	10023
236	1127	709	203	299	347	336	458	582	452	5005	4749	9754
244	1155	693	206	344	325	376	491	573	488	5052	4895	9947
250	1126	988	195	316	314	366	433	559	496	5219	5043	10262
248	1078	767	190	256	346	334	468	604	495	4944	4786	9730
250	1078	767	190	256	345	334	468	604	495	4924	4787	9711
246	1259	893	235	316	340	375	467	539	505	5421	5175	10596
224	1200	1618	268	347	362	380	496	656	595	6488	6146	12634
4951	23581	18955	4207	6277	6754	7366	10422	13106	11151	107883	106770	214653
215	1025	825	183	273	293	320	453	569	485	4690	4642	9332

b) für die Provinz

Jahr.	Verstorbene männlichen Geschlechts.									
	Todtgeborene.	im 1sten Jahre.	vom 2ten bis 10ten.	vom 11ten bis 20sten.	vom 21sten bis 30sten.	vom 31sten bis 40sten.	vom 41sten bis 50sten.	vom 51sten bis 60sten.	vom 61sten bis 70sten.	höheren Alters.
1825	77	283	147	67	50	32	63	107	107	139
1826	67	284	179	52	53	39	72	120	117	126
1827	66	327	208	34	44	44	61	115	135	153
1828	68	379	260	69	82	55	70	152	142	145
1829	85	366	175	50	78	57	84	114	143	162
1830	59	338	139	45	64	55	68	146	154	154
1831	63	425	263	72	77	52	79	136	168	209
1832	63	383	235	62	70	62	89	166	188	149
1833	98	364	196	48	69	77	72	137	175	137
1834	90	433	209	57	66	71	90	130	182	123
1835	89	322	173	54	82	60	72	145	174	152
1836	89	478	165	46	67	78	72	135	195	158
1837	107	463	166	47	78	91	86	187	221	222
1838	84	358	155	37	76	86	75	142	174	150
1839	100	430	209	55	74	82	101	116	139	162
1840	95	388	213	54	90	83	107	155	182	154
1841	126	391	169	48	68	74	63	141	151	160
1842	101	347	213	64	80	74	100	138	191	170
1843	103	425	255	57	94	102	80	132	186	167
1844	119	393	234	45	74	81	115	117	197	172
1845	121	376	224	75	79	80	105	118	163	166
1846	109	481	332	70	96	82	107	98	183	162
1847	96	353	240	60	87	96	145	160	219	208
Summe	2075	8787	4759	1268	1698	1613	1976	3107	3886	3700
Durchschnitt	90	382	207	55	74	70	86	135	169	160

Ober-Hessen.

Verstorbene weiblichen Geschlechts.										Summe der Verstorbenen.		Total-Summe.
Todtgeborene.	im 1sten Jahre.	vom 2ten bis 10ten.	vom 11ten bis 20sten.	vom 21sten bis 30sten.	vom 31sten bis 40sten.	vom 41sten bis 50sten.	vom 51sten bis 60sten.	vom 61sten bis 70sten.	höheren Alters.	Männl.	Weibl.	
59	195	136	48	74	65	84	117	135	152	1072	1065	2137
50	264	160	43	63	78	84	121	148	149	1109	1160	2269
55	241	185	42	58	76	103	137	146	168	1187	1211	2398
57	319	253	34	54	71	112	148	160	164	1422	1372	2794
67	277	198	40	69	89	111	162	204	202	1314	1419	2733
50	292	144	59	81	63	102	127	190	188	1222	1296	2518
62	388	327	79	82	82	107	155	206	194	1544	1682	3226
48	324	240	63	75	88	118	186	190	159	1467	1491	2958
62	341	202	53	92	107	89	164	218	168	1373	1496	2869
68	348	226	70	75	99	87	148	211	177	1491	1509	2960
72	291	165	49	85	82	105	159	175	169	1323	1352	2675
66	342	135	45	70	83	95	166	202	151	1483	1355	2838
55	355	183	43	75	100	119	189	257	188	1668	1564	3232
67	303	147	43	55	103	103	138	204	152	1337	1315	2652
74	335	215	54	81	96	91	153	189	147	1468	1435	2903
80	318	198	62	74	83	84	152	172	187	1521	1410	2931
91	317	140	51	74	87	86	143	176	156	1391	1321	2712
57	304	241	60	80	119	98	154	220	189	1478	1522	3000
66	323	259	47	78	92	97	156	189	150	1601	1457	3058
75	306	289	49	60	96	101	149	244	199	1547	1568	3115
88	335	225	65	86	95	86	143	193	160	1507	1476	2983
70	410	285	101	108	120	100	115	191	157	1720	1657	3377
79	327	246	70	111	100	157	189	238	179	1664	1696	3360
1518	7255	4799	1270	1760	2074	2319	3471	4458	3905	32869	32829	65698
62	315	208	55	76	90	100	150	194	169	1429	1427	2856

c) für die Provinz

Jahr.	Verstorbene männlichen Geschlechts.									
	Todtgeborene.	im 1sten Jahre.	vom 2ten bis 10ten.	vom 11ten bis 20sten.	vom 21sten bis 30sten.	vom 31sten bis 40sten.	vom 41sten bis 50sten.	vom 51sten bis 60sten.	vom 61sten bis 70sten.	höheren Alters.
1825	100	444	220	61	61	66	93	130	130	132
1826	102	427	300	58	63	73	95	122	143	159
1827	87	433	266	48	43	66	94	109	168	147
1828	86	424	203	48	78	75	110	115	134	152
1829	82	391	167	59	70	81	115	177	199	178
1830	90	356	168	44	67	62	107	142	150	152
1831	87	495	450	75	81	88	109	155	163	161
1832	85	438	254	70	102	80	117	181	193	161
1833	117	489	302	55	84	102	119	170	171	137
1834	115	541	255	61	91	84	103	187	193	134
1835	132	514	214	56	86	94	126	165	174	160
1836	130	493	219	46	71	77	114	169	198	137
1837	113	509	216	53	92	107	141	227	231	198
1838	118	408	195	67	57	82	118	185	195	140
1839	136	500	272	53	86	79	95	157	185	162
1840	128	493	282	64	102	92	125	179	216	176
1841	115	565	224	56	82	97	112	130	200	165
1842	110	471	271	68	123	122	136	193	227	201
1843	128	507	304	61	103	105	142	200	236	197
1844	98	408	302	51	101	109	136	185	239	191
1845	132	489	308	64	92	95	132	183	236	177
1846	132	495	270	84	102	104	132	174	245	184
1847	99	533	450	91	114	119	187	227	275	265
Summe	2522	10823	6112	1393	1951	2059	2758	3862	4501	3866
Durchschnitt	109	470	266	60	85	89	119	168	196	168

Fulda.

Verstorbene weiblichen Geschlechts.										Summe der Verstorbenen.		Total-Summe.
Todtgeborene.	im 1sten Jahre.	vom 2ten bis 10ten.	vom 11ten bis 20sten.	vom 21sten bis 30sten.	vom 31sten bis 40sten.	vom 41sten bis 50sten.	vom 51sten bis 60sten.	vom 61sten bis 70sten.	höheren Alters.	Männl.	Weibl.	
68	360	237	42	78	92	107	133	142	137	1437	1396	2833
66	331	268	50	74	86	122	166	192	176	1542	1531	3073
77	333	243	62	62	91	110	143	169	139	1461	1429	2890
66	348	212	39	69	83	113	145	186	178	1425	1439	2864
66	329	172	49	76	107	136	183	240	219	1519	1577	3096
69	292	175	46	63	81	123	145	182	167	1338	1343	2681
71	413	440	78	98	85	94	179	203	179	1864	1840	3704
74	365	286	70	92	101	148	213	263	137	1681	1749	3430
81	380	273	57	104	124	146	183	234	187	1746	1769	3515
84	421	238	58	92	97	139	187	227	182	1764	1725	3489
98	380	222	46	93	89	119	191	196	161	1721	1595	3316
73	388	259	36	76	85	123	173	198	136	1654	1547	3201
102	417	232	52	102	121	155	236	266	211	1887	1894	3781
93	361	186	51	74	106	115	193	224	188	1565	1591	3156
86	398	262	61	81	107	129	179	217	138	1725	1658	3383
95	388	282	67	97	120	132	200	236	196	1857	1813	3670
89	457	231	66	82	107	131	172	195	177	1746	1707	3453
76	391	261	57	110	125	150	226	262	205	1922	1863	3785
99	438	284	60	94	112	130	197	241	184	1983	1839	3822
89	357	271	51	96	94	142	246	291	230	1820	1867	3687
81	407	298	59	93	119	141	168	248	210	1908	1824	3732
108	442	303	97	104	106	137	199	237	195	1922	1928	3850
77	473	467	71	119	101	162	233	308	242	2360	2253	4613
1888	8869	6102	1325	2029	2339	3004	4290	5157	4174	39847	39177	79024
82	386	265	57	88	102	130	186	224	181	1732	1703	3436

d) für die Provinz

Jahr.	Verstorbene männlichen Geschlechts.									
	Todtgeborene.	im 1sten Jahre.	vom 2ten bis 10ten.	vom 11ten bis 20sten.	vom 21sten bis 30sten.	vom 31sten bis 40sten.	vom 41sten bis 50sten.	vom 51sten bis 60sten.	vom 61sten bis 70sten.	höheren Alters.
1825	58	368	278	75	68	62	81	94	104	104
1826	58	347	230	52	72	54	90	99	118	107
1827	45	380	142	43	61	66	56	90	126	106
1828	111	369	192	45	66	74	92	110	124	116
1829	82	361	171	39	66	67	107	116	138	139
1830	72	414	173	58	79	69	92	100	145	120
1831	63	476	207	66	84	66	88	123	121	120
1832	68	407	226	63	100	99	111	146	152	152
1833	71	449	185	64	60	71	97	113	126	135
1834	107	568	165	51	84	101	102	128	125	111
1835	98	450	154	54	101	82	87	136	135	169
1836	95	470	187	44	85	67	101	124	129	145
1837	82	478	317	67	82	105	113	153	179	172
1838	101	422	235	60	87	103	100	116	146	126
1839	97	458	196	66	70	86	80	134	149	152
1840	91	419	188	73	65	69	91	128	176	129
1841	111	397	218	65	96	104	95	119	140	133
1842	102	413	212	43	86	102	108	147	153	144
1843	102	435	275	62	101	103	109	107	155	146
1844	103	351	234	62	87	77	132	145	182	157
1845	82	423	213	53	83	60	90	102	164	169
1846	83	433	280	52	113	100	122	131	158	173
1847	76	388	253	69	87	101	141	164	188	200
Summe	1958	9676	4931	1326	1883	1888	2285	2825	3333	3225
Durchschnitt	85	420	215	58	82	82	99	123	145	140

Hanau.

Verstorbene weiblichen Geschlechts.										Summe der Verstorbenen.		Total-Summe.
Todtgeborene.	im 1sten Jahre.	vom 2ten bis 10ten.	vom 11ten bis 20sten.	vom 21sten bis 30sten.	vom 31sten bis 40sten.	vom 41sten bis 50sten.	vom 51sten bis 60sten.	vom 61sten bis 70sten.	höheren Alters.	Männl.	Weibl.	
33	224	262	55	56	56	92	102	116	126	1292	1122	2414
44	236	227	49	76	74	58	143	103	134	1227	1144	2371
50	279	134	38	59	71	83	107	119	111	1115	1051	2166
93	278	193	42	68	77	85	129	122	145	1299	1232	2531
49	278	158	56	63	78	115	128	164	150	1286	1239	2525
54	348	182	57	79	85	94	108	148	133	1322	1288	2610
43	312	224	65	86	95	90	112	158	137	1414	1322	2736
62	398	218	63	87	107	84	135	175	164	1524	1493	3017
63	341	168	62	94	87	99	144	137	173	1371	1368	2739
66	478	183	81	112	108	108	140	130	170	1542	1576	3118
72	382	140	60	90	113	97	125	144	155	1466	1378	2844
62	372	221	68	80	80	100	111	157	113	1447	1364	2811
67	360	282	87	94	119	120	169	173	170	1748	1641	3389
68	348	189	83	95	104	88	148	163	149	1496	1435	2931
75	353	212	64	79	114	99	100	159	140	1488	1395	2883
78	366	210	63	96	96	105	118	137	159	1429	1428	2857
80	324	260	65	74	104	96	113	143	158	1478	1417	2895
77	284	220	54	100	101	103	147	181	183	1510	1450	2960
76	373	264	48	92	107	92	140	189	173	1595	1554	3149
69	292	201	47	77	93	111	136	193	167	1530	1386	2916
69	285	220	67	95	96	99	113	175	165	1439	1384	2823
69	381	279	64	118	117	97	105	175	187	1645	1592	3237
63	328	258	65	101	95	130	173	212	191	1667	1616	3283
1482	7620	4905	1403	1971	2177	2245	2946	3573	3553	33330	31875	65205
64	331	213	61	86	95	97	128	155	154	1449	1386	2835

e) für das ganze Kur-

Jahr.	Verstorbene männlichen Geschlechts. Todtgeborene.	im 1sten Jahre.	vom 2ten bis 10ten.	vom 11ten bis 20sten.	vom 21sten bis 30sten.	vom 31sten bis 40sten.	vom 41sten bis 50sten.	vom 51sten bis 60sten.	vom 61sten bis 70sten.	höheren Alters.
1825	435	2141	1132	343	376	330	475	677	688	795
1826	427	2152	1296	330	378	328	504	693	736	815
1827	379	2251	1693	288	342	334	439	648	796	781
1828	453	2233	1560	308	411	363	505	771	810	824
1829	449	2132	1115	296	441	401	601	831	1007	959
1830	405	2114	1107	318	453	380	530	750	893	879
1831	436	2421	1709	380	508	422	504	802	972	930
1832	415	2399	1416	380	545	517	642	937	1151	950
1833	561	2845	1394	350	491	515	560	839	998	792
1834	585	3073	1543	358	524	510	557	918	984	718
1835	625	2565	1204	316	517	473	545	829	985	848
1836	601	2647	1321	288	467	487	534	842	971	824
1837	600	2844	1503	362	500	611	633	1036	1247	1135
1838	615	2324	1296	361	525	521	565	837	948	826
1839	633	2779	1572	361	463	493	574	758	948	911
1840	669	2675	1516	396	512	554	650	845	1162	942
1841	700	2764	1300	379	565	574	591	783	1033	931
1842	695	2637	1392	392	633	631	720	865	1081	916
1843	671	2725	1848	372	586	596	691	828	1104	977
1844	678	2479	1601	337	526	534	753	842	1078	1013
1845	693	2595	1576	371	518	502	697	798	1023	1005
1846	670	3003	1730	448	644	584	763	788	1077	1001
1847	579	2828	2513	484	624	687	939	1040	1275	1210
Summe	12974	58626	34337	8218	11549	11347	13972	18957	22967	20982
Durchschnitt	564	2553	1579	357	502	493	607	824	998	912

fürstenthum Hessen.

Verstorbene weiblichen Geschlechts.										Summa der Verstorbenen.		Total-Summe.
Todtgeborene.	im 1sten Jahre.	vom 2ten bis 10ten.	vom 11ten bis 20sten.	vom 21sten bis 30sten.	vom 31sten bis 40sten.	vom 41sten bis 50sten.	vom 51sten bis 60sten.	vom 61sten bis 70sten.	höheren Alters.	Männl.	Weibl.	
335	1572	1121	278	403	430	579	722	788	835	7392	7063	14455
341	1620	1266	313	466	495	502	804	926	903	7659	7636	15295
362	1675	1438	295	359	458	540	757	888	848	7951	7620	15571
395	1858	1572	271	414	456	577	837	940	968	8238	8288	16526
344	1650	1201	299	421	504	693	993	1229	1168	8232	8502	16734
335	1702	1200	332	467	468	598	761	1055	1101	7829	7919	15748
338	2023	1849	396	516	515	604	864	1116	1101	9084	9222	18306
342	1999	1615	380	567	602	740	1112	1362	977	9352	9696	19048
404	2167	1415	348	594	606	676	991	1245	976	9345	9422	18767
446	2525	1617	404	579	599	687	925	1173	977	9770	9932	19702
503	2142	1230	339	566	572	577	893	1050	867	8907	8739	17646
466	2174	1348	315	505	513	613	908	1087	880	8982	8809	17791
459	2263	1518	333	578	701	749	1156	1427	1140	10471	10324	20795
467	1942	1230	366	465	614	586	894	1084	935	8818	8583	17401
461	2280	1669	359	495	627	611	841	1118	917	9492	9378	18870
495	2156	1535	376	556	619	655	973	1188	1007	9921	9560	19481
496	2225	1340	385	529	645	649	886	1096	943	9620	9194	18814
454	2134	1415	377	634	670	727	1018	1236	1065	9962	9730	19692
491	2260	1795	350	580	625	685	926	1178	1003	10398	9893	20291
481	2033	1528	337	489	629	688	999	1332	1091	9841	9607	19448
488	2105	1510	381	530	655	660	892	1220	1030	9778	9471	19249
493	2492	1760	497	646	683	709	886	1142	1044	10708	10352	21060
434	2328	2589	474	678	658	829	1091	1414	1207	12179	11711	23890
9839	47325	34761	8205	12037	13344	14934	21129	26294	22783	213929	210651	424580
428	2058	1511	357	523	580	649	918	1143	990	9301	9159	18460

f) für die Stadt

Jahr.	Verstorbene männlichen Geschlechts.									
	Todtgeborene.	im 1sten Jahre.	vom 2ten bis 10ten.	vom 11ten bis 20sten.	vom 21sten bis 30sten.	vom 31sten bis 40sten.	vom 41sten bis 50sten.	vom 51sten bis 60sten.	vom 61sten bis 70sten.	höheren Alters.
1825	7	87	67	13	40	29	43	35	22	34
1826	7	77	52	17	52	33	34	32	38	30
1827	21	86	145	18	35	27	32	35	26	28
1828	12	64	70	18	31	31	39	47	30	37
1829	11	87	56	24	51	32	36	44	33	42
1830	10	65	76	17	53	33	39	40	36	41
1831	17	87	73	28	50	38	29	31	34	33
1832	13	110	43	23	65	46	48	48	46	39
1833	29	136	41	23	58	44	43	39	38	18
1834	14	127	69	26	45	43	40	51	25	26
1835	30	83	62	24	38	32	33	38	33	32
1836	28	77	64	16	47	36	39	52	39	23
1837	28	92	93	16	62	51	34	49	53	58
1838	30	77	83	42	81	49	48	38	33	30
1839	22	82	86	13	26	23	23	37	43	40
1840	27	76	58	26	35	33	30	30	47	55
1841	25	84	54	25	57	29	25	54	41	40
1842	32	101	54	19	81	23	33	37	37	41
1843	22	84	69	14	42	26	31	21	30	36
1844	35	119	59	20	46	37	39	26	42	31
1845	35	119	59	20	46	37	39	26	42	31
1846	29	146	37	13	36	25	42	35	42	35
1847	33	141	106	31	52	33	41	38	42	31
Summe	517	2207	1576	486	1129	790	840	883	852	811
Durchschnitt	22	96	68	21	49	35	37	38	37	35

Cassel.

Verstorbene weiblichen Geschlechts.										Summe der Verstorbenen.		Total-Summe.
Todtgeborene.	im 1sten Jahre.	vom 2ten bis 10ten.	vom 11ten bis 20sten.	vom 21sten bis 30sten.	vom 31sten bis 40sten.	vom 41sten bis 50sten.	vom 51sten bis 60sten.	vom 61sten bis 70sten.	höheren Alters.	Männl.	Weibl.	
8	74	63	13	29	30	37	38	40	49	377	381	758
14	53	48	18	28	25	23	23	46	38	372	316	688
15	63	120	16	21	27	34	33	35	48	453	412	865
10	49	62	13	21	24	31	30	35	61	379	336	715
11	65	51	16	28	26	40	39	54	66	416	396	812
13	55	97	18	29	37	30	29	47	57	410	412	822
16	81	97	23	32	34	35	22	42	41	420	423	843
14	92	56	18	40	37	36	56	53	60	481	462	943
19	118	49	23	42	22	41	49	60	47	469	470	939
19	103	68	32	35	28	47	37	44	48	466	461	927
11	94	70	19	35	31	28	41	42	40	405	411	816
17	73	59	12	40	30	32	42	52	69	421	426	847
23	81	76	15	47	46	36	47	57	47	536	475	1011
19	75	74	23	38	40	31	42	40	48	511	430	941
16	67	86	21	27	24	34	51	47	52	395	425	820
24	61	72	25	30	14	16	41	40	55	417	378	795
14	81	59	19	35	26	20	54	45	55	434	408	842
12	93	46	29	45	23	30	35	57	59	458	429	887
20	78	73	14	29	26	22	34	45	48	375	389	764
26	99	43	15	24	47	38	52	71	60	454	475	929
26	99	43	15	24	47	38	52	71	60	454	475	929
16	101	41	14	33	33	29	28	38	48	440	381	821
27	128	122	16	40	40	27	37	49	58	548	544	1092
390	1883	1575	427	752	717	735	912	1110	1214	10091	9715	19806
17	82	68	18	33	31	32	39	48	53	439	422	861

g) für die Stadt

Jahr.	Verstorbene männlichen Geschlechts.									
	Todtgeborene.	im 1sten Jahre.	vom 2ten bis 10ten.	vom 11ten bis 20sten.	vom 21sten bis 30sten.	vom 31sten bis 40sten.	vom 41sten bis 50sten.	vom 51sten bis 60sten.	vom 61sten bis 70sten.	höheren Alters.
1825	9	47	68	14	11	11	15	17	14	21
1826	11	47	25	5	11	10	15	19	18	19
1827	5	48	17	11	10	8	9	19	18	16
1828	11	47	9	10	11	16	17	15	12	19
1829	10	43	13	4	14	17	17	13	17	18
1830	6	47	5	12	15	12	20	17	28	22
1831	7	74	19	11	18	12	16	16	15	24
1832	8	41	27	13	18	17	21	16	17	17
1833	6	53	19	6	13	16	11	17	23	21
1834	17	68	9	10	14	19	13	16	21	10
1835	15	59	17	5	20	17	15	27	22	35
1836	12	51	33	5	17	11	13	17	27	28
1837	12	78	35	13	21	21	17	14	35	32
1838	13	70	22	9	19	24	16	11	18	18
1839	15	68	10	10	10	22	16	20	20	22
1840	9	52	28	5	11	16	27	19	17	16
1841	12	57	27	14	21	28	17	16	17	19
1842	9	53	17	6	23	19	19	29	14	23
1843	9	52	16	14	23	17	18	17	14	29
1844	12	51	22	10	20	20	33	29	16	20
1845	14	61	28	14	20	12	20	22	27	25
1846	10	71	37	13	29	21	21	25	18	21
1847	9	50	24	14	23	23	35	18	17	25
Summe	241	1288	527	228	392	389	421	429	445	500
Durchschnitt	10	56	23	10	17	17	18	19	19	22

Hanau.

Verstorbene weiblichen Geschlechts.										Summe der Verstorbenen.		Total-Summe.
Todtgeborene.	im 1sten Jahre.	vom 2ten bis 10ten.	vom 11ten bis 20sten.	vom 21sten bis 30sten.	vom 31sten bis 40sten.	vom 41sten bis 50sten.	vom 51sten bis 60sten.	vom 61sten bis 70sten.	höheren Alters.	Männl.	Weibl.	
11	28	58	7	12	13	14	9	20	26	227	198	425
8	29	12	7	17	11	4	22	16	22	180	148	328
10	33	11	5	12	13	9	17	19	30	161	159	320
11	43	13	3	12	14	11	18	20	32	167	177	344
8	33	8	9	16	10	23	21	32	23	166	183	349
10	47	9	6	12	18	16	17	18	27	184	180	364
7	48	23	13	12	19	12	16	21	41	212	212	424
5	55	25	7	17	11	11	17	29	21	195	198	393
6	51	12	13	22	19	19	20	26	36	185	224	409
15	48	18	7	20	12	14	28	11	32	197	205	402
6	29	12	10	12	19	13	22	22	31	232	176	408
6	51	37	13	16	14	13	11	29	26	214	216	430
10	54	25	10	17	21	19	26	27	26	278	235	513
9	44	14	19	14	18	12	21	28	28	220	207	427
14	47	17	3	14	17	20	12	22	25	213	191	404
5	39	18	4	20	21	11	13	21	23	200	175	375
8	36	28	11	12	15	14	19	29	31	228	203	431
5	35	18	11	14	16	18	13	28	32	212	190	402
11	49	17	9	12	16	7	14	28	34	209	197	406
9	36	17	2	18	22	18	16	23	32	233	193	426
8	34	17	11	12	11	21	21	27	30	243	192	435
10	45	41	8	19	20	21	17	28	44	266	253	519
6	28	31	10	18	13	22	21	33	24	238	206	444
198	942	481	198	350	363	342	411	557	676	4860	4518	9378
8	41	21	8	15	16	15	18	24	29	211	196	407

§. 40.

Verhältniss der Gestorbenen zu den Lebenden.

Provinz.	Männliches Geschlecht. Durchschnittszahl von 1827—1846. Lebend.	Gest.	Demnach kommen auf 1000 Lebende Gest.	Weibliches Geschlecht. Durchschnittszahl von 1827—1846. Lebend.	Gest.	Demnach kommen auf 1000 Lebende Gest.	Ueberhaupt. Durchschnittszahl von 1827—1846. Lebend.	Gest.	Demnach kommen auf 1000 Lebende Gest.
Niederhessen .	168512	4701	27,8	173639	4667	26,8	342151	9368	27,3
Oberhessen . .	57391	1451	25,2	59235	1445	24,3	116626	2896	24,8
Fulda.	65841	1725	26,1	68184	1700	24,9	134025	3425	25,5
Hanau	57585	1457	25,3	58298	1400	24,0	115883	2857	24,6
Kurhessen	349329	9334	26,7	359356	9212	25,6	708685	18547	26,1

Verhältniss der Gestorbenen zu den Lebenden in den beiden Hauptstädten Cassel und Hanau.

Cassel	14549	439,7	30,1	15778	423,7	26,9	30327	863,1	28,1
Hanau *) . . .	—	—	—	—	—	—	14855	429	28,8

§. 41.

Verhältniss der Gestorbenen zu den Geborenen.

Provinz.	Männliches Geschlecht. Von 1825—1847. Gebor.	Gestorb.	Demnach kommen auf 1000 Gebor. Gest.	Weibliches Geschlecht. Von 1825—1847. Gebor.	Gestorb.	Demnach kommen auf 1000 Gebor. Gest.	Ueberhaupt. Von 1825—1847. Gebor.	Gestorb.	Demnach kommen auf 1000 Gebor. Gest.
N.-H. .	142802	107883	755	134351	106770	794	277153	214653	774
O.-H. .	46227	32869	711	43373	32829	756	89600	65698	733
Fulda .	54277	39847	734	51406	39177	762	105683	79024	747
Hanau.	45997	33330	724	43135	31875	738	89132	65205	731
Kurh.	289303	213929	739	272265	210651	773	561568	424580	756

Verhältniss der Gestorbenen zu den Geborenen in den beiden Hauptstädten Cassel und Hanau.

Cassel .	10681	10091	944,7	10190	9715	953,3	20871	19806	948,1
Hanau.	4990	4860	973,9	4612	4518	979,6	9602	9378	976,6

*) Für Hanau konnte hier wieder eine Trennung der Geschlechter nicht stattfinden, weil das Geschlechtsverhältniss der lebenden Bevölkerung unbekannt war.

§. 42.

Geschlechts-Verhältniss der Gestorbenen.

Provinz.	Gestorbene von 1825—1847: Männer.	Frauen.	Demnach kommen Gestorbene auf 1000 Männer Frauen.
Niederhessen	107883	106770	989
Oberhessen	32869	32829	998
Fulda	39847	39177	983
Hanau	33330	31875	956
Kurhessen	213929	210651	984

Geschlechtsverhältniss der Gestorbenen in den beiden Hauptstädten Cassel und Hanau.

Cassel	10091	9715	962,7
Hanau	4860	4518	929,6

§. 43.

Altersverhältnisse der Gestorbenen.

a.

Mortalitäts-Tafel

für die Provinz Niederhessen von 1825—1847.

Es starben: Im Lebensalter von	Männliches Geschlecht.	Weibliches Geschlecht.	Ueberhaupt.	Reducirt auf 10000.	Summa aller beim Beginn jeder Periode Gestorbenen.	Summa aller beim Beginn jeder Periode noch Lebenden.
0 bis 1. Jahre	6419	4951	11370	529,6	0	10000
im 1. „	29340	23581	52921	2465,5	529,6	9470,4
2. bis 10. „	18535	18955	37490	1746,5	2995,1	7004,9
11. „ 20. „	4231	4207	8438	393,1	4741,6	5258,4
21. „ 30. „	6017	6277	12294	572,7	5134,7	4865,3
31. „ 40. „	5787	6754	12541	584,3	5707,1	4292,6
41. „ 50. „	6953	7366	14319	667,1	6291,7	3708,3
51. „ 60. „	9163	10422	19585	912,4	6958,8	3041,2
61. „ 70. „	11247	13106	24353	1134,5	7871,2	2128,8
71 u. mehr Jahren	10191	11151	21342	994,3	9005,7	994,3

b.

Mortalitäts-Tafel
für die Provinz Oberhessen von 1825—1847.

Es starben: Im Lebensalter von	Männliches Geschlecht.	Weibliches Geschlecht.	Ueberhaupt.	Reducirt auf 10000.	Summa aller beim Beginn jeder Periode Gestorbenen.	Summa aller beim Beginn jeder Periode noch Lebenden.
0 bis 1. Jahre	2075	1518	3593	546,9	0	10000
im 1. „	8787	7255	16042	2441,7	546,9	9453,1
2. bis 10. „	4759	4799	9558	1454,9	2988,6	7011,4
11. „ 20. „	1268	1270	2538	386,3	4443,5	5556,5
21. „ 30. „	1698	1760	3458	526,3	4829,8	5170,2
31. „ 40. „	1613	2074	3687	561,2	5356,1	4643,9
41. „ 50. „	1976	2319	4295	653,8	5917,3	4082,7
51. „ 60. „	3107	3471	6587	1001,3	6571,1	3428,9
61. „ 70. „	3886	4458	8344	1270,1	7572,1	2427,6
71 u. mehr Jahren	3700	3905	7605	1157,5	8842,5	1157,5

c.

Mortalitäts-Tafel
für die Provinz Fulda von 1825—1847.

Es starben: Im Lebensalter von	Männliches Geschlecht.	Weibliches Geschlecht.	Ueberhaupt.	Reducirt auf 10000.	Summa aller beim Beginn jeder Periode Gestorbenen.	Summa aller beim Beginn jeder Periode noch Lebenden.
0 bis 1. Jahre	25222	1888	4410	558,1	0	10000
im 1. „	10823	8869	19692	2491,9	558,1	9441,9
2. bis 10. „	6112	6102	12214	1545,6	3050,0	6950,0
11. „ 20. „	1393	1325	2718	343,9	4595,6	5404,4
21. „ 30. „	1951	2029	3980	503,6	4939,5	5060,5
31. „ 40. „	2059	2339	4398	556,5	5443,1	4556,9
41. „ 50. „	2758	3004	5762	729,2	5999,6	4000,4
51. „ 60. „	3862	4290	8152	1031,5	6728,8	3271,2
61. „ 70. „	4501	5157	9658	1222,2	7760,3	2239,7
70 u. mehr Jahren	3866	4174	8040	1017,5	8982,5	1017,5

d.

Mortalitäts-Tafel
für die Provinz Hanau von 1825 — 1847.

Im Lebensalter von	Es starben: Männliches Geschlecht.	Weibliches Geschlecht.	Ueberhaupt.	Reducirt auf 10000.	Summa aller beim Beginn jeder Periode Gestorbenen.	Summa aller beim Beginn jeder Periode noch Lebenden.
0 bis 1. Jahre	1958	1482	3440	527,6	0	10000
im 1. „	9676	7620	17296	2652,6	527,6	9472,4
2. bis 10. „	4931	4905	9836	1508,5	3180,2	6819,8
11. „ 20. „	1326	1403	2729	418,5	4688,7	5311,3
21. „ 30. „	1883	1971	3854	591,1	5107,2	4892,8
31. „ 40. „	1888	2177	4065	623,4	5698,3	4301,7
41. „ 50. „	2285	2245	4530	694,7	6321,7	3678,3
51. „ 60. „	2825	2946	5771	885,0	7016,1	2983,6
61. „ 70. „	3333	3573	6906	1059,1	7901,1	2098,6
71 u. mehr Jahren	3225	3553	6776	1039,5	8960,5	1039,5

e.

Mortalitäts-Tafel
für ganz Kurhessen von 1825 — 1847.

Im Lebensalter von	Es starben: Männliches Geschlecht.	Weibliches Geschlecht.	Ueberhaupt.	Reducirt auf 10000.	Summa aller beim Beginn jeder Periode Gestorbenen.	Summa aller beim Beginn jeder Periode noch Lebenden.
0 bis 1. Jahre	12974	9839	22813	537,5	0	10000
im 1. „	58626	47325	105951	2495,4	537,5	9462,5
2. bis 10. „	34337	34761	69098	1627,5	3032,9	6967,1
11. „ 20. „	8218	8205	16423	386,8	4660,4	5339,6
21. „ 30. „	11549	12037	23586	555,5	5047,2	4952,8
31. „ 40. „	11347	13344	24691	581,5	5602,7	4397,3
41. „ 50. „	13972	14934	28906	680,8	6184,2	3815,8
51. „ 60. „	18957	21129	40086	944,1	6865,0	3135,0
61. „ 70. „	22967	26294	49261	1160,2	7809,1	2190,9
70 u. mehr Jahren	20982	22783	43765	1030,7	8969,3	1030,7

f.

Mortalitäts-Tafel
für die Stadt Cassel von 1825—1847.

Es starben: Im Lebensalter von	Männliches Geschlecht.	Weibliches Geschlecht.	Ueberhaupt.	Reducirt auf 10000.	Summa aller beim Beginn jeder Periode Gestorbenen.	Summa aller beim Beginn jeder Periode noch Lebenden.
0 bis 1. Jahre	517	390	907	457,9	0	10000
im 1. „	2207	1883	4090	2065,1	457,9	9542,1
2. bis 10. „	1576	1575	3151	1590,9	252,3	7477
11. „ 20. „	486	427	913	460,9	4113,9	6886,1
21. „ 30. „	1129	752	1881	949,7	4574,8	5425,2
31. „ 40. „	790	717	1507	760,8	5524,5	4475,5
41. „ 50. „	840	735	1575	795,3	6285,3	3724,7
51. „ 60. „	883	912	1795	906,3	7080,6	2919,4
61. „ 70. „	852	1110	1962	990,6	7986,9	2013,1
71 u. mehr Jahren	811	1214	2025	1022,5	8977,5	1022,5

g.

Mortalitäts-Tafel
für die Stadt Hanau von 1825—1847.

Es starben: Im Lebensalter von	Männliches Geschlecht.	Weibliches Geschlecht.	Ueberhaupt.	Reducirt auf 10000.	Summa aller beim Beginn jeder Periode Gestorbenen.	Summa aller beim Beginn jeder Periode noch Lebenden.
0 bis 1. Jahre	241	188	429	457,9	0	10000
im 1. „	1288	942	2230	2380,5	457,9	9542,1
2. bis 10. „	527	481	1008	1076	2838,4	7161,6
11. „ 20. „	228	198	426	454,7	3914,4	6085,6
21. „ 30. „	392	350	742	792,1	4369,1	5630,9
31. „ 40. „	389	363	752	802,7	5161,2	4838,8
41. „ 50. „	421	342	763	814,5	5963,9	4036,1
51. „ 60. „	429	411	840	896,7	6778,4	3221,6
61. „ 70. „	445	557	1002	1069,5	7675,1	2324,9
71 u. mehr Jahren	500	676	1176	1255,4	8744,6	1255,4

§. 44.

Statistik des Selbstmordes.

a.

In den verschiedenen Provinzen.

Jahr.	In der Provinz Niederhessen.			In der Provinz Oberhessen.		
	Gestorben.	Selbstmörder.	Procente der Selbstmörder von den Gestorb.	Gestorben.	Selbstmörder.	Procente der Selbstmörder von den Gestorb.
1826	7582	34	0,44	2269	5	0,22
1827	8117	16	0,19	2308	2	0,09
1828	8337	30	0,35	2794	8	0,29
1829	8380	19	0,23	2733	4	0,14
1830	7939	31	0,39	2518	1	0,04
1831	8640	27	0,31	3226	3	0,09
1832	9643	23	0,24	2958	5	0,17
1833	9644	34	0,35	2869	9	0,31
1834	10135	29	0,28	2960	2	0,06
1835	8811	27	0,30	2675	2	0,07
1836	8941	37	0,41	2838	4	0,14
1837	10393	37	0,35	3232	7	0,21
1838	8662	40	0,46	2652	3	0,11
1839	9701	22	0,22	2903	12	0,41
1840	10023	29	0,28	2931	9	0,30
1841	9754	33	0,34	2712	8	0,29
1842	9947	40	0,40	3000	5	0,16
1843	10262	34	0,33	3058	2	0,06
1844	9730	43	0,44	3115	5	0,16
1845	9711	43	0,44	2983	9	0,30
1846	10596	36	0,34	3377	5	0,14
1847	12634	46	0,36	3360	11	0,32
Summe von 1826—1836	96169	307	0,31	30238	45	0,14
u. Summe von 1837—1847	111413	403	0,36	33323	76	0,22
Gesammt-Summe. .	207582	710	0,34	63561	121	0,19
Durchschnitt	9436	32	0,34	2889	6	0,19

Jahr.	In der Prov. Fulda. Gestorben.	Selbstmörder.	Proc. der Selbstmörder von den Gestorbenen.	In der Prov. Hanau. Gestorben.	Selbstmörder.	Proc. der Selbstmörder von den Gestorbenen.	Ueberhaupt. Gestorben.	Selbstmörder.	Proc. der Selbstmörder von den Gestorbenen.
1826	3073	6	0,19	2371	12	0,50	15295	57	0,37
1827	2890	7	0,24	2166	6	0,27	15571	31	0,19
1828	2864	8	0,29	2531	8	0,31	16526	54	0,32
1829	3096	2	0,06	2525	9	0,35	16734	34	0,20
1830	2681	3	0,11	2610	8	0,30	15748	43	0,27
1831	3704	—	—	2736	6	0,21	18306	36	0,19
1832	3430	6	0,17	3017	6	0,19	19048	40	0,21
1833	3515	4	0,11	2739	8	0,29	18767	55	0,29
1834	3489	3	0,09	3118	5	0,16	19702	39	0,19
1835	3316	7	0,21	2844	11	0,38	17646	47	0,26
1836	3201	8	0,24	2811	9	0,32	17791	58	0,32
1837	3781	10	0,27	3389	9	0,26	20795	63	0,30
1838	3156	6	0,19	2931	9	0,30	17401	58	0,33
1839	3383	11	0,32	2883	6	0,21	18870	51	0,27
1840	3670	6	0,16	2857	6	0,21	19481	50	0,25
1841	3453	7	0,20	2895	11	0,38	18814	59	0,31
1842	3785	9	0,23	2960	16	0,54	19692	70	0,35
1843	3822	10	0,26	3149	12	0,38	20291	58	0,28
1844	3687	9	0,24	2916	9	0,30	19448	66	0,33
1845	3732	15	0,42	2823	13	0,45	19249	80	0,41
1846	3850	9	0,23	3237	19	0,58	21060	69	0,32
1847	4613	24	0,52	3283	15	0,45	23890	96	0,40
Summe von 1826—1836	35259	54	0,15	29468	88	0,29	191134	494	0,25
u. Summe von 1837—1847	40932	116	0,28	33323	125	0,37	218991	720	0,32
Gesammt-Summe. .	76191	170	0,22	62791	213	0,33	410125	1214	0,29
Durchschnitt	3463	8	0,22	2854	9	0,33	18550	55	0,29

b.

In den beiden Hauptstädten Cassel und Hanau.

Jahr.	Stadt Cassel. Gestorben.	Stadt Cassel. Selbstmörder.	Stadt Cassel. Procente der Selbstmörder von den Gestorb.	Stadt Hanau. Gestorben.	Stadt Hanau. Selbstmörder.	Stadt Hanau. Procente der Selbstmörder von den Gestorb.
1826	688	5	0,72	328	3	0,91
1827	865	3	0,34	320	2	0,62
1828	715	7	0,97	344	3	0,87
1829	812	5	0,61	349	5	1,43
1830	822	13	1,58	364	2	0,54
1831	843	12	1,42	424	3	0,70
1832	943	2	0,21	393	1	0,30
1833	939	8	0,85	409	2	0,48
1834	927	1	0,10	402	—	—
1835	816	4	0,49	408	3	0,73
1836	847	12	1,41	430	—	—
1837	1011	3	0,29	513	1	0,19
1838	941	8	0,85	427	3	0,70
1839	820	4	0,48	404	2	0,40
1840	795	3	0,39	375	1	0,27
1841	842	3	0,35	431	5	1,16
1842	887	7	0,78	402	5	1,24
1843	764	6	0,78	406	3	0,73
1844	929	10	1,07	426	3	0,70
1845	929	10	1,07	435	6	1,15
1846	821	10	1,23	519	8	1,54
1847	1092	6	0,54	444	4	0,90
Summe von 1826—1836	9217	72	0,78	4171	24	0,57
u. Summe von 1837—1847	9831	70	0,71	4782	41	0,85
Gesammt-Summe. .	19048	142	0,74	8953	65	0,72
Durchschnitt	866	6	0,74	407	3	0,72

§. 45.

Die mittlere Lebensdauer.

Die mittlere Lebensdauer würde sich für Kurhessen am vollkommensten finden lassen, wenn alljährlich mit der Zahl der Verstorbenen auch die Summe aller von sämmtlichen Verstorbenen durchlebten Zeiträume angegeben wäre. *) Da dies nicht der Fall ist, so könnte man zunächst nach der Halley'schen Methode verfahren und die mittlere Lebensdauer nach den im §. 43. aus den Todtenlisten construirten Mortalitätstafeln berechnen; indessen enthalten auch diese nicht die in jedem Lebensjahre Verstorbenen, sondern unterscheiden die Lebensalter der Verstorbenen nur von 10 zu 10 Jahren, so dass die Resultate der Berechnungen höchst unvollkommen bleiben müssen. Es lässt sich deshalb nur entweder die von Price, Malthus und Corbaux**) vorgeschlagene Methode anwenden, wonach die mittlere Lebensdauer aus dem Mittel der Verhältnisse der Geburten und der Sterbefälle zur Bevölkerung gefunden wird, oder die noch einfachere von Finlaison angenommene***), nach welcher man die Anzahl der Lebenden mit der Durchschnittszahl der jährlich Sterbenden dividirt. Beide Methoden geben aber bekanntlich auch nur unvollkommene Resultate, welche lediglich nur zur Vergleichung einzelner Landestheile und Zeiträume dienen können, aber nur selten der wahre Ausdruck der wirklichen mittleren Lebenszeit sind.

Wir geben hier die Ziffern nach dem letzten einfachsten Verfahren, besonders auch deshalb, weil Hoffmann†) dasselbe für Preussen in Anwendung gebracht hat:

---

*) Auf diese Weise hat C. Schreiber die mittlere Lebensdauer für den Physikatsbezirk Eschwege berechnet. S. dessen physisch-medicinische Topographie des Physikatsbezirks Eschwege. Marburg 1849. S. 201 ff.

**) On the natural and mathematical laws concerning population, vitality and mortality. London 1833. p. 20.

***) S. L. Casper, Beiträge zur medicinischen Statistik. B. II. Berlin 1835. S. 17.

†) Ueber die mittlere Dauer des menschlichen Lebens im preussischen Staate in dessen Nachlass kleiner Schriften staatswirthschaftlichen Inhalts. Berlin 1847. S. 315 ff.

a.

Mittlere Lebensdauer nach dem Durchchnitt der Jahre von 1827—1847.

	Des männlichen Geschlechts.	Des weiblichen Geschlechts.	Der Bevölkerung überhaupt.
	Jahre.	Jahre.	Jahre.
Niederhessen . .	35,20	36,68	35,93
Oberhessen . .	39,28	40,65	39,96
Fulda	37,49	39,50	38,48
Hanau	39,25	41,34	40,28
Kurhessen	37,07	38,51	37,69
Für die Stadt Cassel	33,08	37,23	35,12
„ „ „ Hanau	—	—	34,62

b.

Veränderungen der mittleren Lebensdauer in ganz Kurhessen von einer Volkszählung zur andern.

Es betrug die mittlere Lebensdauer:

Im Jahr.	Des männlichen Geschlechts.	Des weiblichen Geschlechts.	Der Bevölkerung überhaupt.
	Jahre.	Jahre.	Jahre.
1827	39,62	41,30	40,57
1832	35,94	36,41	36,23
1834	37,05	37,61	37,43
1837	37,32	39,16	38,23
1840	37,00	39,43	38,23
1843	36,54	38,88	37,69
1846	34,24	36,33	35,27

D.

Die ökonomischen Zustände der Bevölkerung.

I.

Die landwirthschaftliche Bevölkerung.

§. 46.

Vertheilung des Grundbesitzes.

Von der Bodenfläche des Kurhessischen Gebietes gehören dem Staate:

in den Provinzen.	an Wald.	an Wiesen, Ackerland, Trieschen, etc.	Summe.	Proc.
	Acker.	Acker.	Acker.	
Niederhessen	465,971	55,003	520,974	28,6
Oberhessen .	207,972	112,888	320,860	40,0
Fulda . .	213,061	13,938	226,999	30,4
Hanau . .	102,527	17,954	120,481	21,7
Ueberhaupt	989,531	199,783 *)	1,189,314	30,3

Wie viel von den übrigen 69,7 % des Bodens den Gemeinden und Corporationen und wie viel den Privatpersonen gehört, lässt sich nur beim Wald ermitteln. **) Dagegen ist der Flächeninhalt der städtischen Gemarkungen aus den Catastern bekannt, und es lässt sich demnach ausser dem Domanialboden noch städtischer und ländlicher Grundbesitz unterscheiden.

---

*) Diese 199,783 Acker Domanialboden sind, so weit sie aus Culturland bestehen, theils in einzelnen Parzellen, theils in 101 selbstständigen grösseren Domänen verpachtet. Die letzteren umfassen zusammen 55,461 Casseler Acker Land so dass auf eine Domäne durchschnittlich 549,1 Acker Land kommen. Nach der am 9. November 1849 vom Finanz-Ministerium der Ständeversammlung gemachten Mittheilung bringen diese einen jährlichen Pachtzins von 137,149 Thlrn., also trotz der Gebäude, welche zu ihnen gehören, für 1 Acker Land nur 2 Thlr. 14 Sgr. dem Staate ein. Die jährlichen Bau- und Unterhaltungskosten betragen aber 30,394 Thlr. 10 Sgr., also beinahe 17 Sgr. für den Acker. Es bleibt demnach nur ein Einkommen von 1 Thlr. 27 Sgr. pro Acker, wobei sämmtliche Verwaltungskosten noch nicht in Anschlag und Abzug gebracht worden sind.

**) Siehe §. 4.

Es beträgt:

	Der städtische Grundbesitz. Acker.		Proc.	Der ländliche Grundbesitz. Acker.		Proc.
in Niederhessen mit Schaumburg	224,600	oder	12,4	1,071,718	oder	59
in Schaumburg .	16,974	„	9,1	96,503	„	51,8
in Oberhessen .	92,575	„	11,5	388,165	„	48.5
in Fulda . . .	21,012	„	2,8	498,447	„	66,8
in Hanau . . .	36,895	„	6,7	397,120	„	71,6
Ueberhaupt	375,082	„	9,6	2,355,450	„	60,1

Es giebt aber (nach den Catastern im Jahre 1849):

im Kreise.	Grundbesitzer: städtische.	ländliche.	überhaupt.
1. Cassel	1810	7249	9059
2. Eschwege	1926	8570	10496
3. Fritzlar	1276	4393	5669
4. Hofgeismar	2760	7583	10343
5. Homberg	906	3652	4558
6. Melsungen	1366	4644	6010
7. Rotenburg	1539	8319	9858
8. Schaumburg	1332	4228	5560
9. Witzenhausen	2390	5354	7744
10. Wolfhagen	2430	4198	6628
Prov. Niederhessen	17735	58190	75925
1. Marburg	1586	8917	10503
2. Frankenberg	2197	2987	5184
3. Kirchhain	1934	4728	6662
4. Ziegenhain	1640	4626	6266
Prov. Oberhessen	7357	21258	28615
1. Fulda	1283	5617	6900
2. Hersfeld	895	6477	7372
3. Hünfeld	408	3942	4350
4. Schmalkalden	870	6013	6883
Prov. Fulda	3456	22049	25505
1. Hanau	1944	10642	12586
2. Gelnhausen	1125	10475	11600
3. Schlüchtern	1966	5065	7031
Prov. Hanau	5035	26182	31217
Ganz Hessen	33583	127679	161262

Es kommt demnach auf einen ländlichen Grundbesitzer durchschnittlich:

	Land (incl. Wald, Triesche etc.).
in Niederhessen ohne Schaumburg	18,07 Acker.
in Schaumburg	22,8 „
in ganz Niederhessen	18,4 „
in Oberhessen	18,3 „
in Fulda	22,6 „
in Hanau	15,1 „
in ganz Kurhessen	18,4 „

Zur Beurtheilung der Verschiedenheiten, welche nach diesen Resultaten zwischen den einzelnen Provinzen stattfinden, muss bemerkt werden, dass geschlossene Güter in der Grafschaft Schaumburg allgemein und im Grossherzogthum Fulda*) vorherrschend sind, dass dagegen in allen übrigen Landestheilen der Theilbarkeit des Grundbesitzes keine gesetzlichen Hindernisse entgegen stehen. **)

§. 47.

Ländliche Dienstboten und Tagelöhner.

Ueber die Zahl der ländlichen Dienstboten und Tagelöhner geben die Ende 1846 aufgenommenen Gewerbetabellen Aufschluss.

*) Die Untheilbarkeit der Fuldaischen Erbzinsgüter ist althergebracht, die der Schaumburger Meiergüter beruht auf der Schaumburger Polizeiordnung von 1615 (Cap. 28.) und auf der Schaumburger Meierordnung vom 21. October 1774 Art. 2. Durch das Gesetz vom 26. August 1848 über die Auseinandersetzung der Lehens-, Meier- und anderer gutsherrlichen Verhältnisse wurde der Güterschluss im Schaumburgschen nur insofern beschränkt, als die Besitzer solcher Güter, welche mehr als 60 Casseler Acker an Feld, Gärten und Wiesen haben, das Recht erhielten, über den Ueberschuss frei zu verfügen.

**) Allerdings bestanden auch in den übrigen Landestheilen früher geschlossene Güter, nämlich theils sämmtliche erbliche und Landsiedelgüter, theils Hufen- und sonstige geschlossene Güter; allein zu einer Zerstückelung derselben bedurfte es nur bei Erbleihe- und Landsiedelgütern eines Consenses der Leihherrschaft und ausserdem bei allen geschlossenen Gütern einer Erlaubniss der Staatsregierung. Indessen auch diese letzteren Beschränkungen wurden bereits durch Verordnung vom 17. Juni 1828. vollständig aufgehoben, so dass seitdem auch ohne Genehmigung der Regierung jedes geschlossene Gut getheilt werden konnte.

Wir stellen sie hier der Uebersichtlichkeit wegen zugleich mit den ländlichen Grundbesitzern und mit der gesammten Landbevölkerung zusammen:

In den Kreisen:	Landbevölkerung.	Ländliche Grundbesitzer.	Ländliche Tagelöhner.		Ländliche Dienstboten.	
			Männl.	Weibl:	Männl.	Weibl.
1. Cassel	34450	7249	1707	216	778	1008
2. Eschwege	32167	8570	1515	230	644	921
3. Fritzlar	23160	4393	644	4	324	827
4. Hofgeismar	27323	7583	1731	26	391	473
5. Homberg	18917	3652	886	61	575	864
6. Melsungen	24025	4644	1536	317	756	1097
7. Rotenburg	29474	8319	1485	255	481	697
8. Schaumburg	28238	4228	1348	27	1355	1413
9. Witzenhausen	23608	5354	1344	245	523	588
10. Wolfhagen	16641	4198	724	70	295	364
I. Niederhessen	258003	58190	12920	1451	6121	8252
11. Marburg	29947	8917	880	17	682	1159
12. Frankenberg	14100	2987	218	88	210	468
13. Kirchhain	19081	4728	1144	431	514	768
14. Ziegenhain	27962	4626	1145	438	1034	1480
II. Oberhessen	91090	21258	3387	974	2440	3875
15. Fulda	38369	5617	1097	578	792	922
16. Hersfeld	30025	6477	1457	362	725	783
17. Hünfeld	26400	3942	1483	377	639	893
18. Schmalkalden	22198	6013	1164	455	298	469
III. Fulda	116992	22049	5201	1772	2454	3067
19. Hanau	35719	10642	1068	232	490	753
20. Gelnhausen	28895	10475	298	156	393	374
21. Schlüchtern	33221	5065	847	642	519	544
IV. Hanau	90299	26182	2213	1030	1402	1671
In ganz Kurhessen	556384	127679	23721	5227	12417	16865

§. 48.

Lohnverhältnisse der landwirthschaftlichen Arbeiter.

Der Lohn der Knechte und Mägde besteht auf dem Lande theils in Geld, theils in Naturalien zu Kleidungsstücken *), namentlich in Leinwand und Wolle. Reducirt man diese letzteren auf Geld und berechnet man gleichzeitig den täglichen Unterhalt in Geld, so lässt sich der jährliche Lohn eines männlichen Dienstboten durchschnittlich in Hessen auf 56 Thlr., der eines weiblichen Dienstboten auf 46 Thlr. anschlagen, so dass sich der jährliche Gesammtlohn

aller männl. Dienstboten auf dem Lande auf	695,352 Thlr.
„ weibl. „ „ „ „ „	785,790 „
in Summa auf	1,481,142 Thlr.

beläuft.

Speciellere Thatsachen aus allen einzelnen Kreisen des Kurstaates lassen sich über den Lohn gemeiner Tagearbeiten auf dem Lande mittheilen. Wir stellen sie in der nachfolgenden Tabelle mit der Bemerkung zusammen, dass die Lohnangaben den Durchschnittslohn der Jahre 1841 bis 1847 ausdrücken.

*) So bekommt z. B. an der Schwalm ein Grossknecht 22 bis 24 Thlr. Geld, einiges Leinentuch und 2 Pfd. Wolle, eine grosse Magd 9 bis 11 Thlr., 30 Ellen Leinentuch (die Elle etwa 4 Sgr. an Werth), 2 Pfd. Wolle und 1 Rock; eine kleine Magd in der Regel 3 Thlr. weniger.

In dem Kreise.	Zahl der männlichen Tagelöhner.	Höhe des Tagelohns. Sg.	Hl.	Summa. Tlr.	Sg.	Hl.	Zahl der weibl. Tagelöhner.	Höhe des Tagelohns. Sg.	Hl.	Summa. Tlr.	Sg.	Hl.	Gesammt-Summa. Tlr.	Sg.	Hl.
1. Cassel	1707	7	6	426	22	6	216	4	—	28	24	—	455	16	6
2. Eschwege	1515	7	6	378	22	6	230	6	—	46	—	—	424	22	6
3. Fritzlar	644	7	—	150	8	—	4	5	—	—	20	—	150	28	—
4. Hofgeismar . . .	1731	4	6	259	19	6	26	4	6	3	27	—	263	16	6
5. Homberg	885	5	6	162	13	—	61	5	6	11	5	6	173	18	6
6. Melsungen . . .	1536	7	6	384	—	—	317	6	—	63	12	—	447	12	—
7. Rotenburg. . . .	1485	6	6	321	22	6	255	5	—	42	15	—	364	7	6
8. Schaumburg . .	1348	6	—	269	18	—	27	5	—	4	15	—	274	3	—
9. Witzenhausen . .	1344	6	6	291	6	—	245	4	—	32	20	—	323	6	—
10. Wolfhagen . . .	724	7	6	181	—	—	70	5	—	11	20	—	192	20	—
I. Niederhessen	12920	6	7	2825	12	—	1451	5	—	244	18	6	3070	—	6
11. Marburg	880	7	6	220	—	—	17	5	6	3	3	6	223	3	6
12. Frankenberg . .	218	7	—	50	26	—	88	4	6	13	6	—	64	2	—
13. Kirchhain	1144	7	6	286	—	—	431	6	6	93	11	6	379	11	6
14. Ziegenhain . . .	1145	7	—	267	5	—	438	5	—	73	—	—	340	5	—
II. Oberhessen	3387	7	3	824	1	—	974	5	7	182	21	—	1006	22	—
15. Fulda	1097	7	—	255	29	—	578	5	6	105	29	—	361	28	—
16. Hersfeld	1457	5	6	267	3	6	362	4	6	54	18	—	321	21	6
17. Hünfeld	1483	7	—	346	1	—	377	5	6	68	18	6	414	19	6
18. Schmalkalden . .	1164	7	6	291	—	—	455	6	—	91	—	—	382	—	—
III. Fulda	5201	6	8	1160	3	6	1772	5	5	320	5	6	1480	9	—
19. Hanau	1068	10	—	356	—	—	232	8	—	61	26	—	417	26	—
20. Gelnhausen . . .	298	7	6	74	15	—	156	5	6	28	18	—	103	3	—
21. Schlüchtern . . .	847	6	—	169	12	—	642	5	—	107	—	—	276	12	—
IV. Hanau	2213	8	1	599	27	—	1030	5	9	197	14	—	797	11	—
Kurhessen	23721	6	10	5409	13	6	5227	5	5	944	29	—	6354	12	—

Hiernach beträgt der jährliche Lohn unter der Voraussetzung, dass die Arbeiter das ganze Jahr hindurch beschäftigt sind:

Männlich. Tlr.	Sgr.	Hlr.	Summa. Tlr.	Sgr.	Weiblich. Tlr.	Sgr.	Hlr.	Summa. Tlr.	Sgr.	Gesammtsumma. Tlr.	Sgr.
69	23	5	1655291	21	55	9	7	289159	24	1944451	15

II.

Die Arbeiter in den Bergwerken.

§. 49.

Die Bergwerksbesitzer.

Wie viel neben dem Staate in ganz Kurhessen Privatbesitzer von Bergwerken existiren, ist ebenso wenig bekannt als die Zahl der auf den Staatsbergwerken angestellten Unterbeamten. Nur vom Stahlberge in Schmalkalden liegt uns eine Uebersicht der Gewerke vor, welche im Jahre 1842 aufgenommen wurde. Nach derselben bestand damals für die 3 Reviere dieses Bergwerks, welche zusammen durchschnittlich gegen 6,000,000 Pfd. Eisenstein jährlich liefern, die Gewerkschaft aus 49 Mitgliedern, welche an den 128 Kuren sehr verschiedene Antheile besassen. Die jährliche stetige Ausbeute, welche nach Abzug aller Kosten zur Vertheilung kommt, beträgt 2524 Thlr. so dass auf jeden Theilnehmer durchschnittlich 51½ Thlr. jährlich fallen. Eine Kasse, welche damals aus 500 bis 600 Thlrn. bestand, ist dazu bestimmt, in guten Jahren die Ueberschüsse über die festgesetzte Ausbeute aufzunehmen und in Jahren eines geringeren Ertrages die Summe von 2524 Thlrn. zu ergänzen. Der Staat bezieht von diesem Bergwerk den Zehnten und besoldet davon 2 Berginspectoren und einen Zehnten-Cassirer.

§. 50.

Die Berg- und Hüttenarbeiter.

Ueber die Zahl der in den hessischen Berg- und Hüttenwerken beschäftigten Arbeiter liegen zwar keine vollständigen Aufnahmen vor, jedoch können wir bei den meisten und bei weitem wichtigsten Zweigen des Bergbaues aus verschiedenen Jahren zuverlässige Thatsachen mittheilen.

Es gab:

1) in den Schaumburger Steinkohlenwerken,

	ständige Arbeiter		Familien-gliedern,		Köpfe.
im Jahre 1838	546	mit	1359	also zusammen	1905
„ „ 1839	501	„	1364	„ „	1865
„ „ 1840	510	„	1374	„ „	1885

2) in sämmtlichen Braunkohlenwerken,

	ständige Arbeiter		Familien-gliedern,		Köpfe.
im Jahre 1845	1397	mit	1717	also zusammen	3114
„ „ 1846	1165	„	1772	„ „	2937

3) in den Kobaltwerken,

im Jahre 1838	211	mit	306	also zusammen	517
„ „ 1839	242	„	328	„ „	570
„ „ 1840	230	„	337	„ „	567
„ „ 1841	225	„	402	„ „	627

4) in den Eisenwerken des Staates,

im Jahre 1838	494	mit	816	also zusammen	1310
„ „ 1839	465	„	741	„ „	1206

5) auf dem Kupferwerke und dem Messinghammer,

im Jahre 1847 22.

Noch speciellere Angaben über die Arbeiterzahl auf den einzelnen Eisenwerken sind aus den Jahren 1840 und 1847 eingezogen worden, die wir hier schon deshalb mittheilen, weil sie mit den im folgenden Paragraphen zusammengestellten Löhnen der Bergarbeiter im genauen Zusammenhange stehen.

In dem Eisenhüttenwerke zu Schönstein und den dazu gehörigen Eisenhammerwerken zu Rosenthal, Obernurf, Fischbach und Neubau waren

	i. J. 1840.*)	i. J. 1847.**)
Bergleute	20	17
Flusssteinbrecher	2	2
Hochöfner	7	7
Förmer	16	33
Hammerschmiede	41	36
Kohlenmeister	10	10
Kohlenmesser	4	4
Modellhandwerker	6	8
Sonstige Arbeiter	3	2
Summa der ständigen Arbeiter	109	119

*) Bei einer Production von 1,080,200 Pfd. Gusswaaren, Neuhüttenguss und Roheisen und 1,153,265 Pfd. Stab- und Kleineisen.

**) Bei einer Production von 1,323,800 Pfd. Gusswaaren, Neuhüttenguss und Roheisen und 1,116,714 Pfd. Stab- und Kleineisen.

Auf dem Eisenhüttenwerke zu Holzhausen

	im J. 1840.	i. J. 1847.
Bergleute	56	56
Hüttenleute	6	6
Förmer	34	34
Hammerschmiede . . .	7	7
Summa	103	103
Auf dem Werke zu Veckerhagen		
bei der Hütte . . .	103	108
bei dem Hammerwerke . .	27	24
Summa	130	132
Auf der Eisenhütte zu Bieber . .	72	84
Auf den gewerkschaftlichen Hüttenwerken im Kreise Schmalkalden	247	286
Hiernach gab es auf sämmtlichen Staats- und gewerkschaftlichen Eisenwerken	ständige Arbeiter. 661	724

Nach diesen Thatsachen darf man die gesammte beim Bergbau und Hüttenwesen unmittelbar beschäftigte Arbeiterbevölkerung gewiss nicht über 3000 und mit ihren Familiengliedern nicht über 8000 Köpfe annehmen.

§. 51.

Lohnverhältnisse der Berg- und Hüttenarbeiter.

Auf sämmtlichen Eisenwerken werden die Arbeitslöhne in Geld bezahlt und beruhen meist auf dem Gedinge (d. h. auf Accorden).

Auf den gewerkschaftlichen Eisenwerken im Kreise Schmalkalden betrug der Lohn in den Jahren von 1840 bis 1847

1) der Bergleute für 8stündige Schicht .	$7\frac{1}{2}$—9 Sgr.	
2) der Eisenschmelzer für 12stünd. Sch. .	20 „	
3) der Eisenhammerschmiede vom Ctr. Eisen	11 „	3 Hlr.
4) der Stahlhammerschmiede vom Ctr. Stahl	20 „	— „

Sämmtliche Berg-, Hütten- und Hammerleute daselbst geniessen Freiheit von der Gewerbesteuer und Freiheit von den

Personaldiensten, welche dem Staate geleistet werden. Ausserdem besteht unter Aufsicht der Staatsbergwerksbehörde eine Knappschaftskasse, welche vorzugsweise durch Lohnabzüge gebildet wird, und bei welcher die sämmtlichen in Pflicht und Arbeit stehenden Bergleute, so wie die gewerkschaftlichen Unterofficianten zur Theilnahme verpflichtet, die Stahlschmiede berechtigt und die übrigen Eisen-, Hütten- und Hammerarbeiter zulässig sind. *) Dieselbe gewährt

a) Pensionen, welche jährlich betragen:
   1. für den invaliden Bergmann und Grubenofficianten 12 bis 18 Thlr. und bei besonderen Verunglückungen in der Grube bis 30 Thlr.
   2. für den invaliden Stahlschmied, Eisenhütten- und Hammerarbeiter 8 Thlr.
   3. für die Wittwen und Waisen der Mitglieder nach dem Grad der Bedürftigkeit 3 bis 15 Thlr.
b) sogenanntes Krankentractement, wöchentlich
   1. für den Bergmann, wenn er bei der Arbeit verunglückt ist, 1 Thlr.; wenn er auf gewöhnliche Weise erkrankt ist 18 Sgr. 9 Pf.
   2. für den Stahlschmied, Eisen-, Hütten- und Hammerarbeiter 10 Sgr.
c) freie Kur und unentgeldliche Arzneien,
d) Begräbnisssteuern,
   1. für jeden verstorbenen Bergmann 7½ Thlr.
   2. für die übrigen Arbeiter 3 Thlr.

Auf dem Staats-Eisenhüttenwerke zu Holzhausen bei Homberg betrug in demselben Zeitraume der Lohn für die achtstündige Schicht unverändert

a) für den Häuer 8 Sgr. 3 Hlr.,
b) für den Haspelknecht und den Huntsläufer 7 Sgr. 6 Hlr.

Bei der Hütte daselbst erhalten an fixem Lohn

2 Hochöfner, jeder . .	2⅓	Thlr. in der Woche,
2 Aufgeber, jeder . .	1⅞	„ „ „ „
2 Schlackenlaufer, jeder	1½	„ „ „ „

Ausserdem beziehen die genannten Hochofenarbeiter gemeinschaftlich

---

*) Diese letzteren haben aber von ihrer Befugniss keinen Gebrauch gemacht.

1. zur Hüttenzeche jährlich	8 Thlr.		
2. an Biergeld wöchentlich	2 „	26 Sgr.	
3. an Abwiegegeld wöchentl.	1 „	15 „	

Die Förmer erhalten:

1. von 1000 Pfd. Gusswaaren lit.	A.	$\frac{5}{6}$	Thlr.
2. „ 1000 „ „ „	B.	$3\frac{11}{30}$	„
3. „ 1000 „ „ „	C.	9	„

Beim Hammerwerke haben die Arbeitslöhne betragen:

im Jahre 1840 $10\frac{1}{3}$ bis $11\frac{1}{2}$ Sgr. für 120 Pfd. erzeugtes Stabeisen;

im Jahre 1847 2 Thlr. 26 Sgr. bis 8 Thlr. für 1000 Pfd. ausgebrachtes Stabeisen, je nach der Gattung des letzteren.

Zu Schönstein und auf dessen Nebenwerken ist der Normallohnsatz für die Bergleute $7\frac{1}{2}$ Sgr. frei für die achtstündige Schicht. Die Hochöfner zusammen empfangen für 22000 Pfd. Gusseisen 15 Thlr. 20 Sgr. Schmelzerlohn. Der Förmerlohn beträgt

für 1000 Pfd. Gusswaaren lit.	A.	—	Thlr.	25	Sgr.
„ „ „ „ „	B.	2	„	8	„
„ „ „ „ „	C.	4	„	15	„
„ „ „ „ „	D.	9	„	—	„
„ „ „ „ „	E.	11	„	—	„

Die Hammerschmiede erhalten an Arbeitslohn für 1000 Pfd. ausgebrachtes Schmiedeeisen je nach der Gattung desselben 2 Thlr. 26 Sgr. bis 8 Thlr. 12 Sgr.

In dem Hüttenwerke zu Veckerhagen war der Lohn für die 8stündige Schicht der Bergleute 1840 ebenfalls $7\frac{1}{2}$ Sgr., stieg aber 1847 auf $8\frac{1}{2}$ Sgr.; für die 12stündige Schicht der Hochöfner betrug er im Jahre 1840 14 Sgr., im Jahre 1847 16 bis 21 Sgr.

Ueber den Stand der Arbeitslöhne auf dem Bieberer Eisenwerke giebt folgende Uebersicht genauen Aufschluss:

Bezeichnung der Arbeiterklassen.	Dauer d. tägl. Arbeitszeit	1840. Täglicher Lohn.		Dauer der jährlichen Arbeitszeit.	Durchschn. jährl. Verd., incl. Verd. d. Nebenarbeiten.		1847. Täglicher Lohn.		Dauer der jährlichen Arbeitszeit.	Durchschn. jährl. Verd., incl. Verd. d. Nebenarbeiten.		Bemerkungen.
	St.	Sg.	Hl.	Wochen.	Tlr.	Sg.	Sg.	Hl.	Wochen.	Tlr.	Sg.	
Bergarbeiter . .	8	—	—	52	—	—	—	—	52	—	—	Die Bergleute arbeiteten in 1840 grösstenth. als Schichtlöhner, in 1847 aber im Gedinge.
a) Häuer	—	6	3	—	70	—	6	6	—	73	—	
b) Lehrhäuer . .	—	5	—	—	56	—	5	3	—	59	15	
c) Schleppjungen	—	3	5	—	38	20	3	9	—	42	—	
Erzaufbereiter, nämlich Eisensteinpocher- und Wascher .	12	10	—	—	—	—	10	—	—	—	—	Gedingarbeit., theils zu den ständigen, theils zu den unständigen Arbeitern gehörig.
Hochofenarbeiter												Standen in 1840 im Wochenlohne, in 1847 arbeiteten sie im Gedinge; werden während des Stillstandes des Hochofens mit Schlakkenpochen, Eisensteinklopf. etc. beschäftigt.
a) Schmelzer . .	13	14	5	41	136	—	25	—	36	214	—	
b) Aufgeber . . .	—	10	8	—	102	—	19	6	—	166	—	
c) Schlackenläufer	—	10	8	—	102	—	19	6	—	166	—	
4. Förmer												
a) Meister	14	17	—	8	—	—	—	—	—	111	17	Versiehet zugleich seit 1841 die Stelle eines Platzknechts und Bergamtsdieners.
b) Gesellen . . .	—	10	6	—	—	—	14	—	12	—	—	Werden während d. Stillstandes der Förmerei mit Schlakkenpochen, Eisensteinklopfen und Taglöhnerarbeit beschäftigt.
c) Lehrburschen	—	—	—	—	—	—	—	—	—	—	—	
5. Schlackenpocher	12	8 / 10	—	—	—	—	8 / 10	—	—	—	—	Gedingarbeiter.
6. Gross-Hammerschmiede	16	—	—	—	—	—	—	—	—	—	—	Die Hammerschmiede arbeiten im Gedinge und feiern während des Stillstandes der Hammerwerke, während die Gesellen und Lehrburschen mit Eisensteinpochen und Taglöhnerarbeit beschäftigt werden.
a) Meister	—	—	—	—	234	—	—	—	—	373	15	
b) Gesellen . . .	—	—	—	—	170	—	—	—	—	191	—	
c) Lehrburschen	—	—	—	—	70	—	—	—	—	122	—	
7. Klein-Hammerschmiede	12	—	—	—	—	—	—	—	—	—	—	Die Kleinhammerschmiede arbeiten im Gedinge.
a) Meister	—	—	—	—	108	15	—	—	—	72	—	Wird als Aufgeber und Eisensteinspocher zuweilen beschäftigt.
b) Gesellen . . .	—	—	—	—	78	—	—	—	—	91	—	Werden auch als Eisensteinpocher und Taglöhner beschäftigt.
c) Lehrbursche .	—	—	—	—	50	—	—	—	—	41	—	
8. Köhler												
a) Meister	—	17	—	10—15	—	—	25	—	12—18	—	—	Während der Wintermonate werden sie grösstentheils als Holzhauer beschäftigt.
b) Knechte . . .	—	8	—	—	—	—	—	—	—	—	—	
9 Handwerker . . .	12	—	—	—	—	—	10	—	—	—	—	Die Handwerker beschäftigen sich auch mit Arbeiten für Privaten und werden theilweise, namentlich d. Maurer- und Zimmergesellen, während der Wintermonate auch als Bergarbeiter verwendet. Wo es angeht, werden mit den Handwerkern Accorde abgeschlossen, wobei nebenstehender Schichtlohn zu Grunde gelegt wird.
a) Meister	—	11	5	—	—	—	11	6	—	—	—	
b) Gesellen . . .	—	8	3	—	—	—	10	—	—	—	—	
c) Lehrburschen	—	5	—	—	—	—	5	—	—	—	—	
10. Tagelöhner . .	12	5	9	—	—	—	6	—	—	—	—	

Auf allen Staats-Berg- und Hüttenwerken bestehen Knappschaftskassen, welche theils aus Lohnabzügen der ständigen und unständigen Arbeiter (in der Regel 6 Heller vom Thaler), theils aus den Geldstrafen der Arbeiter, theils aus Beiträgen des Staates (gewöhnlich 1 Proc. der Ausbeute) gebildet werden. Sie unterstützen die Berg- und Hüttenarbeiter ganz in derselben Weise, wie die Knappschaftskasse der Schmalkalder Gewerke, nur dienen sie bei einigen Hütten, wie in Bieber gleichzeitig zur Erhaltung einer Abend- und Sonntagsschule für die bei der Erzscheidung beschäftigten Kinder. Auch existirt in Bieber noch ein Fruchtmagazin, welches den ständigen Arbeitern und den nicht zur Knappschaft gehörigen Scheidekindern einen monatlichen Fruchtbezug zu einem festen Preise von 3 Thlr. 13 Sgr. für 6 Maas (c. 198 Pfd.) Brodfrucht gewährt.

III.

Die Handwerker und Fabrikarbeiter.

§. 52.

Gesetzliche Bestimmungen über das Recht zum Gewerbebetriebe.

Während der westphälischen Zeit herrschte in Kurhessen Gewerbefreiheit. Durch die Zunftordnung vom 5. März 1816 wurde diese aufgehoben und dafür die alte Zunftverfassung mit einigen Modificationen wieder hergestellt. Diese letztere besteht bis zum heutigen Tage in Kraft und ist durch einige spätere Regierungsausschreiben *) nur ergänzt worden.

Nach derselben sind vom Zunftzwange ausgenommen:

1) Grosshändler, Versender (Spediteurs) und Fabrikanten,
2) Krämer in den Dörfern,
3) Huf-, Grob- und Nagelschmiede, Wagner, Zimmerleute, Maurer, Dachdecker, Töpfer, Ziegelbrenner, Schuhflicker, Schneider und Weber auf den Dörfern, sobald sie keine Lehrlinge und Gesellen halten,
4) solche Geschäftszweige, welche vor der westphälischen Zeit dem Zunftzwange nicht unterworfen waren.

---

*) Vom 27. Febr. 1817, vom 17. October 1818 und vom 4. Januar 1832.

Jede Zunft steht unter Leitung eines oder zweier Zunftmeister, welche von den zünftigen Meistern aus den Zunftgenossen gewählt werden. Ueber denselben steht das Ober-Zunftamt, welches durch den städtischen Bürgermeister und einen richterlichen Staatsbeamten gebildet wird, und über diesem wieder die Regierung. Die Zunftmeister haben die Prüfung der Lehrlinge, welche Gesellen, und der Gesellen, welche Meister werden wollen, anzuordnen, in den Zunftversammlungen den Vorsitz zu führen und über die Befolgung der Zunftordnung zu wachen. Die Lehrzeit darf nicht unter 3 und nicht über 4 Jahre dauern, die Wanderschaft der Gesellen nicht unter 2 Jahre. Landgesellen sind von der Wanderschaftspflicht frei. Innerhalb der Bannmeile jeder Stadt darf kein unzünftiger Meister das Handwerk der städtischen Zunft treiben, und jeder Meister darf nur eine Werkstätte resp. Laden besitzen und überhaupt keine Arbeit verrichten, welche in den Geschäftskreis einer anderen Zunft eingreift.

Von den nicht zünftigen Gewerben sind aber viele dem Concessionszwange unterworfen. Das Gewerbesteuergesetz vom 21. Juli 1840 und das Stempelsteuergesetz vom 26. Febr. 1841 rechnen dahin:

1) Branntweinbrennen,
2) Gast-, Schenk- und Speisewirthschaft und Herbergiren,
3) Musikspielen, Halten öffentlicher Kegelbahnen und Billards,
4) der kaufmännische Handelsbetrieb ausserhalb der Städte, so wie Krämerei in den Städten und auf dem Lande,
5) Handel mit Schiesspulver,
6) Handel mit giftigen Stoffen,
7) Handel mit leinenem Garn,
8) Hökerhandel,
9) Mäklerei,
10) Agenturen der Mobilien-Versicherungsanstalten,
11) Geld- und Waaren-Lotterien und Lotterie-Collecturen,
12) Schornsteinfegen,
13) Pferdelegen und Schweineschneiden,
14) Vertreibung der Ratten und Mäuse
15) Abdeckerei.

Die Concessionen wurden vor 1848 von den Polizeicommissionen, nach Aufhebung der letzteren von den Bezirksausschüssen und seit Wiederherstellung der Provinzial-Eintheilung von den Regierungen gegen Entrichtung einer Abgabe auf 1 — 3 Jahre ertheilt.

Ueber die Vertheilung der gewerblichen Bevölkerung Kurhessens, wie sie sich unter dieser Gewerbe-Verfassung gestaltet hat, geben die beiden Gewerbetabellen Aufschluss, welche im Dezember 1846 in Kurhessen ebenso wie in allen Zollvereinsstaaten in Folge eines Beschlusses der General-Conferenz von 1843 angefertigt wurden.

Die eine enthält die mechanischen Künstler und Handwerker, die zum litterarischen Verkehr gehörigen Gewerbe, die Handelsgewerbe, die Schifffahrt, das Frucht- und Lohnfuhrwesen, die Gast- und Schenkwirthschaft, die Tagelöhner und das Gesinde, und die andere umfasst alle Fabrikationsanstalten.

Bis jetzt sind nur die Preussischen Gewerbetabellen publizirt, und von den übrigen Zollvereinsstaaten mit Ausnahme von Würtemberg, Frankfurt und Braunschweig, welche dem Centralbüreau beide oder wenigstens 1 Tabelle gar nicht eingeschickt hatten, ist neuerdings nur eine Generalübersicht der Resultate in den Mittheilungen des statistischen Büreaus in Berlin (1851. Nr. 16. ff.) gegeben. Soweit diese Uebersicht Kurhessen betrifft, enthält sie einige unverschuldete Irrthümer, die daher rühren, dass die geschriebenen Tabellen, wie sie aus den einzelnen Kreisen in Kassel eingelaufen waren, ohne nähere Durchsicht und Prüfung dem Centralbüreau in Berlin überschickt wurden. Wir haben diese Fehler, so weit es möglich war, verbessert und theilen auf Grund jener Tabellen die folgenden Zusammenstellungen mit.

§. 53.

Uebersicht sämmtlicher Handwerks-Meister und Gehülfen mit Ausschluss der Weber.

Kreis.	In den Städten.		Auf dem Lande.		Ueberhaupt.		Procente der	
	Meister.	Gehülf.	Meister.	Gehülf.	Meister.	Gehülf.	Meister.	Gehülf.
1. Cassel	1303	1524	980	753	2283	2277	50,06	49,94
2. Eschwege . . .	—	—	—	—	1732	1154	60,04	39,96
3. Fritzlar	—	—	—	—	1089	412	72,6	27,4
4. Hofgeismar . .	—	—	—	—	1340	790	62,91	37,09
5. Homberg . . .	—	—	—	—	1061	447	70,6	29,4
6. Melsungen . .	—	—	—	—	1132	593	65,6	34,4
7. Rotenburg . .	—	—	—	—	952	489	66,53	33,47
8. Schaumburg .	—	—	—	—	1173	835	58,5	41,5
9. Witzenhausen	—	—	—	—	1457	985	59,6	40,4
10. Wolfhagen . .	—	—	—	—	866	485	64,1	35,9
I. Niederhessen	5827	4985	7258	3482	13085	8467	60,8	39,2
11. Marburg . . .	—	—	—	—	1466	992	59,6	40,4
12. Frankenberg .	—	—	—	—	938	284	76,8	23,2
13. Kirchhain . . .	—	—	—	—	855	313	73,5	26,5
14. Ziegenhain . .	—	—	—	—	1174	744	64,4	35,6
II. Oberhessen	2065	1405	2368	928	4433	2333	65,5	34,5
15. Fulda	—	—	—	—	1336	1002	57,2	42,8
16. Hersfeld	—	—	—	—	1421	755	65,3	34,7
17. Hünfeld	—	—	—	—	794	110	87,8	12,2
18. Schmalkalden .	—	—	—	—	1623	1210	57,3	42,7
III. Fulda	1471	1438	3703	1639	5174	3077	62,8	37,2
19. Hanau	—	—	—	—	2260	2363	48,8	51,2
20. Gelnhausen . .	—	—	—	—	1328	594	69,09	30,91
21. Schlüchtern . .	—	—	—	—	1196	867	57,98	42,02
IV. Hanau	1960	2126	2824	1698	4784	3824	55,6	44,4
Gesammtsumme	11323	9954	16153	7747	27476	17701	60,4	39,6

§. 54.

Vertheilung der verschiedenen Handwerker auf Stadt und Land.

Gewerbe.	In den Städten.		Auf dem Lande.		Ueberhaupt.		Procente der	
	Meister.	Gehülfen.	Meister.	Gehülfen.	Meister.	Gehülfen.	Meister in der Stadt.	Meister auf dem Lande.
Bäcker	753	710	262	101	1015	811	74,1	25,9
Kuchenbäcker, Pfefferküchler und Conditoren	44	24	1	1	45	25	97,76	2,24
Fleischer oder Schlachter	789	452	407	41	1196	493	65,9	34,1
Seifensieder und Lichtzieher	100	44	58	9	158	53	63,2	36,8
Gerber aller Art, als Lohgerber etc.	387	362	11	10	398	372	97,1	2,9
Schuh- und Pantoffelmacher, und Altflicker	2168	1379	2139	715	4307	2094	50,3	49,7
Handschuhmacher	41	23	1	—	42	23	97,6	2,4
Kirschner u. Rauchwaarenhändler	68	50	15	3	83	53	81,9	18,1
Riemer, Sattler, Beutler, Täschler	268	181	111	30	379	211	70,7	29,3
Seiler und Netzschläger	117	61	15	5	132	66	88,6	11,4
Spritzen- u. Spritzenschlauchmach.	3	11	3	—	6	11	50,0	50,0
Schneider und Korsetmacher	1040	863	2536	677	3576	1540	29,08	70,92
Posamentirer und Knopfmacher	54	32	8	1	62	33	87,09	12,91
Putzmacher und Putzmacherinnen und Putzdrahtverfertiger	110	86	15	3	125	89	88,0	11,0
Tapezierer und Polsterarbeiter	60	27	—	—	60	27	100,0	—
Hutmacher, Flizmacher und Hutstaffirer	48	35	4	—	52	35	92,16	7,84
Tuchscheerer und Tuchbereiter	80	18	2	4	82	22	97,5	2,5
Färber aller Art	187	177	44	18	231	195	80,9	19,1
Zimmerleute, Schiffbauer und Brunnenmacher für hölzerne Pumpen	179	427	731	829	910	1256	19,6	80,4
Tischler, Stuhlmacher etc.	824	743	1689	575	2513	1318	32,7	67,3
Rade- und Stellmacher	210	119	1225	231	1435	350	14,6	85,4
Gross- und Kleinböttcher	296	127	506	93	802	220	36,9	63,1
Dreschler in Holz, Bein, Horn etc.	172	87	284	47	456	134	37,7	62,3
Kammmacher	48	25	11	3	59	28	81,3	18,7
Bürstenbinder und Pinselmacher	24	13	10	1	34	14	70,6	29,4
Korbmacher	35	5	343	60	378	65	9,2	90,8
Maurer	371	962	1534	2088	1905	3050	19,4	80,6
Ziegel- und Schieferdecker	153	147	282	147	435	294	35,1	64,9
Latus	8629	7190	12247	5692	20876	12882	41,3	58,7

Gewerbe.	In den Städten.		Auf dem Lande.		Ueberhaupt.		Procente der	
	Meister.	Gehülfen.	Meister.	Gehülfen.	Meister.	Gehülfen.	Meister in der Stadt.	Meister auf dem Lande.
Transport	8629	7190	12247	5692	20876	12882	41,3	58,7
Steinmetzen und Steinhauer	35	273	88	123	123	196	28,4	71,6
Steinsetzer oder Pflasterer	34	38	72	131	106	169	32,07	67,93
Schornsteinfeger	47	52	13	14	60	66	78,3	21,7
Töpfer, Ofenfabrik. u. irden Geschirrmacher	171	162	215	66	386	228	44,3	55,7
Glaser und Glasschleifer	128	47	116	14	244	61	52,4	47,6
Zimmer-, Schilder- u. Rouleauxmaler	177	233	227	114	404	347	43,8	56,2
Bildhauer, Formschneider und Ciseleur	5	3	6	2	11	5	45,4	54,6
Grobschmiede aller Art	332	311	2055	745	2357	1056	14,08	85,92
Schlosser, worunter Cirkelschmiede etc.	519	418	887	725	1406	1143	36,9	63,1
Gürtler, Bronzeur etc.	26	33	2	—	28	33	92,8	7,2
Kupferschmiede	62	45	2	1	64	46	96,8	3,2
Roth-, Gelb- und Glockengiesser	7	3	6	1	13	4	53,8	46,2
Zinngiesser	33	10	3	3	36	13	91,7	8,3
Klempner (in Blech und Zink)	116	90	16	2	132	92	87,8	12,2
Nadler, Haar- u. Drahtsiebmacher	18	10	4	—	22	10	81,8	18,2
Mechanici für mathematische Instrumente	25	20	2	—	27	20	92,6	7,4
Mechanici für mus. Instrumente aller Art	30	61	8	11	38	72	78,9	21,1
Klein- und Gross-Uhrmacher	76	41	9	—	85	41	89,4	10,6
Gold- und Silberarbeiter, Bijout.	82	429	—	17	82	446	100,0	—
Steinschneider, Graveure	11	2	—	1	11	3	100,0	—
Barbiere	115	61	61	1	176	62	65,3	34,7
Friseure und Tourmacher	25	5	—	—	25	5	100,0	—
Fischer, (welche die Fischerei gewerbsweise treiben)	31	—	45	2	76	2	40,7	59,3
Gemüse und Obstgärtner	153	97	20	4	173	101	88,4	11,6
Buchbinder und Futteralmacher	116	87	27	1	143	88	81,1	18,9
Gewerbe anderer Art	320	233	52	77	372	310	86,02	13,98
Gesammtsumme	11323	9954	16153	7747	27476	17701	41,2	58,8

§. 55.

Die Mühlengewerbe.

Gattung der Mühlen.	Niederhessen.		Oberhessen.		Fulda.		Hanau.		Ganz Kurhessen.	
	Zahl der Anstalten.	Zahl der Arbeiter.	Zahl der Anstalten.	Zahl der Arbeiter.	Zahl der Anstalten.	Zahl der Arbeiter.	Zahl der Anstalten.	Zahl der Arbeiter.	Zahl der Anstalten.	Zahl der Arbeiter.
Getr.-Mühl. Wassermühlen . . .	634	936	312	383	380	493	223	357	1549 *)	2169
Getr.-Mühl. Windmühlen	9	14	—	—	1	1	—	—	10**)	15
Getr.-Mühl. Durch thierische Kräfte getriebene .	2	2	—	—	—	—	—	—	2	2
Oelmühlen	295	310	137	134	124	124	9	17	565	585
Walkmühlen	7	7	11	11	35	38	—	—	53	56
Lohmühlen	22	24	8	11	6	7	—	—	36	42
Sägemühlen	61	68	21	19	52	54	4	28	138	169
Gypsmühlen	5	5	—	—	—	—	—	—	5	5
Andere Mühlen . .	15	16	—	—	25	103	4	26	44	145
Summe	1050	1382	489	558	623	820	240	428	2402	3188

§. 56.

Ländliche Nebengewerbe.

Gattung.	Niederhessen.		Oberhessen.		Fulda.		Hanau.		Ganz Kurhessen.	
	Zahl der Anstalten.	Zahl der Arbeiter.	Zahl der Anstalten.	Zahl der Arbeiter.	Zahl der Anstalten.	Zahl der Arbeiter.	Zahl der Anstalten.	Zahl der Arbeiter.	Zahl der Anstalten.	Zahl der Arbeiter.
Pott- u. Weidasche-Siedereien	46	75	118	122	11	12	17	24	192	233
Kalkbrennereien . .	95	156	22	31	41	76	6	16	164	279
Ziegeleien	80	278	70	95	24	48	31	115	205	536
Theeröfen	8	10	1	1	5	9	—	—	14	20
Lehmsteinfabriken .	3	10	—	—	—	—	—	—	3	10
Branntwein-Brennereien	214	398	90	153	98	130	114	153	516	834
Bierbrauereien . . .	183	314	43	56	152	226	56	44	434	640
Summe	629	1241	344	458	331	501	224	352	1528	2552

*) Diese 1549 Wassermühlen haben 2148 Mahlgänge.

**) Von diesen 10 Windmühlen waren 5 Bockwindmühlen und 5 holländische.

§. 57.

Die nicht fabrikmässig betriebene Weberei auf vereinzelnten Stühlen.

a.

Gewerbliche Weberei.

Bezeichnung.	In Niederhessen.		In Oberhessen.		In Fulda.		In Hanau.		In ganz Kurhessen.	
	Stühle.	Zahl d. Meister, Gehülf., Lehrl.	Stühle.	Zahl d. Meister, Gehülf., Lehrl.	Stühle.	Zahl d. Meister, Gehülf., Lehrl.	Stühle.	Zahl d. Meister, Gehülf., Lehrl.	Stühle.	Zahl d. Meister, Gehülf., Lehrl.
1. In Seide u. Halbseide	—	—	—	—	—	—	38	38	38	38
2. „ Baumwolle u. Halbbaumwolle	119	210	45	47	235	299	24	24	423	580
3. „ Leinen und Halbleinen	1696	1680	723	723	620	733	408	419	3447	3555
4. „ Wolle u. Halbwolle	260	352	40	90	18	20	1	1	319	463
5. „ Strumpfwirkerei . .	—	—	20	21	3	3	165	167	188	191
6. „ Bandweberei	—	—	5	5	—	—	—	—	5	5
7. „ andern Geweben .	—	—	—	—	13	13	—	—	13	13
Summe	2075	2242	833	886	889	1068	636	649	4433	4845

b.

Webstühle als Nebenbeschäftigung.

	Niederhessen.	Oberhessen.	Fulda.	Hanau.	Ganz Kurhessen.
1. Für Leinwand	2419	1008	1204	230	4861
2. Zu groben wollenen Zeugen	4	1	3	—	8
3. Zu allen anderen hier nicht genannt. Webereien	16	1	—	1	18
Summe	2439	1010	1207	231	4887

§. 58. Die fabrikmässig betriebenen Spinnereien,

Bezeichnung der Gewerbe.	Niederhessen. Zahl der Anstalten.	Zahl der Spindeln resp. Stühle.	Zahl d. Arbeiter. Unter 14 Jahr. männl.	Unter 14 Jahr. weibl.	Ueber 14 Jahre. männl.	Ueber 14 Jahre. weibl.	Total.	Oberhessen. Zahl der Anstalten.	Zahl der Spindeln resp. Stühle.	Zahl d. Arbeiter. Unter 14 Jahr. männl.	Unter 14 Jahr. weibl.	Ueber 14 Jahre. männl.	Ueber 14 Jahre. weibl.	Total.
Wollspinnereien:														
zu Streichgarn. .	15	1843	—	—	80	37	117	5	820	—	—	32	35	67
zu Kammgarn. .	—	—	—	—	—	—	—	—	—	—	—	—	—	—
Baumwollen-Spinnereien	1	1500	—	—	10	40	50	—	—	—	—	—	—	—
Fabriken für Zwirn, Strick- u. Stickgarn	—	—	—	—	—	—	—	—	—	—	—	—	—	—
Seiden-Moulinagen, Seiden-Haspel- und Zwirnanstalten . . .	2	—	—	—	—	2	2	—	—	—	—	—	—	—
Tuchfabriken	7	41	—	—	88	27	115	2	6	—	—	9	—	9
Sonstige Fabriken für wollene und halbwollene Zeuge . . .	—	—	—	—	—	—	—	—	—	—	—	—	—	—
Fabriken für baumwollene Zeuge . . .	3	120	—	—	240	—	240	—	—	—	—	—	—	—
Fabriken für leinene Zeuge	—	—	—	—	—	—	—	—	—	—	—	—	—	—
Fabriken für seidene und halbseidene Zeuge.	—	—	—	—	—	—	—	—	—	—	—	—	—	—
Bandfabriken	—	—	—	—	—	—	—	—	—	—	—	—	—	—
Teppichfabriken . . .	—	—	—	—	—	—	—	—	—	—	—	—	—	—
Strumpfwirkereien . .	—	—	—	—	—	—	—	3	13	—	—	11	—	11
Stück-Bleichereien . .	—	—	—	—	—	—	—	32	—	2	—	30	10	42
Garn-Bleichereien . . .	3	—	14	27	73	88	202	22	—	—	—	22	—	22
Färbereien.	5	—	—	—	7	6	13	10	—	—	—	17	—	17
Druckereien für Zeuge aller Art	—	—	—	—	—	—	—	1	—	—	—	2	—	2
Wollkämmereien . . .	1	—	—	—	150	—	150	—	—	—	—	—	—	—
Summe	37		14	27	648	200	889	75		2	—	123	45	170

Webereien und damit zusammenhängenden Gewerbe.

Fulda.							Hanau.							Ganz Kurhessen.						
Zahl der Anstalten.	Zahl der Spindeln resp. Stühle.	Zahl der Arbeiter.					Zahl der Anstalten.	Zahl der Spindeln resp. Stühle.	Zahl der Arbeiter.					Zahl der Anstalten.	Zahl der Spindeln resp. Stühle.	Zahl der Arbeiter.				
		Unter 14 Jahr.		Ueber 14 Jahre.		Total.			Unter 14 Jahr.		Ueber 14 Jahre.		Total.			Unter 14 Jahr.		Ueber 14 Jahre.		Total.
		männl.	weibl.	männl.	weibl.				männl.	weibl.	männl.	weibl.				männl.	weibl.	männl.	weibl.	
11	3340	—	—	89	83	172	1	645	2	—	18	16	36	32	6648	2	—	219	171	392
1	40	1	1	2	4	8	1	896	—	4	11	55	70	2	936	1	5	13	59	78
—	—	—	—	—	—	—	1	600	—	—	—	20	20	2	2100	—	—	10	60	70
—	—	—	—	—	—	—	1	—	—	—	10	—	10	1	—	—	—	10	—	10
—	—	—	—	—	—	—	2	—	—	—	2	24	26	4	—	—	—	2	26	28
61	139	—	2	345	121	468	—	—	—	—	—	—	—	70	240	—	2	442	148	592
1	71	7	11	12	41	71	—	—	—	—	—	—	—	1	71	7	11	12	41	71
5	370	1	—	491	203	695	—	—	—	—	—	—	—	8	490	1	—	731	203	935
2	—	140	75	275	155	645	—	—	—	—	—	—	—	2	—	140	75	275	155	645
—	—	—	—	—	—	—	3	16	—	32	14	150	196	3	16	—	32	14	150	196
—	—	—	—	—	—	—	1	2	—	—	2	3	5	1	2	—	—	2	3	5
—	—	—	—	—	—	—	1	65	9	—	61	24	94	1	65	9	—	61	24	94
—	—	—	—	—	—	—	3	140	37	57	82	432	608	6	153	37	57	93	432	619
37	—	4	3	51	22	80	—	—	—	—	—	—	—	69	—	6	3	81	32	122
1	—	—	—	2	—	2	—	—	—	—	—	—	—	26	—	14	27	97	88	226
9	—	1	—	16	—	17	6	—	—	—	13	—	13	30	—	1	—	53	6	60
7	—	1	—	12	—	13	—	—	—	—	—	—	—	8	—	1	—	14	—	15
—	—	—	—	—	—	—	—	—	—	—	—	—	—	1	—	—	—	150	—	150
135		155	92	1295	629	2171	20		48	93	213	724	1078	267		219	212	2279	1598	4308

§. 59.

Gewerbliche Etablissements, welche sich an den Bergbau anschliessen.

Bezeichnung der Anstalten.	Niederhessen.						Oberhessen.						Fulda.						Hanau.						Ganz Kurhessen.					
	Anzahl d. Anstalten.	Zahl d. Arbeiter.					Anzahl d. Anstalten.	Zahl d. Arbeiter.					Anzahl d. Anstalten.	Zahl d. Arbeiter.					Anzahl d. Anstalten.	Zahl d. Arbeiter.					Anzahl d. Anstalten.	Zahl d. Arbeiter.				
		Unter 14 Jahr.		Ueber 14 Jahre.		Total.		Unter 14 Jahr.		Ueber 14 Jahre.		Total.		Unter 14 Jahr.		Ueber 14 Jahre.		Total.		Unter 14 Jahr.		Ueber 14 Jahre.		Total.		Unter 14 Jahr.		Ueber 14 Jahre.		Total.
		männl.	weibl.	männl.	weibl.			männl.	weibl.	männl.	weibl.			männl.	weibl.	männl.	weibl.			männl.	weibl.	männl.	weibl.			männl.	weibl.	männl.	weibl.	
Drahtwerke	-	—	—	—	—	—	—	—	—	—	—	—	6	—	—	27	—	27	—	—	—	—	—	—	6	—	—	27	—	27
Eisen- u Blechwaaren-Fabr.	9	—	—	46	—	46	—	—	—	—	—	—	20	—	—	57	—	57	1	4	—	99	—	103	30	4	—	202	—	206
Stahlfabriken	—	—	—	—	—	—	—	—	—	—	—	—	7	—	—	34	—	34	—	—	—	—	—	—	7	—	—	34	—	34
Stahlwaaren-Fabriken	4	—	—	95	—	95	—	—	—	—	—	—	8	—	—	33	—	33	—	—	—	—	—	—	12	—	—	128	—	128
Maschinen-Fabriken	3	—	—	206	—	206	—	—	—	—	—	—	1	—	—	6	—	6	—	—	—	—	—	—	4	—	—	212	—	212
Glashütten	3	9	—	188	7	204	—	—	—	—	—	—	—	—	—	—	—	—	1	2	—	30	1	33	4	11	—	218	8	237
Porcellan-Fabriken	1	—	—	25	—	25	—	—	—	—	—	—	—	—	—	—	—	—	—	—	—	—	—	—	1	—	—	25	—	25
Fabriken sonstiger irdener Waaren	39	25	2	126	24	177	33	—	—	55	—	55	—	—	—	—	—	—	1	1	—	53	8	62	73	26	2	234	32	294
Fabriken chemischer Producte	5	—	—	92	—	92	—	—	—	—	—	—	1	—	—	5	—	5	1	—	—	12	—	12	7	—	—	109	—	109
Summe	64	34	2	778	31	845	33	—	—	55	—	55	43	—	—	162	—	162	4	7	—	194	9	210	144	41	2	1189	40	1272
Ausser diesen Etablissements giebt es in Schmalkalden noch eine Gewehrfabrik, in welcher i. J. 1846 beschäftigt waren																									1	—	—	95	—	95
Summe																									145	41	2	1284	40	1367

§. 60.

Die übrigen Fabriken.

Von den übrigen Fabriken nehmen nur noch folgende eine hervorragende Stellung ein:

1) 63 Tabacksfabriken, welche meist in Hanau bestehen, mit	1343	Arbeitern,
2) 18 Lederwaaren- und Handschuhfabriken, vorzugsweise in Cassel, mit	667	„
3) 2 indische Zuckerfabriken mit . .	114	„
4) 3 Runkelrübenzucker-Fabriken mit	84	„
5) 30 Papierfabriken mit	340	„ und
6) 4 Wagenfabriken mit	268	„
Summe	2816	Arbeiter.

Die Zahl der Arbeiter, welche in den hier nicht mit aufgezählten Fabriken beschäftigt sind, beträgt noch nicht 1000 Köpfe, so dass die gesammte Fabrikbevölkerung in Hessen gering erscheint, zumal da in den mitgetheilten tabellarischen Uebersichten unter den Fabrikarbeitern auch die Tagelöhner mit aufgenommen sind, welche in den Fabriken Beschäftigung finden. Sie beträgt:

a) in den Spinnereien und Webereien etc. . .	4308
b) in den metallurgischen Gewerben	1367
c) in den übrigen einzeln aufgezählten Fabriken .	2816
d) in den nicht besonders genannten Fabriken . .	1000
Summe	9491

während die Zahl der Handwerksgehülfen mit Ausschluss aller Weber sich schon über 17000 beläuft.

IV.

Die in den Gewerben des Verkehrs beschäftigte Bevölkerung.

§. 61.

Anstalten und Unternehmungen zum literarischen Verkehr.

Kreis.	Schriftgiessereien.		Buch- und Notendruckereien.			Anstalt. z. Abdruck v. Stahlstich. etc.		Lithographische Anstalten.		Buch-, Kunst- u. Musikalienhandl.		Zahl d. Leihbibliotheken.	Zahl der Antiquare.
	Zahl der Anstalten.	Zahl d. dabei beschäft. Arbeiter.	Zahl der Druckereien.	Zahl d. Pressen.	Zahl d. dabei beschäft. Arbeiter.	Zahl der Anstalten.	Zahl d. dabei beschäft. Arbeiter.	Zahl der Anstalten.	Zahl d. dabei beschäft. Arbeiter.	Zahl der Anstalten.	Zahl der dabei beschäft. Herrn, Commis u. Lehrl.		
1. Cassel (Kreis) . .	—	—	—	—	—	—	—	—	—	—	—	—	—
Cassel (Stadt) . .	1	4	8	24	60	—	—	6	31	6	27	2	5
2. Eschwege	—	—	1	1	2	—	—	1	1	—	—	—	—
3. Fritzlar	—	—	—	—	—	—	—	—	—	—	—	—	—
4. Hofgeismar . . .	—	—	—	—	—	—	—	—	—	—	—	—	2
5. Homberg	—	—	—	—	—	—	—	—	—	—	—	—	—
6. Melsungen	—	—	—	—	—	—	—	—	—	—	—	—	1
7. Rotenburg	—	—	2	2	4	—	—	—	—	—	—	—	1
8. Schaumburg . . .	—	—	1	3	5	—	—	—	—	1	2	—	1
9. Witzenhausen . .	—	—	1	1	3	—	—	—	—	—	—	—	2
10. Wolfhagen . . .	—	—	—	—	—	—	—	—	—	—	—	—	—
I. Niederhessen	1	4	13	31	74	—	—	7	32	7	29	2	12
11. Marburg	—	—	2	5	8	—	—	1	1	3	4	1	1
12. Frankenberg . .	—	—	—	—	—	—	—	—	—	—	—	—	—
13. Kirchhain	—	—	—	—	—	—	—	1	1	—	—	—	—
14. Ziegenhain	—	—	—	—	—	—	—	—	—	—	—	—	—
II. Oberhessen	—	—	2	5	8	—	—	2	2	3	4	1	1
15. Fulda	—	—	2	3	7	—	—	1	2	2	4	—	—
16. Hersfeld	—	—	2	2	3	—	—	—	—	1	1	—	2
17. Hünfeld	—	—	—	—	—	—	—	—	—	—	—	—	—
18. Schmalkalden . .	—	—	2	2	2	—	—	1	3	1	1	—	1
III. Fulda	—	—	6	7	12	—	—	2	5	4	6	—	3
19. Hanau	—	—	3	5	20	—	—	7	7	4	5	2	2
20. Gelnhausen . . .	—	—	1	1	1	—	—	1	—	—	—	—	1
21. Schlüchtern . . .	—	—	—	—	—	—	—	—	—	—	—	—	—
IV. Hanau	—	—	4	6	21	—	—	8	7	4	5	2	3
Gesammtsumme	1	4	25	49	115	—	—	19	46	18	44	5	19
Gesammtsumme:													
a. in den Städten .	1	4	25	49	115	—	—	18	45	18	44	5	19
b. auf dem Lande .	—	—	—	—	—	—	—	1	1	—	—	—	—

§. 62.

Handels-Gewerbe.

Kreis.	Handlungen, welche mit Geld, umlaufend. Papieren und Wechseln Geschäfte treiben. Zahl derselben.	Handlungen … Zahl der dabei beschäftigten Herrn, Commis u. Lehrlinge.	Grosshändler, welche eigne oder Commissionsgeschäfte mit Waaren ohne offne Laden treiben. Zahl derselben.	Grosshändler … Zahl der dabei beschäftigten Herrn, Commis u. Lehrlinge.	Weinhändler. Zahl derselben.	Weinhändler. Zahl d. dabei beschäftigt. Herrn, Commis u. Lehrl.	Getreidehändler. Zahl derselben.	Getreidehändler. Zahl d. dabei beschäftigt. Herrn, Commis u. Lehrl.	Holzhändler. Zahl derselben.	Holzhändler. Zahl d. dabei beschäftigt. Herrn, Commis u. Lehrl.
1. Cassel (Kreis)	—	—	—	—	—	—	—	—	—	—
Cassel (Stadt)	10	37	5	22	11	—	1	1	6	6
2. Eschwege	3	2	4	3	11	12	7	6	6	—
3. Fritzlar	—	—	—	—	—	—	3	—	—	—
4. Hofgeismar	—	—	2	15	—	—	2	—	2	—
5. Homberg	—	—	—	—	—	—	—	—	2	1
6. Melsungen	—	—	2	—	—	—	—	—	2	—
7. Rotenburg	—	—	—	—	—	—	—	—	4	1
8. Schaumburg	—	—	—	—	1	—	1	3	—	—
9. Witzenhausen	1	2	1	1	2	4	1	—	4	6
10. Wolfhagen	—	—	—	—	—	—	—	—	—	—
I. Niederhessen	14	41	14	41	25	16	15	10	26	14
11. Marburg	—	—	—	—	—	—	12	1	15	—
12. Frankenberg	—	—	—	—	—	—	31	—	2	—
13. Kirchhain	—	—	—	—	—	—	3	3	—	—
14. Ziegenhain	—	—	—	—	1	2	—	—	1	—
II. Oberhessen	—	—	—	—	1	2	46	4	18	—
15. Fulda	—	—	—	—	—	—	—	—	—	—
16. Hersfeld	—	—	—	—	—	—	2	—	—	—
17. Hünfeld	—	—	—	—	—	—	—	—	—	—
18. Schmalkalden	1	—	29	58	—	—	—	—	2	3
III. Fulda	1	—	29	58	—	—	2	—	2	3
19. Hanau	2	3	3	19	5	4	1	—	15	11
20. Gelnhausen	—	—	—	—	1	1	2	—	35	29
21. Schlüchtern	—	—	—	—	—	—	—	—	5	2
IV. Hanau	2	3	3	19	6	5	3	—	55	42
Gesammtsumme	17	44	46	118	32	23	66	14	101	59
Gesammtsumme:										
a. in den Städten	17	44	40	107	21	7	18	6	41	26
b. auf dem Lande	—	—	6	11	11	16	48	8	60	33

Kreis.	Geld-, Waaren- und Schiffsmakler im Grosshandel.	Kaufleute, welche offene					
		Gewürz-,Material-, Spezereihändler u. Droguisten.		Ausschnitthändl. in Seiden-, Baumwollen-, Leinen- u. Wollen-Waaren.		Eisen-, Stahl-, Messing- und andere Metallwaarenhändler.	
		Zahl derselben.	Zahl der dabei beschäftigten Herrn, Commis u. Lehrlinge.	Zahl derselben.	Zahl der dabei beschäftigten Herrn, Commis u. Lehrlinge.	Zahl derselben.	Zahl der dabei beschäftigten Herrn, Commis u. Lehrlinge.
1. Cassel (Kreis) . .	—	2	—	—	—	—	—
Cassel (Stadt) . .	—	111	203	42	101	14	32
2. Eschwege	7	41	13	36	16	6	—
3. Fritzlar	—	32	—	35	—	3	—
4. Hofgeismar . . .	—	109	30	30	13	10	2
5. Homberg	—	18	12	3	4	9	—
6. Melsungen . . .	6	29	5	13	6	7	—
7. Rotenburg . . .	2	25	41	40	30	5	2
8. Schaumburg . .	—	65	76	3	12	1	3
9. Witzenhausen . .	1	41	29	15	14	7	4
10. Wolfhagen . . .	—	31	18	17	13	10	3
I. Niederhessen	16	504	427	234	209	72	46
11. Marburg	—	57	34	8	10	4	3
12. Frankenberg . .	—	40	19	3	3	2	2
13. Kirchhain	—	43	47	10	12	1	1
14. Ziegenhain . . .	—	89	25	28	19	4	3
II. Oberhessen	—	229	125	49	44	11	9
15. Fulda	—	59	55	20	36	1	3
16. Hersfeld	—	39	10	18	1	10	2
17. Hünfeld	—	49	10	22	5	2	2
18. Schmalkalden . .	—	26	32	8	10	23	24
III. Fulda	—	173	107	68	52	36	31
19. Hanau	—	172	126	52	45	10	6
20. Gelnhausen . . .	—	102	98	39	59	9	10
21. Schlüchtern . . .	—	52	13	24	17	—	—
IV. Hanau	—	326	237	115	121	19	16
Gesammtsumme	16	1232	896	466	426	138	102
Gesammtsumme:							
a. in den Städten .	11	755	688	298	352	101	81
b. auf dem Lande .	5	477	208	168	74	37	21

Läden halten:				Krämer mit kurzen Waaren, Nürnberg. u. Nadlerkram.	Victualienhändler und Höker.	Herumziehende Krämer und Lumpensammler.	Wollhändler.	
Galanterie- und sogenannte Nürnberger Waarenhändler.		Zu allen anderen vorstehend nicht genannten Waarenarten.						
Zahl derselben	Zahl der dabei beschäftigten Herrn, Commis u. Lehrlinge.	Zahl derselben.	Zahl der dabei beschäftigten Herrn, Commis u. Lehrlinge.				Zahl derselben.	Zahl der dabei beschäftigten Herrn, Commis u. Lehrlinge.
—	—	15	—	61	5	4	—	—
15	38	14	20	42	82	4	2	4
—	—	—	—	46	16	36	7	—
—	—	52	—	12	35	23	—	—
5	—	1	2	1	4	18	11	1
—	—	—	—	30	10	12	—	—
1	—	11	1	25	1	53	—	—
—	—	—	—	41	17	20	—	—
—	—	—	—	—	40	7	—	—
—	—	—	—	4	60	58	6	3
—	—	—	—	—	1	2	—	—
21	38	93	23	262	271	237	26	8
—	—	7	6	27	21	6	—	—
—	—	—	—	—	1	10	—	—
2	2	1	1	5	7	86	7	7
2	—	6	—	53	4	30	—	—
4	2	14	7	85	33	132	7	7
1	2	17	6	37	57	32	—	—
3	—	22	—	16	18	31	—	—
—	—	—	3	—	—	3	2	—
1	1	—	—	20	16	98	—	—
5	3	39	9	73	91	164	2	—
4	6	3	1	7	212	36	1	—
6	7	8	8	5	52	40	2	2
—	—	93	33	24	22	54	—	—
10	13	104	42	36	286	130	3	2
40	56	250	81	456	681	663	38	17
37	55	71	48	120	—	—	22	12
3	1	179	33	336	—	—	16	5

§. 63.

Schifffahrt, Frachtfuhrwesen und Gastwirthschaft.

Kreis.	Fluss-Schifffahrt.			Fracht-, Stadt-u. Reise-Fuhrwerk.			Gast- und Schank-wirthschaft.				
	Zahl d. zur Frachtfahrt bestimmten Stromfahrz.	Tragfähigkeit d. Schiffe in Lasten zu 4000 Pfd.	Zahl der Schiffsmannschaft.	Zahl d. für eigene Rechn. dieses Gewerbe treib. Pers.	Zahl d. Pferde, welche sie gewöhnl. zu d. Gewerbe halten.	Zahl der dabei beschäftigten Personen.	Gasthöfe für die gebildeten Stände.	Wirthshäus. u. Ausspannungen für d. Frachtwesen u. d. zu Markte kommend. Landl.	Speisewirthe u. Garköche.	Schankwirthe, Tabagisten u. Billardhalter.	Musik., d. gewerb. in Wirthsh. u. bei Gastereien spielen.
1. Cassel (Kreis). .	—	—	—	3	6	3	2	140	—	—	14
Cassel (Stadt). .	—	—	—	66	195	86	10	49	13	138	53
2. Eschwege	11	32	27	54	153	87	7	146	8	4	76
3. Fritzlar	—	—	—	34	53	—	7	47	—	68	11
4. Hofgeismar . . .	17	447	36	38	125	44	4	17	2	151	25
5. Homberg	—	—	—	2	5	3	5	91	8	6	27
6. Melsungen. . . .	8	50	12	2	4	2	6	126	—	1	13
7. Rotenburg. . . .	—	—	—	1	2	1	3	10	14	121	57
8. Schaumburg . .	8	305	37	142	315	17	19	123	—	—	21
9. Witzenhausen . .	14	15	28	102	198	128	4	30	1	107	74
10. Wolfhagen . . .	—	—	—	—	—	—	4	19	—	58	1
I. Niederhessen	58	849	140	441	1056	371	71	798	46	654	382
11. Marburg	—	—	—	44	101	50	5	41	7	238	43
12. Frankenberg . .	—	—	—	6	16	11	8	52	—	20	21
13. Kirchhain	—	—	—	2	2	3	4	9	3	102	47
14. Ziegenhain . . .	—	—	—	14	38	20	7	102	2	87	25
II. Oberhessen	—	—	—	66	157	84	24	204	12	447	136
15. Fulda	—	—	—	48	194	78	8	84	3	127	127
16. Hersfeld	—	—	—	6	8	6	3	53	2	78	73
17. Hünfeld	—	—	—	4	9	5	4	24	1	77	39
18. Schmalkalden . .	—	—	—	27	62	34	4	35	—	38	7
III. Fulda	—	—	—	85	273	123	19	196	6	320	246
19. Hanau.	—	—	—	29	96	38	13	142	9	39	45
20. Gelnhausen . . .	—	—	—	53	92	53	8	6	—	78	23
21. Schlüchtern . . .	—	—	—	10	14	11	4	67	—	12	—
IV. Hanau	—	—	—	92	202	102	25	215	9	129	68
Gesammtsumme	58	849	140	684	1688	680	139	1413	73	1550	832
Gesammtsumme:											
a. in den Städten .	45	480,5	109	342	984	428	101	271	64	644	223
b. auf dem Lande .	13	368,5	31	342	704	252	38	1142	9	906	609

§. 64.

Die städtischen Tagelöhner und Dienstboten.

Kreis.	Städtische Bevölkerung.	Städtische Tagelöhner: männlich.	Städtische Tagelöhner: weiblich.	Städtische Dienstboten: männlich.	Städtische Dienstboten: weiblich.
1. Cassel	34547	438	321	260	2206
2. Eschwege	9578	269	152	94	411
3. Fritzlar	5942	155	16	30	229
4. Hofgeismar	12625	389	36	233	421
5. Homberg	5149	121	40	81	223
6. Melsungen	7473	236	54	83	254
7. Rotenburg	5536	176	95	74	241
8. Schaumburg	8097	112	43	175	475
9. Witzenhausen	10192	335	118	108	260
10. Wolfhagen	9633	237	156	125	331
I. Niederhessen	108772	2468	1031	1263	5051
11. Marburg	9295	468	234	70	538
12. Frankenberg	7139	151	61	89	176
13. Kirchhain	7402	326	46	144	270
14. Ziegenhain	7506	281	140	154	277
II. Oberhessen	31342	1226	481	457	1261
15. Fulda	9585	197	88	134	428
16. Hersfeld	6445	72	34	79	307
17. Hünfeld	2182	287	244	69	139
18. Schmalkalden	5509	185	157	46	236
III. Fulda	23721	741	523	328	1110
19. Hanau	21705	497	492	317	1324
20. Gelnhausen	5242	91	32	102	223
21. Schlüchtern	7536	352	93	158	219
IV. Hanau	34483	940	617	577	1766
Total	198318	5375	2652	2625	9188

Hiernach beträgt die Zahl der städtischen Dienstboten:

in	männl. Geschlechts	weibl. Geschlechts	
Niederhessen . .	1,1 %	4,9 %	der städtisch. Bevölk.
Oberhessen . . .	1,4 %	4,0 %	„ „
Fulda	1,3 %	4,6 %	„ „
Hanau	1,6 %	5,1 %	„ „
In ganz Hessen	1,3 %	4,6 %	der Bevölkerung,

während die städtischen und ländlichen Dienstboten beiderlei Geschlechts zusammen 5,3 Proc. der Gesammtbevölkerung ausmachen. Das Verhältniss der Tagelöhner-Bevölkerung zur Population lässt sich deshalb nicht ermitteln, weil die Zahl der Familienglieder der Tagelöhner unbekannt ist.

V.

Die Lohn- und Lebensverhältnisse der industriellen Arbeiterbevölkerung.

§. 65.

Die Hanauer Fabrikarbeiter.

Die Kurhessische Industrie hat sich, wenn wir von der Leinenmanufactur absehen,*) besonders an 4 Puncten concentrirt, in Hanau, in Hersfeld, in Kassel und in Schmalkalden. Hanau ist der industriereichste Ort. Seine altberühmten Bijouteriefabriken, neben welchen es zahlreiche Tabaks-, Seiden- und andere Fabriken besitzt, nehmen bekanntlich die erste Stelle im Zollvereinsgebiete ein. Hersfeld ist der Hauptsitz der hessischen Tuch- und Wollenfabrication,**) Schmalkalden der der hessischen Eisenindustrie, und in Kassel haben sich mehrere Industriezweige neben einander entwickelt, unter denen sich besonders die Henschel'sche Maschinenfabrik, die chemischen Fabriken und die Handschuhfabriken auszeich-

*) Diese ist zwar in Hessen noch sehr allgemein verbreitet und beschäftigte 1846 noch 3447 Webstühle und 3555 Weber, aber in neuerer Zeit kommt sie von Jahr zu Jahr immer mehr in Verfall. Ein fleissiger Handspinner kann in einem Tage nicht mehr als 2 ½ Sgr. und der fleissigste Handweber in derselben Zeit höchstens 6 Sgr. verdienen.

**) Neben den Kresen Melsungen, Eschwege und Witzenhausen.

nen. So weit uns zuverlässige Materialien vorliegen, stellen wir hier die Thatsachen zusammen, welche die Lage einzelner Klassen der industriellen Arbeiter charakterisiren.

Hanau verdankt den ersten Aufschwung seiner Industrie theils den merkantilistischen Grundsätzen des 16ten und 17ten Jahrhunderts, theils den Religionsverfolgungen jener Zeit in den spanischen Niederlanden und in Frankreich. Es war bekanntlich damals die Residenzstadt der Grafen von Hanau. Philipp Ludwig II. (geb. 1576) hing der reformirten Religion an, hatte nach Vollendung seiner Studien in Heidelberg mehrere Jahre auf Reisen zugebracht und die gröfsten Handels- und Fabrikstädte Deutschlands, Italiens und der Niederlande kennen gelernt und besonders für letzteres Land als Schwiegersohn Wilhelms von Oranien eine besondere Vorliebe gewonnen. Bald nach seiner Rückkehr in die Heimath und nach seinem Regierungsantritt entstanden Misshelligkeiten in der Stadt Frankfurt zwischen dem Magistrat und den dort eingewanderten Niederländern. Die Beschwerdeschriften der letzteren hatten keinen Erfolg. Da lud sie der Graf von Hanau zur Niederlassung in seine Residenz ein. Diese folgten dem Rufe und siedelten im Jahre 1597 nach Hanau über. Die Zugeständnisse, welche der junge Fürst ihnen gleich Anfangs machte, beweisen, wie sehr er den Werth der Volksvermehrung und der Industrie schätzte. Er versprach ihnen die Anlage eines Schifffahrts-Kanals vom Main bis in die neue Stadt auf seine eigenen Kosten und die Erbauung eines Krahns; er sicherte ihnen eine regelmässige Schifffahrtsverbindung zwischen Hanau und Frankfurt durch ein Marktschiff und vollständige Gewerbefreiheit zu; er gab ihnen das Versprechen, dass ein besonderes Handelsgericht eingeführt und dafür Sorge getragen werden sollte, alle kaufmännischen Streitigkeiten ohne alle weitläufigen Verhandlungen schnell zu entscheiden. Das einzige, was er dafür von ihnen verlangte, war die Erbauung eines neuen Stadttheils und die Umwandlung und die Erweiterung seiner Residenz zu einer Fabrikstadt. Noch ehe das 16te Jahrhundert abgelaufen war, wurden seine Wünsche theilweise befriedigt, und der Wohlstand fing an in der neuen Stadt so zu blühen, dass im Jahre 1600 bereits 12 Eingewanderte sich mit 1855 Gulden Beiträgen zum neuen Kirchenbaue für ihren Stadttheil unterzeichnen konnten.

Im Jahr 1607 betrug eine Sammlung für denselben Zweck 8745 Gulden.

Alle Fabrikationszweige, welche gegenwärtig Hanau auszeichnen, lassen sich bis auf jene Zeit zurückführen. Schon 1605 waren über 100 Personen mit der Anfertigung von seidenem Band beschäftigt. Gleichzeitig wurde den Tuchmachern die von ihnen vorgelegte Gewerbe-Ordnung bestätigt. 1610 erhielten die Gold- und Silber-Schmiede eine Gewerbe-Ordnung. In Folge der Aufhebung des Edictes von Nantes wanderten nun Gold- und Silber-Arbeiter aus Frankreich ein, und bewirkten einen neuen Aufschwung und eine Erweiterung der Bijouterie-Fabrikation. Auch der Hanau'sche Tabak war schon im 17. Jahrhundert in Europa berühmt, und es wurden bereits im Jahre 1689 mehrere Tausend Centner jährlich gesponnen.

Gegenwärtig nimmt die Fabrikation der Gold- und Silber-Arbeiten ohne Zweifel die erste Stelle ein; 1846 gab es dort in diesem Industriezweige 40 Werkstätten, in denen etwa 800 Arbeiter beschäftigt waren, und 6 Etablissements beschäftigten allein jedes über 100 Arbeiter.

Die Lehrzeit eines Goldarbeiters dauert 6 Jahre, vom 14. bis zum 20. Während dieser Zeit bekommt er durchschnittlich 300 Gulden Lohn, der in verschiedener Weise auf den ganzen Zeitraum vertheilt wird. Gewöhnlich erhält der Lehrling entweder in den 2 ersten Jahren einen halben Gulden; in den zwei folgenden 1 Gulden, und in den beiden letzten 1½ Gulden wöchentlich, oder er empfängt während der ganzen Lehrzeit wöchentlich 1 Fl. Verzichtet der Lehrling auf Lohn, so hat er nur 5 Jahre zu lernen. Der Wochenlohn eines ausgelernten Arbeiters schwankt je nach der Tüchtigkeit zwischen 3½ Fl. und 15 Fl. und steigt bei einem Werkmeister auf 20 Fl. Eine Polirerin erhält in der 1. Hälfte ihrer 3jährigen Lehrzeit 1 Fl., in der 2. Hälfte 1½ Fl. Später steigt ihr Lohn bis 3 Fl. Tagelöhner und Auslaufer empfangen wöchentlich zwischen 2½ bis 3 Fl.

Die Arbeitszeit in den Gold-Fabriken dauert im Sommer 11 Stunden täglich, von früh 6 bis 12 und Nachmittags von 1 bis 6 Uhr. Bei kürzer werdenden Tagen, so lange ohne Licht gearbeitet werden kann, und vom 1. November bis 1. Februar 10 Stunden täglich, nämlich Morgens von 8 bis 12, und

Nachmittags von 1 bis 7. Vor den Leipziger Messen und vor Weihnachten wird die Arbeitszeit in der Regel ausgedehnt, und sämmtliche Arbeiter sind oft dann Wochenlang bis 12 und 2 Uhr Nachts beschäftigt. Diese aufserordentlichen Arbeiten (Weil = Arbeit genannt) werden Stundenweis bezahlt und zwar die Stunde mit 1 bis 2 Kreuzer besser als die regelmäfsige Arbeit. Für Feiertage, wo die Arbeit ausfällt, werden dem Arbeiter keine Abzüge gemacht.

Auf einen Arbeiter kommen durchschnittlich 2 Lehrjungen, welche 3 Personen zusammen ungefähr für 3000 Fl. Gold jährlich verarbeiten. Hiernach würde bei 800 Arbeitern eine Summe Geldes von 2,400,000 Gulden jährlich zur Verarbeitung kommen.

Neben den Gold-Fabriken nehmen gegenwärtig die Cigarren-Fabriken die bedeutendste Stelle ein; es giebt deren 20 in Hanau, mit mehr als 1000 Arbeitern.*) Der Lohn der Cigarren-Arbeiter wird nach der Quantität der gefertigten Cigarren bezahlt, und zwar 1000 Stück mit 1 Fl. 20 bis 1 Fl. 30 Kr. Von diesem Gelde mufs aber der Cigarren-Wickler einen Arbeiter bezahlen, der ihm die Einlage der Cigarre macht (Wickelmacher genannt). Diese Wickelmacher sind meist Kinder vom 9. bis zum 14. Jahre und erhalten wöchentlich 1 bis 2 Fl. Ein gewöhnlicher Arbeiter verdient wöchentlich nach Abzug dessen, was ihm der Wickelmacher kostet, 4 bis 5 Fl., gute Arbeiter 6 bis 7 Fl. und einige verdienen sogar über 10 Fl. In der gröfsten Cigarren-Fabrik Hanaus waren im Jahre 1847 300 Arbeiter beschäftigt, von denen 20 Cigarrenwickeler über 6 Fl., 3 über 10 Fl. verdienten, und 1 sogar im Stande war täglich 2000 Stück Cigarren zu verfertigen und also wöchentlich 16 Fl. zu verdienen.

Aufserdem erhält wöchentlich jeder Cigarren-Arbeiter 12 Cigarren im Werthe von 12 Kreutzer, oder $\frac{1}{4}$ Pfd. Taback. Ein Tagelöhner in einer Cigarren-Fabrik bekommt täglich 24 bis 26 Kreutzer. Eine Tagelöhnerin 22 bis 24 Kreutzer, und ein Kind wöchentlich 1 bis 2 Gulden. Die Arbeitsstunden in den Cigarren-Fabriken sind im Sommer: Morgens von 6 bis 12 Uhr, und Mittags 1 bis 8 auch 9 Uhr. Im Winter von 7 bis 12 und 1 bis 8 Uhr.

---

*) Im Jahr 1845—1847.

Bei den Hutmachern ist die Lehrzeit 5 Jahre. Der Lehrling erhält die beiden ersten Jahre wöchentlich 1 Fl. bis 1 Fl. 30 Kr. im 3. und 4. Jahre 2 Fl., im 5. 2 Fl. 30 Kr. Der ausgelernte Arbeiter verdient 6 bis 15 Fl. die Woche.

In den Seidenstrumpfwaaren-Fabriken erhalten die Strumpfwirker erster Klasse 8 bis 9 Fl. wöchentlich, die Strumpfwirker 2. Klasse 3½ bis 5 Fl., und die Seidenwickler 2 bis 2½ Fl., Stricker und Näherinnen 1¾ bis 2 Fl.

In den Teppichwebereien verdienen die Wollkämmer, Spinner, Weber, Färber etc. 3½ bis 6 Fl. die Woche. Die Arbeitszeit ist in allen diesen Fabriken ziemlich gleichmässig, im Sommer 12 bis 13 Stunden, im Frühjahr und Herbst, so lange das Tageslicht die Arbeit gestattet, und in den 3 Wintermonaten 10 Stunden.

Die meisten Fabrik-Arbeiter essen, auch wenn sie verheirathet sind, ihr Mittagsbrod aufser dem Hause, wofür besondere Speise-Anstalten existiren. Die kleinen Kinder werden dann des Morgens in die Kleinkinder-Bewahranstalten gebracht, wohin sie täglich 1 Kr. und ein Stück Brod mitbringen müssen, und dort sind sie den ganzen Tag unter Aufsicht. Mann und Frau bringen die Mittagsstunde im Speisehaus, oder wenn sie ihre kalte Küche des Morgens mitgebracht haben, auf dem Spaziergange zu, und holen erst des Abends nach zurückgelegter Tagesarbeit ihre Kinder in ihre Wohnung zurück, so dass nur die Nacht alle Familienglieder vereinigt.

Eine gewöhnliche Arbeiter-Wohnung, welche Stube, Kammer und Küche umfasst, kostet 26 bis 36 Fl. Miethzins. Die Portion Mittagsessen kostet dem Arbeiter 10 Kr. und das Frühstück 4 Kr.; hiernach betragen die wöchentlichen Ausgaben einer Arbeiterfamilie von 4 Personen:

1) für Wohnung		30 bis 42 Kr.
2) für Mittagessen der Eltern	2 Fl.	20 Kr.
3) für Frühstück	— „	56 „
4) für Abendbrod	— „	56 „
5) für die Kinder	— „	28 „
zusammen	5 Fl.	16 Kr.

so dass sie bei dem niedrigsten Lohnsatz von 6½ Fl. (für Mann und Frau) wöchentlich 1 Fl. 14 Kr. für Kleidung und die übrigen Lebensbedürfnisse behält.

§. 66.

Die Arbeiter in der Wollenindustrie Hersfelds.

Eine ganz andere Stellung als die Fabriken Hanau's nehmen die Spinnereien und Webereien Hersfelds ein. Jene sind in einer eigentlichen Fabrikstadt von 16,690 Einwohnern zusammengedrängt, die ausschliesslich von der Technik lebt, und durch ihre günstige Lage unmittelbar mit dem Weltverkehr in Verbindung steht. Diese sind dagegen in einem abgelegenen landbauenden Bezirk aufgewachsen und haben sich theils aus einem landwirthschaftlichen Nebengewerbe, theils aus einem mit der Landwirthschaft eng verbundenen Handwerk heraus entwickelt. Die Stadt Hersfeld selbst lebt grossentheils noch vom Betriebe des Landbaues. Sie hat nur 6379 Einwohner und besitzt dabei eine Feldmark von 8300 Kasseler Ackern, während die Gemarkung der Stadt Hanau nur 3796 Acker umfasst. In der Gegend von Hanau ist deshalb Grund und Boden kostspielig und der gemeine Tagelohn hoch; in Hersfeld dagegen ist der Boden wohlfeil und der gewöhnliche Tagelohn um so niedriger, als die Wollenfabrication durch ausgedehntere Anwendung von Maschinen den Bedarf an Arbeitskräften durchaus nicht gesteigert, sondern vermindert hat. Im Jahre 1838 beschäftigten 10 Fabrikanten unmittelbar 434 Arbeiter und ausserdem gab es noch 105 Tuchmacher mit 150 Arbeitern; 1847 beschäftigten dagegen 11 Tuchfabriken nur 376 und die Tuchmacher nur 144 Arbeiter, so dass die Arbeiterzahl von 584 auf 520 fiel. Ebenso hat die Zahl der mit Wollkämmen und Wollspinnen beschäftigten Menschen eher ab als zugenommen. Während die Bevölkerung der Stadt Hanau vom Jahr 1827 bis 1849, also in einem Zeitraume von 23 Jahren von 13,792 Seelen auf 16,690 oder um 21 % wuchs, hat sich die Hersfelder Bevölkerung in demselben Zeitraume nur von 6144 bis zu 6379 Einwohnern oder um 3,8 % vermehrt. Die Hersfelder Spinner und Weber befinden sich unter diesen Verhältnissen in einer ganz andern Lage. Sie sind nicht nur aus dem Bauernstande und ländlichen Tagelöhnerstande hervorgegangen, sondern sind ihm zum Theil noch angehörig; sie besitzen häufig noch ein kleines Grundstück, auf dem sie wohnen, und von dem sie täglich in die Fabrik wandern. Die Frauen und Kinder, so weit sie nicht selbst in der Fabrik beschäftigt sind, bestellen das Stückchen Acker und bringen dem Arbeiter jeden Mittag seine Mahlzeit aus der Küche seines Hauses. Auf diese Weise lebt die Arbeiterfamilie nicht bloss von ihrem Arbeitslohn, sondern bezieht zugleich noch eine kleine Besitzrente. Aber dafür ist freilich auch der Arbeitslohn ausserordentlich gering.

Ein	Spinner . . .	verdient	wöchentlich	$2 - 2\frac{1}{2}$	Thlr.		
„	Spuler	„	„	—	„	20	Sgr.
„	Weber . . .	„	„	$1\frac{2}{3} - 2$	„	—	„
„	Rauher . . .	„	„	$1 - 1\frac{1}{2}$	„	—	„
„	Kartenputzer	„	„	—	„	15	„
„	Scheerer . .	„	„	$1\frac{1}{2}$	„	—	„
„	Stopfer . . .	„	„	$2 - 2\frac{1}{2}$	„	—	„

Im Ganzen verarbeitet die Stadt Hersfeld jährlich 4 bis 5000 Ctr. Wolle *) und producirt gegen 10,000 Stück Tuch. Sie besitzt 11 Wollenspinnereien mit 3340 Spindeln und 172 Arbeitern. Der Betrieb in einzelnen Etablissements ist verschieden. Ein Theil der Fabriken arbeitet Tücher, Bieber, Flanelle etc. von der Wolle bis zur fertigen Waare, andere in getheilten Gewerben.

§. 67.

Die Casseler Fabrikarbeiter.

Die Casseler Industrie steht gleichsam in der Mitte zwischen der Hanauer und der Hersfelder. Während die in der Stadt gelegenen Fabriken wie die Henschelsche Maschinenfabrik ähnliche Arbeiterverhältnisse bieten wie die Hanauer, sind die Fabriken der weiteren Umgegend mehr den Hersfeldern ähnlich.

In der Soda- und Schwefelsäurefabrik zu Ringenkuhl bei Cassel wurden 1847 bei vollem Betriebe c. 20,000 Ctr. Schwefelsäure producirt, wovon aber nur circa 3000 Ctr. in den Handel kamen, ferner:

circa 11,000 Ctr. gereinigte Soda,
5,000 „ Glaubersalz und
1,000 „ Chlorkalk.

*) Während ganz Kurhessen 18 bis 20,000 Ctr. jährlich verarbeitet.

Mit Einschluss der Bergleute waren 152 Arbeiter beschäftigt. Die Bergleute erhielten 7½—10 Sgr. für die achtstündige Schicht; der Schichtmeister 250 Thlr. Gehalt nebst freier Wohnung. Die meisten übrigen Arbeiter verdienten täglich 10 Sgr., einige ausgezeichnete Arbeiter auch bis 15 Sgr. Die grösste Zahl dieser Arbeiter bestand aus Bauern und Landtagelöhnern, welche jeden Abend auf ihr kleines Besitzthum in einem der benachbarten Dörfer zurückkehrten und des Mittags ihre Mahlzeit von Hause empfingen. Die, welche keinen Grundbesitz hatten, und an Ort und Stelle eingemiethet waren, hatten für Wohnung und Kost wöchentlich 27½ Sgr. bis 1 Thlr. zu zahlen.

In den Tabaksfabriken betrug der durchschnittliche Wochenverdienst eines geübten Arbeiters 3—3 Thlr. 15 Sgr., in der Tapetenfabrik 2—2 Thlr. 15 Sgr., in den Handschuhfabriken 2—2 Thlr. 20 Sgr.

In der Henschelschen Maschinenfabrik, welche Feuerlösch-Geräthschaften, Glocken, grosse hydraulische Maschinen, Maschinen für Berg- und Salzwerke, Dampfmaschinen,*) Locomotiven, Gebläse für Hütten- und Hammerwerke etc. liefert, waren 1847 folgende Arbeiter beschäftigt:

	Zahl.	wöchentlicher Lohn.	
Eisengiesser	13	2 —3½	Thlr.
Bronze-Giesser	5	2 —4½	„
Modellschreiner	7	2½—3	„
Schmiede	24	2½—3½	„
Maschinenbauer, Schlosser, Dreher, Ciselirer, Kessel- und Kupferschmiede	94	2½—4	„
Anstreicher, Maurer, Zimmerleute, Lederarbeiter	15	2 —4	„
Handlanger	30	1½—2½	„
Periodische Arbeiter	12	2 —3	„
Summa	200 Arbeiter		

*) 1848 lieferte diese Fabrik eine Dampfmaschine von 100 Pferdekraft für 15800 Thlr. und brauchte dazu an Eisen incl. ⅕ Abgang 804 Ctr.

100 Pfd. englisches Roheisen kostete damals franco Bremen	1,13	Thlr.
Die Fracht bis Cassel	0,22	„
Zoll	0,33	„
zusammen	1,68	Thlr.

Im Durchschnitt kam auf den Arbeiter gegen $3\frac{1}{3}$ Thlr. Lohn, und im Accord verdienten einzelne Arbeiter oft 4, 5 auch 6 Thlr.

§. 68.

Die Arbeiter-Verhältnisse in Schmalkalden.

Eigenthümlicher Art ist die Lage der Arbeiter-Bevölkerung in den Eisengewerken Schmalkaldens. Dieselbe besteht aus lauter kleinen selbstständigen Meistern, welche theils mit, theils ohne Gesellen und Lehrlinge in einzelnen zerstreuten Werkstätten eine Handindustrie fortsetzen, die in andern Ländern meist schon seit vielen Jahrzehnten durch den grossen Fabrikbetrieb verdrängt ist. Die Producte, welche sie liefern, sind Haus- und Handwerksgeräthschaften der mannichfachsten Art namentlich Ahlen, Zwecken, Zangen, Messer, Hämmer, Pfriemen, Schnallen, Steigbügel und Geschirr-Garnituren. Der Umfang ihrer Industrie geht theils aus dem Verhältniss der Arbeiterzahl zur Bevölkerung, theils aus dem Materialverbrauche hervor. Während der ganze Kreis Schmalkalden nur 5,918 Familien mit 28,046 Köpfen umfasst, beschäftigen die Eisengewerke in 9 Zünften allein 2350 Arbeiter (Meister, Gesellen und Lehrlinge) ohne ihre Familienglieder, und ausserdem noch 130 unzünftige Arbeiter wie Drahtzieher, Zainer, Schleifer etc.**). Das Material, welches verarbeitet wird, beträgt jährlich über 15,600 Ctr. Eisen und 3,100 Ctr. Stahl. Die fertigen Waaren werden unmittelbar an die Kaufleute geliefert, so dass diese als die Unternehmer erscheinen, in deren Dienste die zerstreuten Arbeiter stehen. Der Arbeitslohn wechselt mit dem Preise, welchen der Kaufmann für die Waare zahlt, aber selbst in gün-

100 Pfd. englisches gewalztes Quadrat-, Flach- und Rund-Eisen meistens von starken Dimensionen kostet franco Bremen in fast constanten Preisen .	3,28	Thlr.
Verzollung	1,5	„
Spesen und Fracht bis Cassel	0,59	„
zusammen	5,37	Thlr.
Gewaltztes Eisen aus Westphalen kostet in Cassel	5,5	„
Das Holzkohlenstabeisen der kurhess. Hammerwerke	5,6	„

**) Ende des Jahres 1847.

stigen Zeiten bringt es ein fleissiger Meister, der ohne Gesellen arbeitet, selten über 10 Sgr. täglich, oft nur bis zu 5 und 6 Sgr. Da die Concurrenz mit den Eisen-Fabrikaten anderer Länder immer schwieriger wird, so ist nur eine übermässige Ausdehnung der täglichen Arbeitszeit noch im Stande, die Existenz der einzelnen Familien aufrecht zu erhalten. Bei den meisten Zünften ist 15 Stunden tägliche Arbeitszeit das gewöhnliche Minimum. Häufig wird dieselbe auf 18 Stunden ausgedehnt, und nicht selten beginnt der Schmid schon des Nachts 2 Uhr seinen Hammer zu schwingen.

Die Hauptnahrung dieser Arbeiterklasse ist Brod und die sogenannte „Brühe", welche aus einer Abkochung von Rüben oder Cichorien mit Milch besteht, und welche in der Regel 2 mal des Tages, 6 Uhr früh und Mittags 1 Uhr, genossen wird. 9 Uhr und 4 Uhr tritt an die Stelle der Brühe Branntwein. Erst Abends nach vollbrachter Tagesarbeit wird eine Suppe oder einfaches Gemüse, die Hauptmahlzeit des Tages, eingenommen. Fleischnahrung ist selten.

§. 69.

Die Arbeiter in den Thongewerben zu Grossalmerode und Marburg.

Ausser den bisher besprochenen Industriezweigen sind noch die Thongewerbe Kurhessens von allgemeiner Bedeutung, welche besonders an 2 Punkten, in Grossalmerode und in Marburg, concentrirt sind. An beiden Orten stützen sie sich auf die vortrefflichen Thongruben der Umgegend, die am erstern Orte dem Staate, am letzteren Privaten gehören.

In Grossalmerode werden jährlich:

a) 40—60,000 Kisten Thonpfeifen, theils zu 3 Gros, theils zu 6 Gros, (das Gros zu 144 Stück), am Erzeugungsorte im Werthe von	24,000—36,000 Thlr.
b) ungefähr 8000 Ctr. Schmelztiegel im Werthe von	9,000 Thlr.
c) ungefähr 12,000 Ctr. verschiedener Töpferwaaren im Werthe von . . .	12,000 „
in Summa von	45,000—57,000 Thlr.

verfertigt und grossentheils nach Amerika verführt. Die Herstellung dieser Waaren geschieht in vereinzelten Werkstätten durch selbstständige Handwerker (Meister und Gehülfen). Die Zahl der hierbei unmittelbar beschäftigten Arbeiter beträgt durchschnittlich 450, und der tägliche Lohn eines einzelnen Gehülfen beträgt bei zwölfstündiger Arbeit 4 bis 10 Sgr.

In Marburg arbeiten ziemlich constant 31 Meister mit 49 Gesellen, 24 Lehrlingen und 36 Handlangern und Mädchen, zusammen 140 Personen in 31 Töpferwerkstätten. Diese 140 Personen liefern bei ununterbrochener Thätigkeit jährlich eine Quantität des sogenannten Marburger Geschirrs von 41,600 Thlr. Werth.

Zu dem Product gehören durchschnittlich an Rohstoffen:		
1) an Thon 1546 Wagen à $2\frac{1}{2}$ Thlr. also	3640 Thlr.	
2) an Holz 728 Klaftern à 7 Thlr. „	5096 „	
3) an Glasur 1456 Ctnr. à 6 Thlr. „	8736 „	
4) an Farbe für 364 Thlr. . . . „	364 „	
zusammen	17836 Thlr.	17836 Thlr.
Der Arbeitslohn beträgt à Pers. durchschnittlich 1 Thlr. die Woche, also jährlich		
für 85 Gesellen und Handlanger .	4420 Thlr.	
deren Kost ebenfalls	4420 „	
dazu die Kost von 24 Lehrlingen.	960 „	
zusammen	9800 Thlr.	9800 Thlr.
Zur Anschaffung der Stoffe und zu Auslagen für den Arbeitslohn gehört ein Capital von 18000 Thlr. Daher der jährliche Zins à 5 %		900 Thlr.
Ferner die Werkstätten haben ohne Wohnungen einen durchschnittlichen Capitalwerth à 600 Thlr. und es kostet jede mindestens 30 Thlr. Miethe. Daher für 31 Werkstätten		930 Thlr.
Sämmtliche Kosten betragen demnach		29466 Thlr.

Der ganze Industriezweig würde somit den 31 Meisterfamilien einen jährlichen Gewinn von 12,134 Thlr. oder einen Jahresertrag von 393 Thlr. bringen. In Wirklichkeit ist aber der Ertrag viel geringer, theils weil bei weitem nicht alle Werkstätten in so ununterbrochener Geschäftsthätigkeit sind, theils weil viele Meister nicht die nöthigen Betriebscapitalien besitzen und deshalb sich sowohl die Rohstoffe zu ungünstiger Zeit viel theurer einkaufen müssen, als auch bei der Arbeit nicht das vollständige Hülfspersonal halten können. Mädchen und Handlanger verdienen in diesem Geschäft 15 bis 25 Sgr. nebst Kost, Gesellen 25 bis 1 Thlr. 10 Sgr. die Woche.

§. 70.

Lohn der städtischen Tagearbeiter.

In dem Kreise.	Zahl der männlichen Tagelöhner.	Höhe des Tagelohns.	Summa.			Zahl der weiblichen Tagelöhner.	Höhe des Tagelohns.	Summa.			Gesammtsumme.		
		Sgr.	Thlr.	Sgr.	Hl.		Sgr.	Thl.	Sg.	Hl.	Thlr.	Sgr.	Hl.
Cassel	438	$12\frac{1}{2}$	182	15	—	321	5	53	15	—	236	—	—
Eschwege	269	12	107	18	—	152	6	30	12	—	138	—	—
Fritzlar	155	7	36	5	—	16	5	2	20	—	38	25	—
Hofgeismar	389	$6\frac{5}{12}$	83	7	1	36	$6\frac{5}{12}$	7	21	—	90	28	1
Homberg	121	11	44	11	—	40	11	14	20	—	59	1	—
Melsungen	236	$7\frac{3}{4}$	60	29	—	54	6	10	20	—	71	19	—
Rotenburg	176	$8\frac{3}{4}$	51	10	—	95	$5\frac{1}{2}$	16	12	6	67	22	6
Schaumburg	112	$7\frac{1}{2}$	28	—	—	43	$6\frac{10}{12}$	9	23	10	37	23	10
Witzenhausen	335	$6\frac{3}{4}$	75	11	3	118	4	15	22	—	91	3	3
Wolfhagen	237	$7\frac{1}{2}$	59	7	6	156	5	26	—	—	85	7	6
Prov. Niederhessen	2468	$8\frac{10}{12}$	728	23	10	1031	$5\frac{5}{12}$	187	16	4	916	10	2
Marburg	468	9	140	12	—	234	$6\frac{1}{2}$	50	21	—	191	3	—
Frankenberg	151	8	40	8	—	61	$5\frac{3}{4}$	11	20	9	51	28	9
Kirchhain	326	9	97	24	—	46	$6\frac{1}{2}$	9	29	—	107	23	—
Ziegenhain	281	7	65	17	—	140	5	23	10	—	8 8	27	—
Prov. Oberhessen	1226	$8\frac{1}{2}$	344	1	—	481	6	95	20	9	439	21	9
Fulda	197	9	59	3	—	88	$5\frac{1}{2}$	16	4	—	75	7	—
Hersfeld	72	6	14	12	—	34	5	5	20	—	20	2	—
Hünfeld	287	7	66	29	—	244	$5\frac{1}{2}$	44	22	—	111	21	—
Schmalkalden	185	$10\frac{1}{2}$	64	22	6	157	6	31	12	—	96	4	6
Prov. Fulda	741	8	205	6	6	523	$5\frac{1}{2}$	97	28	—	303	4	6
Hanau	497	10	165	20	—	492	8	131	6	—	296	26	—
Gelnhausen	91	9	27	9	—	32	$7\frac{1}{2}$	8	—	—	35	9	—
Schlüchtern	352	8	93	20	—	93	5	15	15	—	109	5	—
Prov. Hanau	940	$9\frac{2}{12}$	286	19	—	617	$7\frac{1}{2}$	154	21	—	441	10	—
Kurhessen	5375	$8\frac{7}{12}$	1564	20	4	2652	6	535	26	1	2100	16	5

Jährlicher Lohn.

	Höhe des Tagelohns.	Summa.
Männl. Tagel.:	88 Thlr. 23 Sgr.	469045 Thlr. 9 Sgr.
Weibl. Tagel.:	61 „ $28\frac{7}{12}$ „	158411 „ 18 „ 2 Hl.
	Gesammtsumme	627456 Thlr. 27 Sgr. 2 Hl.

§. 71.

Die Lohnverhältnisse der städtischen Dienstboten.

Die Lohnverhältnisse der städtischen Dienstboten sind begreiflicher Weise unendlich viel mannichfaltiger als die der ländlichen. In kleineren Städten sind die Anforderungen an die Dienstboten wie ihr Lohn nicht anders als auf dem Lande. In den grösseren Städten steigert sich dagegen beides in allmähliger Progression zu einer bedeutenden Höhe. Namentlich ist dies bei den männlichen Dienstboten der Fall. Wir wagen deshalb nicht, hier wie bei den ländlichen Dienstboten einen mittleren Lohnsatz anzugeben, und führen lieber einige Details an, aus denen allerdings hervorgeht, dass der hessische Dienstbotenlohn im Allgemeinen ziemlich niedrig steht.

In Hanau erhält ein gewöhnlicher Knecht 40 Fl. jährlich, die Kost und 1 Fl. bis $1\frac{1}{2}$ Fl. Neujahrgeschenk. Ein Hausknecht in einer Fabrik oder in einem Wirthshause 40 bis 50 Fl., daneben Neujahrsgeschenk und an jeder der beiden Frankfurter Messen 1 Fl. Ein Gartenknecht, der das Säen, Ackern und Milchen versteht, 50 bis 60 Fl. Ein Laufjunge von 14 bis 18 Jahren 18 bis 24 Fl. Eine Magd, die alle häusliche Arbeit verrichten kann, empfängt 30 bis 36 Fl. und 3 bis 5 Fl. Neujahrsgeschenk; wenn sie zugleich kochen kann, 36 bis 44 Fl.; eine sogenannte perfecte Köchin 40 bis 60 Fl. In Cassel ist der Lohn ziemlich derselbe; nur steigt er bei den männlichen Dienstboten viel höher, weil diese hier in überwiegender Zahl der persönlichen Bequemlichkeit und dem Luxus dienen und deshalb feinere Politur besitzen müssen. In Hanau gab es im Jahre 1846 von 253 männlichen Dienstboten nur 23 dieser Art; alle übrigen dienten als Knechte in den verschiedenen Gewerken. In Cassel dagegen waren von 260 männlichen Dienstboten 137 Bediente, Kutscher, Jäger u. s. w. Der Lohn dieser Diener steigt in Cassel von 40 bis 100 Thaler; in einzelnen Fällen auch höher. In Marburg und Fulda steht der Lohn durchschnittlich um $\frac{1}{6}$ niedriger.

VI.

Die Consumtion.

§. 72.

Die Consumtion von Brodfrüchten und Kartoffeln.

Zur Berechnung des Consumtions-Bedarfes sind nur für wenige Stoffe hinreichende Materialien vorhanden, nämlich für die Brodfrüchte, für Kartoffeln und für Salz. Um den Bedarf an Fruchtnahrung zu ermitteln, liess der Minister Koch an 3 verschiedenen Terminen zur Zeit der Theuerung sämmtliche Vorräthe an Roggen und Kartoffeln im ganzen Lande aufzeichnen und während dieser Zeiträume Aus- und Zufuhr streng controliren. Die erste dieser Aufnahmen fand am Schlusse des ersten Drittels December 1846, die zweite Ende Februar 1847 und die 3te Ende April 1847 statt. Obgleich bei der Anfertigung dieser Verzeichnisse Irrthum oder absichtliche Verheimlichung vorgekommen sein mag, so ist es doch mehr als wahrscheinlich, dass bei allen drei Aufnahmen sich beides in gleichem Grade geltend gemacht hat, und die Abnahme dieser Vorräthe in den beiden angegebenen Zeiträumen giebt deshalb wenigstens Aufschluss über die damals stattgefundene Consumtion.

Wir theilen in den beiden folgenden Tabellen zunächst die Resultate jener Aufzeichnungen mit:

Uebersicht

der Roggen-Vorräthe am Ende des ersten Drittels des Monats December 1846, am Ende des Monats Februar und am Ende des Monats April 1847, sowie des danach sich ergebenden Verbrauchs *a*) in den letzten $\frac{2}{3}$ des Monats December 1846 und den Monaten Januar und Februar 1847 ($2\frac{2}{3}$ Monat) sodann *b*) in den Monaten März und April 1847 (2 Monate).

Kreis.	Vorrath: im 1. Drittel Decemb. 1846, wo am 1sten Male d. Aufzeichnung d. Fruchtvorräthe stattgefunden.	Vorrath: Ende Februar 1847, wo am 2ten Male	Vorrath: Ende April 1847, wo am 3ten M.	Verbrauch nach der Zusammenstellg. der Vorräthe: im 1. Drittel Dcmbr. 1846 u. Ende Febr. 1847 ($2\frac{2}{3}$ M.).	Verbrauch nach der Zusammenstellg. der Vorräthe: Ende Febr. u. Ende April 1847 (2Mon.)	Dem i. Col. 7 bemerkt. Verbrauch geht zu d. i. d. Mon. März u. April: aus dem Auslande eingeführt. Roggen.	Dem i. Col. 7 bemerkt. Verbrauch geht zu d. i. d. Mon. März u. April: v. d. Domanial- u. d. angekauften Vorräth. abgegeb. Rogg.	Hiern. würde d. Verbr. an Rogg. in d. Mon. März u. April betrag. überhaupt Columne 7, 8 u. 9.	Dageg. geht ab d. in d. Mon. März u. Apr. 1847 in d. Ausl. ausg. Rogg.	Bleibt Verbrauch in den 2 Monaten vom 1. März bis 30. April 1847.	Seelenzahl.
	Vrtl.	Vrtl.	Vrtl.	Vrtl.	Vrtl.	Vrtl.	Vrtl.	Vrtl.	Vr.	Vrtl.	
Cassel (ohne die Residenz)	11483	6308	2888	5175	3420	88	460	3968	—	3968	33837
Eschwege . .	14371	9559	5976	4812	3583	412	500	4495	—	4495	41063
Fritzlar . . .	9244	6077	3248	3167	2829	180	330	3339	—	3339	28958
Hofgeismar .	10482	6002	3152	4480	2850	588	954	4392	—	4392	38869
Homberg . .	6935	4027	2399	2908	1628	—	295	1923	—	1923	24116
Melsungen .	10757	4769	2783	5988	1986	435	723	3144	—	3144	30898
Rotenburg .	9822	6665	4548	3157	2117	448	185	2750	—	2750	34602
Schaumburg	16589	10220	4504	6369	5716	700	123	6539	80	6459	36871
Witzenhausen	8710	4799	2883	3911	1916	1584	276	3776	—	3776	33814
Wolfhagen .	10151	6193	3806	3958	2387	—	760	3147	—	3147	26133
Marburg *) .	13320	8595	4833	4725	3762	—	214	3976	8	3968	30963
Frankenberg	9621	7183	4131	2438	3052	11	308	3371	—	3371	21410
Kirchhain . .	10471	7430	4351	3041	3079	—	343	3422	—	3422	26204
Ziegenhain .	12598	8232	5277	4366	2955	—	100	3055	13	3042	35134
Fulda	15494	10766	5764	4728	5002	354	—	5356	—	5356	48314
Hersfeld . . .	9747	5405	4014	4342	1391	858	349	2598	—	2598	36395
Hünfeld . . .	11197	5835	3538	5362	2297	80	136	2513	—	2513	28996
Schmalkalden	9019	2806	1408	6213	1398	2245	940	4583	—	4583	27278
Hanau	10717	6716	5309	4001	1407	2700	547	4654	12	4642	55079
Gelnhausen .	11776	5071	2856	6705	2215	2320	338	4873	—	4873	33929
Schlüchtern .	7172	4148	2486	3024	1662	—	572	2234	—	2234	33372
Ueberhaupt	229676 **)	136806	80154	92870 ***)	56652	13003	8453	78108	113	77995	706235

*) Ausschliesslich der Stadt Marburg, für deren Bedarf bis zur Erndte besonders gesorgt war.

**) In diesen Summen sind bereits die vom Schlusse des ersten Drittels des Monats December 1846 bis Ende Februar 1847 aus dem Auslande eingeführten und die von den Domanial-Vorräthen und den für Rechnung des Staates angekauften Vorräthen abgegebenen Roggen-Quantitäten begriffen und die in dem eben erwähnten Zeitraume in das Ausland exportirten Roggen-Quantitäten abgezogen.

***) Ausser dem Roggen wurden zufolge der 14tägigen Berichte der Kreisämter, welchen bereits

Uebersicht

der Kartoffelvorräthe am Ende des ersten Drittels des Monats December 1846, am Ende des Monats Februar und am Ende des Monats April 1847, sowie des danach sich ergebenden Verbrauchs *a)* in den letzten $\frac{2}{3}$ des Monats December 1846 und den Monaten Januar und Februar 1847 ($2\frac{2}{3}$ Monate) sodann *b)* in den Monaten März und April 1847 (2 Monate).

Kreis.	Vorräthe: am Schlusse des ersten Drittels Dec. 1846, wo zum ersten Male	Vorräthe: Ende Febr. 1847, wo zum zweit. Male	Vorräthe: Ende April 1847, wo zum dritten Male	Verbrauch nach der Zusammenstellung der Vorräthe: am Schluss des ersten Drittels December 1846 und Ende Febr. 1847 ($2\frac{2}{3}$ Monate).	Verbrauch nach der Zusammenstellung der Vorräthe: Ende Februar u. Ende April 1847 (2 Monate).	Seelenzahl.
	die Aufzeichnung der Vorräthe im ganzen Lande Statt gefunden hat.					
	Viertel.	Viertel.	Viertel.	Viertel.	Viertel.	
Cassel (ohne die Residenz)	53187	33122	14912	20065	18210	33837
Eschwege	49249	25730	19395	23519	6335	41063
Fritzlar	46447	24487	12919	21960	11568	28958
Hofgeismar	33033	15488	8298	17545	7190	38869
Homberg	31397	16988	11434	14409	5554	24116
Melsungen	43825	18340	11748	25485	6592	30898
Rotenburg	52148	31676	14364	20472	17312	34602
Schaumburg	26147	17503	7704	8644	9799	36871
Witzenhausen	39984	23625	15931	16395	7694	33814
Wolfhagen	33811	19146	11050	14665	8090	26133
Marburg (ausschl. d. Stadt Marburg)	41989	21499	12881	20490	8618	30963
Frankenberg	49780	27120	17942	22660	9178	21410
Kirchhain	47457	28607	16773	18850	11834	26204
Ziegenhain	52559	30520	18980	22039	11540	35134
Fulda	73382	41599	16960	31783	24639	48314
Hersfeld	56511	21366	11102	35145	10264	36395
Hünfeld	38701	17390	8278	21311	9112	28996
Schmalkalden	47542	22864	12352	24678	10512	27278
Hanau	119735	55323	23341	64412	31982	55079
Gelnhausen	92289	30654	13531	61635	17123	33929
Schlüchtern	49616	21060	11493	28556	9567	33372
Ueberhaupt	1078789	544107	291338	534682	252719	706235

im November 1846 die genaüste Aufsicht auf die Ausfuhr aufgegeben war, in diesen 2 Monaten März und April ins Ausland ausgeführt 1152 Viertel Waizen und 100 Viertel Hafer; während in dem Zeitraume vom 1. December 1846 bis zum 1. März 1847 ins Ausland ausgeführt wurden: 1158 Viertel inländischer Waizen, 555 Viertel inländischer Roggen und 1060 Viertel inländischer Hafer.

Nach diesen Tabellen kommen in der ersten Periode von $2\frac{2}{3}$ Monaten täglich auf den Kopf

0,026 Metzen Roggen und 0,15 Metzen Kartoffeln,

in der zweiten Periode von 2 Monaten dagegen

0,029 Metzen Roggen und 0,09 Metzen Kartoffeln.

Eine Metze Roggen wiegt 14,7 Pfd. und giebt 10,8 Pfd. Mehl oder 15,2 Pfd. Brod. Eine Metze Kartoffeln wiegt 18,75 Pfd.

Es ergiebt sich hiernach für die erste Periode ein Gewicht von

0,395 Pfd. Brod und 2,812 Pfd. Kartoffeln,

für die zweite Periode von

0,440 Pfd. Brod und 1,687 Pfd. Kartoffeln.

Da ferner 1 Pfd. Brod nach Dumas 45 bis 51 % also im Durchschnitt 48 % Wasser enthält, Kartoffeln dagegen $\frac{3}{4}$ ihres Gewichts oder 75 % Wasser enthalten, so verhalten sich die trockenen nahrungshaltigen Massen beider Fruchtarten, abgesehen von der sehr verschiedenen chemischen Mischung der nährenden Bestandtheile so zu einander, dass

1 Pfd. Brod = 2,08 Kartoffeln ist.

Der Nahrungsgehalt der obigen in der ersten Periode consumirten 2,812 Pfd. Kartoffeln ist daher für 1,35 Pfd. Brod und der Nahrungsgehalt der 1,687 Pfd. Kartoffeln, welche in der zweiten Periode consumirt wurden, für 0,81 Pfd. Brod zu rechnen.

Die verbrauchte Kartoffelnahrung verhält sich demnach zur Roggennahrung

in der ersten Periode wie 77,4 zu 22,6

in der zweiten Periode wie 64,8 zu 35,2

und der tägliche Gesammtaufwand betrug auf den Kopf

in der ersten Periode .	0,395 Pfd.	Roggenbrod
	1,35 Pfd.	Brod in Kartoffeln
Summe	1,745 Pfd.	Brod.
in der zweiten Periode	0,44 Pfd.	Roggenbrod
	0,81 Pfd.	Brod in Kartoffeln,
Summe	1,25 Pfd.	Brod.

Zur Erklärung des Mehraufwandes in der ersten Periode muss bemerkt werden, dass mit Anfang März, also mit Beginn der zweiten Periode, für das ganze Land ein Verbot des Branntweinbrennens in Kraft trat, und dass daher nur das Resultat des zweiten Zeitraumes als der unmittelbare Nahrungsbedarf zu betrachten ist, während die Differenz beider Resultate als Aufwand für die Brennereien erscheint.

Um diesen letzteren Aufwand noch näher zu ermitteln, theilen wir folgende Uebersichten mit:

Uebersicht der in Kurhessen im Betriebe gewesenen Branntweinbrennereien.

Provinz.	Zahl der Brennereien:				Grösse der Apparate nach Eimern zu 4 Casseler Maass:	
	im Jahre 1830.	im Jahre 1838.	im Jahre 1846.	im Jahre 1849.	im Jahre 1830.	im Jahre 1838.
Niederhessen . .	260	204	214	247	9580	7861 3/4
Oberhessen . . .	126	78	90	105	2893	2534
Fulda	115	60	98	105	3047	2364 1/2
Hanau.	190	76	114	128	8767	5957
Summe	699	418	516	585	24287 oder 97148 Maass.	18717 1/4 od. Cas. 74869 Maass.

Verbraucht wurden in diesen Brennereien

		Viert. Kartoffeln.		Viert. Brodfrucht.
	1845	491246	und	41000
	1846	303426	„	23045
in den ersten 14 Tagen d. J.	1847	20121	„	1635

Vergleicht man endlich die ermittelte Consumtion mit dem jährlichen Ueberschuss der Ernten über die Aussaat, welcher nach §. 15. jährlich auf den Kopf 18 Metzen Roggen und 49,2 Metzen Kartoffeln oder täglich 0,75 Pfd. Roggenbrod und 2,52 Pfd. Kartoffeln beträgt, so ergiebt sich auf den Tag und den Kopf der Bevölkerung ein Ueberschuss des Ertrages über den Bedarf im Vergleich

zur ersten Per. v. 0,217 Pfd. Brod an Rogg. u. Kart.-Nahrung
„ zweiten „ „ 0,712 „ „ „ „ „ „

§. 73.

Consumtion des Salzes.

Von den 3 kurhessischen Salinen versorgt

Nauheim die Kreise Hanau, Gelnhausen, Schlüchtern und gemeinschaftlich mit Sooden die Kreise Fulda und Frankenberg,

die Saline Rodenberg die Kreise Schaumburg und Hofgeismar und einen Theil des Kreises Wolfhagen und

Sooden alle übrigen Gebiete.

Die Quantitäten Salz, welche im Jahre 1847 mit Ausschluss des Vieh- und Gewerbesalzes in den genannten Gebieten abgesetzt wurden, betrugen

in Nauheim	circa	15000	Säcke	à 200 Pfd. Köln.
in Rodenberg	„	6000	„	à „ „ „
in Sooden	„	33000	„	à „ „ „
	Summe	54000	Säcke	oder 10800000 Pfd.

Die Consumtion betrug hiernach auf den Kopf der Bevölkerung 14,31 Pfd., war aber in den verschiedenen Absatzgebieten nicht gleich. Während in dem Nauheimer Gebiete der Kopf 15,3 Pfd. Salz verzehrte, betrug der Verbrauch im Rodenberger Gebiete nur 14,5 Pfd. und im Soodener Gebiete sogar nur 13,9 Pfd.

Ausserdem wurden in Nauheim noch 500 Säcke Viehsalz und 400 Säcke Gewerbesalz und in Sooden 607 Säcke Viehsalz und 1300 Säcke Gewerbesalz für den Verbrauch in Kurhessen verkauft, also zusammen noch 1107 Säcke Viehsalz und 1700 Säcke Gewerbesalz, wobei aber ein geringer und sehr wechselnder Absatz an Gewerbesalz auf der Saline Rodenberg ausser Anschlag geblieben ist.

Da die Production des Salzes auf allen 3 Salinen nach §. 11. gegen 97000 Säcke beträgt, so werden über $\frac{2}{5}$ des jährlichen Erzeugnisses in andere deutsche Staaten abgesetzt. Von Sooden gehen gegen 6800 Säcke in das benachbarte preuss. Gebiet, das sogenannte Eichsfeld, von Nauheim beziehen Hessen-Darmstadt, Frankfurt, Homburg und der preuss. Kreis Wetzlar zusammen gegen 20600 Säcke und von Rodenberg geht das Übrige nach Bremen.

Beilagen.

Beilage I.

e Bevölkerung aller einzelnen Städte im Jahre 1827 und ihre Vertheilung nach Alter, Geschlecht und religiösem Bekenntniss.

Namen der Stadt.	Zahl der Wohnstätten:		Zahl der Einwohner der Städte.									Religion.		
				Männliche:				Weibliche:						
	innerhalb der Stadt selbst.	ausserhalb derselben.	Ueberhaupt.	bis zum 7. Jahr.	über 7 Jahr bis 14 Jahre.	über 14 Jahre bis 70 Jahre.	über 70 Jahre.	bis zum 7. Jahre.	über 7 Jahr bis 14 Jahre.	über 14 Jahre bis 70 Jahre.	über 70 Jahre.	Protestantisch.	Katholisch.	Jüdisch.
Cassel	1428	180	24825	2193	1871	6848	188	2183	1762	9456	324	22998	1000	827
Eschwege . .	614	3	5086	455	335	1614	49	436	320	1802	75	4788	69	229
Wannfried . .	226	6	1622	131	106	519	18	145	104	577	22	1440	68	114
Waldkappel .	168	—	1095	109	77	335	6	99	66	393	10	1092	—	3
Fritzlar . . .	423	6	2882	163	231	1163	27	135	208	947	8	622	2150	110
Gudensberg .	242	—	1714	126	162	638	12	85	115	576	—	1594	6	114
Niedenstein .	82	—	575	30	42	207	4	26	50	215	1	480	—	95
Hofgeismar .	400	18	3195	278	222	908	14	258	185	1099	13	2724	64	189
Carlshafen . .	83	—	1156	180	188	270	12	90	94	232	12	1037	22	19
Grebenstein .	302	7	2491	213	160	724	19	190	167	802	58	2200	35	98
Liebenau . .	96	—	625	52	46	204	4	59	57	193	5	577	5	38
Immenhausen	220	—	1546	102	112	572	12	101	108	527	10	1536	2	6
Trendelburg .	114	—	780	47	72	250	5	51	55	269	9	727	—	31
Ielmarshausen	162	—	1092	103	106	315	30	99	96	300	15	1006	28	30
Homberg . .	368	19	3007	280	250	849	24	360	318	890	36	3000	7	—
Borken . . .	168	—	1118	120	106	360	8	84	86	350	4	1035	—	83
Melsungen . .	370	35	3324	311	219	1066	18	319	207	1168	16	3228	14	82
Spangenberg.	250	—	1720	69	85	644	9	89	111	702	11	1641	2	77
Felsberg . . .	118	12	1026	69	93	331	12	73	95	344	9	894	2	130
Rotenburg . .	449	2	3453	292	227	1067	31	315	216	1280	25	3156	82	215
Sontra	243	3	1569	129	132	478	10	167	115	523	15	1496	3	70
Rinteln . . .	425	8	3207	252	203	1049	35	206	200	1232	30	3157	8	42
Obernkirchen	203	11	1476	155	106	429	12	144	125	482	23	1403	16	57
Oldendorf . .	186	—	1310	95	92	420	17	126	86	456	18	1281	1	28
Latus	7340	310	69894	5954	5243	21260	576	5840	4946	24815	749	63112	3584	2678

Namen der Stadt.	Zahl der Wohnstätten: innerhalb der Stadt selbst.	Zahl der Wohnstätten: ausserhalb derselben.	Zahl der Einwohner der Städte. Ueberhaupt.	Männliche: bis zum 7. Jahre.	Männliche: über 7 Jahre bis 14 Jahre.	Männliche: über 14 Jahre bis 70 Jahre.	Männliche: über 70 Jahre.	Weibliche: bis zum 7. Jahre.	Weibliche: über 7 Jahre bis 14 Jahre.	Weibliche: über 14 Jahre bis 70 Jahre.	Weibliche: über 70 Jahre.	Religion. Protestantisch.	Religion. Katholisch.	Religion. Jüdisch.
Transport	7340	310	69894	5954	5243	21260	576	5840	4946	24815	749	63112	3584	2687
25. Rodenberg . .	76	—	502	42	34	161	3	44	45	164	9	465	—	37
26. Sachsenhagen	105	1	682	71	45	234	6	56	52	217	1	658	—	24
27. Witzenhausen	349	5	2490	160	175	846	6	170	183	942	8	2348	15	127
28. Allendorf . .	501	18	2853	257	179	878	18	265	184	1034	38	2831	8	14
29. Grossallmerode	246	7	1858	176	146	593	15	156	136	625	11	1852	6	—
30. Lichtenau . .	168	9	1219	121	92	365	11	129	97	391	13	1208	11	—
31. Wolfhagen .	326	93	2761	253	194	877	44	257	171	922	43	2585	2	174
32. Zierenberg . .	199	24	1412	126	77	458	13	122	100	503	13	1323	5	84
33. Volkmarsen .	417	5	2796	324	221	819	32	309	241	826	24	74	2593	129
34. Naumburg . .	221	11	1541	160	147	421	25	172	114	488	14	137	1329	75
I. Niederhessen	9948	483	88008	7644	6553	26912	749	7520	6269	30927	923	76593	7553	3351
35. Marburg . .	770	18	7640	730	630	2458	14	750	672	2070	190	7280	280	80
36. Wetter	200	4	1367	115	104	460	9	125	103	448	3	1348	3	16
37. Frankenberg	483	15	2803	242	247	849	30	228	209	964	34	2752	4	47
38. Frankenau .	163	4	920	89	75	293	2	80	76	302	3	894	4	22
39. Rosenthal . .	182	6	1302	56	50	590	10	60	60	460	16	1259	—	43
40. Gemünden . .	183	16	1220	115	117	354	10	96	93	422	13	1186	3	31
41. Kirchhain . .	317	3	1600	103	145	536	21	125	160	494	16	1531	21	42
42. Schweinsberg	136	5	882	65	91	255	34	64	59	288	26	834	8	31
43. Amöneburg .	166	5	1142	98	90	364	16	79	86	398	11	43	1026	59
44. Rauschenberg	199	4	1260	116	82	397	21	95	95	426	28	1221	4	35
45. Neustadt . . .	293	7	1660	173	151	478	14	174	138	516	16	38	1537	82
46. Ziegenhain .	57	136	1650	133	115	627	5	127	103	532	8	1360	11	95
47. Treysa . . .	322	6	2348	202	153	746	19	212	166	836	14	2233	21	94
48. Neukirchen .	152	68	1881	165	129	570	13	162	138	677	27	1803	5	73
49. Schwarzenborn	143	7	971	83	64	332	14	84	81	303	10	907	2	62
II. Oberhessen	3766	304	28646	2485	2243	9309	232	2461	2239	9136	415	24689	2929	832
50. Fulda	1070	2	9266	897	789	2609	41	851	839	3206	34	408	8534	324
51. Hünfeld . . .	279	2	1833	210	166	465	12	248	184	529	19	41	1750	42
52. Hersfeld . . .	655	9	6144	570	377	1909	32	547	356	2286	67	6037	37	31
53. Schmalkalden	828	—	4770	319	326	1516	26	467	354	1730	32	4674	15	81
III. Fulda	2832	13	22013	1996	1658	6499	111	2113	1733	7751	152	11160	10336	478

Namen der Stadt.	Zahl der Wohnstätten: innerhalb der Stadt selbst.	Zahl der Wohnstätten: ausserhalb derselben.	Zahl der Einwohner der Städte. Ueberhaupt.	Männliche: bis zum 7. Jahre.	Männliche: über 7 Jahre bis 14 Jahre.	Männliche: über 14 Jahre bis 70 Jahre.	Männliche: über 70 Jahre.	Weibliche: bis zum 7. Jahre.	Weibliche: über 7 Jahre bis 14 Jahre.	Weibliche: über 14 Jahre bis 70 Jahre.	Weibliche: über 70 Jahre.	Religion. Protestantisch.	Religion. Katholisch.	Religion. Jüdisch.
54. Hanau	1074	30	13792	1063	885	4783	—	936	878	5136	126	12076	698	512
55. Bockenheim .	221	—	2203	190	128	745	6	185	144	790	15	1707	185	311
56. Windecken .	217	5	1240	121	77	388	7	116	84	439	8	1125	13	112
57. Gelnhausen .	408	33	3329	322	274	1032	21	290	242	1123	25	2089*	53	270
58. Wächtersbach	159	—	1127	96	102	350	1	111	98	368	1	1020	37	70
59. Schlüchtern .	266	3	1848	170	157	586	16	175	146	578	20	1532	15	287
60. Steinau . . .	213	23	2151	199	151	744	14	193	173	656	21	2134	15	—
61. Salmünster .	191	3	1468	146	141	423	7	135	119	497	—	16	1442	10
62. Sooden . . .	112	19	1034	117	97	306	8	108	71	321	6	8	1026	—
IV. Hanau	2861	116	28192	2424	2012	9277	80	2249	1955	9918	222	21717	3484	1572
Gesammtsumme	19407	916	166859	14549	12466	51997	1172	14343	12196	57732	1712	131159	24302	6233 **)

*) 7 Inspiranten 10 Mennoniten.

**) Die Summe der Alters- und Geschlechts-Klassen, so wie die Summe der verschiedenen religiösen Klassen stimmen nicht genau mit der Gesammtbevölkerung, weil in beiden ersteren Summen diejenigen Ausländer weggelassen sind, von denen Alter und Religion nicht mit Sicherheit ermittelt werden konnte.

Beilage II.

Die Bevölkerung aller einzelnen Städte im Jahre 1849.

Namen.	Anzahl der Häuser.	Seelenzahl.
1. Cassel	1749	35794
2. Eschwege . .	845	6164
3. Wannfried . .	248	1933
4. Waldkappel .	177	1263
5. Fritzlar	476	3249
6. Gudensberg .	277	2102
7. Niedenstein . .	104	726
8. Hofgeismar . .	403	3881
9. Carlshafen . .	144	1781
10. Grebenstein .	324	2605
11. Liebenau . . .	113	655
12. Immenhausen	211	1692
13. Trendelburg .	140	983
14. Helmarshausen	168	1346
15. Homberg . . .	431	3737
16. Borken	178	1439
17. Melsungen . .	418	3810
18. Spangenberg .	254	2094
19. Felsberg . . .	135	1290
20. Rotenburg . .	459	3738
21. Sontra	255	1776
22. Rinteln	407	3377
23. Obernkirchen	253	1947
24. Oldendorf. . .	185	1334
25. Rodenberg . .	136	1118
26. Sachsenhagen	119	713
27. Witzenhausen	372	3370
28. Allendorf . . .	528	3118
29. Grossallmerode	299	2322
30. Lichtenau . .	189	1504
31. Wolfhagen . .	418	3199
32. Zierenberg . .	251	1714
33. Volkmarsen. .	419	2923
34. Naumburg . .	239	1763
I. Niederhessen	11324	110460

Namen.	Anzahl der Häuser.	Seelenzahl.
Transp. Niederh.	11324	110460
35. Marburg . . .	758	8428
36. Wetter	218	1326
37. Frankenberg.	523	3251
38. Frankenau . .	176	988
39. Rosenthal . .	213	1503
40. Gemünden . .	226	1480
41. Kirchhain . .	299	1901
42. Schweinsberg	155	1022
43. Amöneburg .	177	1226
44. Rauschenberg	211	1515
45. Neustadt . . .	328	2023
46. Ziegenhain . .	194	1929
47. Treysa	305	2902
48. Neukirchen .	282	2041
49. Schwarzenborn	160	1017
II. Oberhessen	4225	32552
50. Fulda	1102	9937
51. Hünfeld . . .	286	2153
52. Hersfeld . . .	635	6379
53. Schmalkalden	784	5477
III. Fulda	2807	23946
54. Hanau	1525	16690
55. Bockenheim .	322	4002
56. Windecken .	252	1720
57. Gelnhausen .	504	3876
58. Wächtersbach	182	1231
59. Schlüchtern .	290	2230
60. Steinau . . .	296	2564
61. Salmünster .	207	1552
62. Sooden . . .	163	1017
IV. Hanau	3741	34882
Ueberhaupt	22097	201840

Beilage III.

Gewerbe-Tabelle,

enthaltend

die mechanischen Künstler und Handwerker, bei denen der Meister mit Gehülfen arbeitet, die Anstalten und Unternehmungen zum literarischen Verkehr gehörig, die Handelsgewerbe, Schiffahrt, das Fracht- und Lohnfuhrwesen, die Gast- und Schankwirthschaft, so wie die Handarbeiter und das Gesinde, in sämmtlichen *) Städten Kurhessens während des Jahres 1847.

*) Mit Ausnahme der beiden kleinen Städtchen Sachsenhagen und Waldcappel.

a) Provinz Niederhessen.

Namen der Städte.	Mechanische Künstler und Handwerker.											
	Bäcker.		Kuchenbäcker, Pfefferküchler u. Konditor.		Fleischer oder Schlächter.		Seifensieder und Lichtzieh.		Gerber aller Art, als: Loh-, Weiss- Sämischgerb., wie auch Lederbereiter, Lederthauer, Korduan. u. Pergamnt.		Schuhmacher, Pantoffelmacher und Altflicker.	
	Meister od. für eigene Rechnung arbeit. Pers.	Gehülfen und Lehrlinge.	Meister od. für eigene Rechnung arbeit. Pers.	Gehülfen und Lehrlinge.	Meister od. für eigene Rechnung arbeit. Pers.	Gehülfen und Lehrlinge.	Meister od. für eigene Rechnung arbeit. Pers.	Gehülfen und Lehrlinge.	Meister od. für eigene Rechnung arbeit. Pers.	Gehülfen und Lehrlinge.	Meister od. für eigene Rechnung arbeit. Pers.	Gehülfen und Lehrlinge.
Cassel	47	192	14	11	53	95	6	16	8	15	234	62
Eschwege . . .	16	22	7	2	60	29	5	3	67	116	127	90
Melsungen . . .	17	19	—	—	25	12	2	1	10	11	52	66
Homberg . . .	17	16	2	—	23	6	4	—	15	1	98	72
Rotenburg . . .	21	8	—	—	9	9	10	3	7	5	44	20
Hofgeismar . .	12	11	1	1	17	11	1	—	6	3	48	27
Witzenhausen .	17	9	—	—	13	7	2	—	6	3	50	24
Wolfhagen . .	14	6	—	—	8	1	2	—	8	5	35	30
Rinteln	16	11	—	—	13	15	2	1	2	2	23	23
Allendorf . . .	13	14	2	—	17	5	—	—	6	1	30	12
Fritzlar	16	—	—	—	17	—	2	—	7	6	34	6
Volkmarsen . .	9	1	—	—	14	2	—	—	—	—	28	16
Grebenstein . .	9	9	—	—	7	—	—	—	5	6	20	30
Grossallmerode	8	4	—	—	6	3	—	—	—	—	30	29
Spangenberg . .	12	4	—	—	4	1	1	—	1	—	51	29
Gudensberg . .	6	1	—	—	9	—	—	—	1	—	23	2
Wannfried . . .	6	2	2	1	6	5	1	—	1	2	19	8
Obernkirchen .	5	2	—	—	13	3	—	—	3	4	8	9
Naumburg . . .	8	3	—	—	4	1	—	—	6	2	13	6
Carlshafen . . .	7	6	—	—	7	4	—	—	4	3	21	11
Sontra	4	1	1	1	6	6	5	1	5	6	26	18
Borken	5	3	—	—	7	—	—	—	2	—	30	12
Zievenberg . . .	6	—	—	—	4	3	—	—	11	—	10	3
Immerhausen .	7	4	—	—	3	—	—	—	—	—	9	8
Lichtenau . . .	5	6	—	—	6	1	—	—	—	—	24	6
Oldendorf . . .	5	2	—	—	7	4	1	—	2	3	37	16
Felsberg	5	8	—	—	9	3	—	—	—	—	18	8
Helmarshausen	4	2	—	—	6	1	—	—	—	—	7	4
Rodenberg . . .	6	6	—	—	6	5	1	—	1	3	10	7
Trendelburg . .	4	1	—	—	1	2	—	—	—	—	8	10
Niedenstein . .	2	—	—	—	5	—	—	—	—	—	8	1
Liebenau	1	1	—	—	—	—	—	—	—	—	2	3
Summe in Niederhessen . .	330	374	29	16	385	234	45	25	184	197	1177	668

Mechanische Künstler und Handwerker.

Handschuhmacher.		Kürschner u. Rauchwaarenhdl. auch Mützenmacher.		Riemer, Sattler, Beutler und Täschner.		Seiler und Reepschläger.		Spritzen- und Spritzenschlauchmacher.		Schneider und Korsettmacher.		Posamentirer und Knopfmacher.	
Meister od. für eigene Rechnung arbeit. Pers.	Gehülfen und Lehrlinge.	Meister od. für eigene Rechnung arbeit. Pers.	Gehülfen und Lehrlinge.	Meister od. für eigene Rechnung arbeit. Pers.	Gehülfen und Lehrlinge.	Meister od. für eigene Rechnung arbeit. Pers.	Gehülfen und Lehrlinge.	Meister od. für eigene Rechnung arbeit. Pers.	Gehülfen und Lehrlinge.	Meister od. für eigene Rechnung arbeit. Pers.	Gehülfen und Lehrlinge.	Meister od. für eigene Rechnung arbeit. Pers.	Gehülfen und Lehrlinge.
22	20	7	14	33	31	8	6	—	—	164	118	15	8
—	—	3	—	10	6	10	6	—	—	39	31	—	—
—	—	3	—	5	1	4	3	—	—	11	17	—	—
2	—	1	1	2	3	2	1	—	—	20	24	2	—
1	—	2	1	4	6	3	3	—	—	19	11	—	—
2	—	1	2	6	4	1	1	—	—	26	21	—	—
—	—	2	3	9	6	5	5	—	—	19	28	1	1
—	—	1	—	3	3	4	3	—	—	28	12	—	—
1	1	3	1	6	1	1	—	—	—	26	25	1	1
—	—	—	—	5	2	3	—	—	—	11	8	—	—
—	—	3	—	2	2	3	—	—	—	15	10	1	—
—	—	1	—	3	—	2	1	—	—	19	8	—	—
—	—	1	1	8	3	3	2	—	—	20	19	—	—
—	—	—	—	—	—	—	—	—	—	10	11	—	—
—	—	—	—	3	—	2	1	—	—	11	6	—	—
—	—	3	—	5	—	1	—	—	—	12	3	—	—
—	—	—	—	4	—	2	2	—	—	10	9	1	—
—	—	—	—	3	1	1	—	—	—	9	7	—	—
1	1	—	—	7	1	—	—	—	—	10	7	—	—
—	—	—	—	2	—	2	2	—	—	6	6	—	—
—	—	—	—	4	5	3	2	—	—	13	11	—	—
—	—	—	—	3	2	1	—	—	—	14	9	—	—
—	—	—	—	2	1	—	—	—	—	5	4	—	—
—	—	—	—	2	—	—	—	—	—	9	6	—	—
—	—	—	—	1	1	—	—	—	—	9	5	—	—
—	—	1	—	8	4	—	—	—	—	6	6	—	—
—	—	—	—	8	4	—	—	—	—	12	5	—	—
—	—	—	—	2	—	—	—	—	—	5	2	—	—
1	1	1	1	6	4	—	—	—	—	7	7	1	2
—	—	—	—	1	1	—	—	—	—	8	5	—	—
—	—	—	—	—	—	—	—	—	—	7	3	—	—
—	—	—	—	—	—	—	—	—	—	2	5	—	—
30	23	33	24	157	92	61	38	—	—	582	449	22	12

Namen der Städte	Mechanische Künstler und Handwerker.									
	Putzmach. und Putzmacherinn. auch Putzdraht-verfertiger.		Tapezirer und Polster-arbeiter.		Hutmach., Filzmacher und Hut-staffirer.		Tuch-scheerer u. Tuch-bereiter.		Färber aller Art.	
	Meister od. für eigene Rechnung arbeit. Pers.	Gehülfen und Lehrlinge.	Meister oder f. e. R. arbeit. Pers.	Gehülfen und Lehrlinge.	Meister oder f. e. R. arbeit. Pers.	Gehülfen und Lehrlinge.	Meister oder f. e. R. arbeit. Pers.	Gehülfen und Lehrlinge.	Meister oder f. e. R. arbeit. Pers.	Gehülfen und Lehrlinge.
Cassel	19	54	41	15	6	10	5	5	14	37
Eschwege	6	2	—	—	1	1	9	3	4	7
Melsungen	2	1	—	—	—	—	2	2	3	3
Homberg	2	—	—	—	2	—	48	1	4	4
Rotenburg	2	3	2	—	1	1	—	—	3	4
Hofgeismar	4	1	—	—	1	—	—	—	4	1
Witzenhausen	10	—	—	—	1	2	—	—	6	6
Wolfhagen	—	—	—	—	1	—	—	—	3	4
Rinteln	4	—	—	—	2	2	—	—	4	5
Allendorf	1	1	—	—	1	1	—	—	7	3
Fritzlar	3	—	—	—	—	—	—	—	3	—
Volkmarsen	—	—	—	—	—	—	—	—	4	2
Grebenstein	1	1	—	—	—	—	—	—	3	1
Grossallmerode	—	—	—	—	1	—	—	—	2	1
Spangenberg	—	—	—	—	1	—	—	—	4	2
Gudensberg	—	—	—	—	—	—	—	—	2	—
Wannfried	1	—	—	—	—	—	—	—	2	2
Obernkirchen	—	—	—	—	1	1	—	—	2	1
Naumburg	—	—	—	—	1	1	—	—	3	2
Carlshafen	—	—	—	—	2	1	—	—	—	—
Sontra	3	—	—	—	—	—	—	—	4	2
Borken	—	—	—	—	—	—	—	—	4	1
Zievenberg	—	—	—	—	—	—	—	—	1	—
Immenhausen	—	—	—	—	—	—	—	—	1	—
Lichtenau	1	—	—	—	—	—	—	—	1	1
Oldendorf	—	—	—	—	—	—	—	—	3	3
Felsberg	—	—	—	—	—	—	—	—	1	1
Helmarshausen	—	—	—	—	—	—	1	—	2	1
Rodenberg	3	—	—	—	1	1	—	—	4	4
Trendelburg	—	—	—	—	—	—	—	—	1	—
Niedenstein	—	—	—	—	—	—	—	—	1	—
Liebenau	—	—	—	—	—	—	—	—	—	—
Summa in Niederhessen	62	63	43	15	23	21	65	11	100	98

Mechanische Künstler und Handwerker.

Zimmerleute, Schiffbauer und Brunnenmacher für hölzerne Pumpen.			Tischler, Stuhlmacher, Meublenfabrikanten, Meublenpolirer und zur Tischlerei gehörige Gewerbe.		Rade- und Stellmacher.		Gross- und Kleinböttcher.		Drechsler in Holz, Horn, Bein, Metall, Bernstein.		Kammmacher.		Bürstenbinder und Pinselmacher.	
Meister od. für eigene Rechnung arbeit. Pers.	Gehülfen und Lehrlinge.	Zu Zimmerflickarbeit konzess. Personen.	Meister oder f. e. R. arbeit. Pers.	Gehülfen und Lehrlinge.	Meister oder f. e. R. arbeit. Pers.	Gehülfen und Lehrlinge.	Meister oder f. e. R. arbeit. Pers.	Gehülfen und Lehrlinge.	Meister oder f. e. R. arbeit. Pers.	Gehülfen und Lehrlinge.	Meister oder f. e. R. arbeit. Pers.	Gehülfen und Lehrlinge.	Meister oder f. e. R. arbeit. Pers.	Gehülfen und Lehrlinge.
12	101	—	97	65	13	12	36	15	16	10	16	14	10	7
5	20	—	24	33	7	3	6	3	7	5	3	—	—	—
3	3	—	22	45	1	2	4	2	6	5	3	1	—	—
3	2	—	18	15	2	1	9	4	3	3	—	—	1	—
2	—	—	13	9	2	2	4	1	3	—	—	—	2	—
4	2	—	14	12	3	1	7	1	4	1	1	1	—	—
2	—	—	28	28	3	4	6	5	2	2	—	—	—	—
3	10	—	12	7	3	4	2	1	2	1	—	—	—	—
3	12	—	8	8	3	—	3	—	3	1	1	—	—	—
5	3	—	10	12	2	3	12	8	1	—	—	—	—	—
3	6	—	15	6	5	1	7	—	2	—	1	—	1	—
3	8	—	12	11	3	2	2	2	1	2	—	—	—	—
—	—	—	17	10	5	1	6	1	2	2	—	—	—	—
1	3	—	17	18	3	—	3	—	1	—	—	—	—	—
3	1	—	16	9	2	—	4	—	3	—	—	—	—	—
3	4	—	19	5	3	—	4	—	5	—	1	—	—	—
6	4	—	4	2	2	1	5	1	1	1	2	—	—	—
1	—	—	6	5	1	—	2	—	3	—	—	—	—	—
1	—	—	10	12	4	1	4	4	4	—	—	—	—	—
2	—	—	7	16	1	—	2	6	2	—	—	—	—	—
3	—	—	6	4	4	1	3	1	—	—	—	—	—	—
—	—	—	11	8	5	1	6	—	1	1	—	—	—	—
—	—	—	7	4	4	3	2	1	1	3	—	—	—	—
7	10	—	4	4	3	1	1	—	—	—	—	—	—	—
6	2	—	7	7	1	1	4	2	1	—	—	—	—	—
1	1	—	9	7	3	1	4	1	2	—	—	—	—	—
1	—	—	11	2	1	—	3	—	1	1	—	—	—	—
1	1	—	3	2	4	3	1	1	—	—	—	—	—	—
1	—	—	7	8	—	—	2	2	2	2	—	—	—	—
1	5	—	6	1	4	1	1	—	—	—	—	—	—	—
1	2	—	2	1	—	—	4	—	2	—	—	—	—	—
1	5	—	4	1	1	2	—	—	1	1	—	—	—	—
88	205	—	446	377	98	52	159	62	82	41	28	16	14	7

Namen der Städte.	Mechanische Künstler und Handwerker. Korbmacher. Meister od. für eigene Rechnung arbeit. Pers.	Korbmacher. Gehülfen und Lehrlinge.	Maurer. Meister oder f. e. R. arbeit. Pers.	Maurer. Gehülfen und Lehrlinge.	Maurer. Zur Maurerflickarbeit konzess. Personen.	Ziegel- und Schieferdecker. Meister oder f. e. R. arbeit. Pers.	Ziegel- und Schieferdecker. Gehülfen und Lehrlinge.	Steinmetzen auch Steinhauer. Meister oder f. e. R. arbeit. Pers.	Steinmetzen auch Steinhauer. Gehülfen und Lehrlinge.	Steinsetzer oder Pflasterer. Meister oder f. e. R. arbeit. Pers.	Steinsetzer oder Pflasterer. Gehülfen und Lehrlinge.
Cassel	4	4	13	60	2	12	23	—	—	1	10
Eschwege	—	—	7	37	—	16	24	1	2	1	4
Melsungen	—	—	2	5	—	—	—	—	—	—	—
Homberg	—	—	2	5	—	9	7	2	—	3	6
Rotenburg	2	—	13	18	—	3	3	—	—	—	—
Hofgeismar	—	—	2	4	—	2	2	—	—	1	—
Witzenhausen	—	—	3	3	—	8	10	—	—	—	—
Wolfhagen	—	—	6	39	—	1	2	—	—	—	—
Rinteln	—	—	5	29	—	—	—	—	—	1	1
Allendorf	—	—	4	8	—	17	1	—	—	—	—
Fritzlar	4	—	15	19	—	1	1	—	—	7	—
Volkmarsen	4	—	13	21	—	—	—	8	31	—	—
Grebenstein	—	—	1	5	—	1	2	—	—	1	2
Grossallmerode	—	—	5	7	—	13	5	—	—	1	2
Spangenberg	—	—	1	1	—	—	—	—	—	—	—
Gudensberg	—	—	19	28	—	2	—	—	—	—	—
Wannfried	2	—	3	7	—	5	5	—	—	—	—
Obernkirchen	—	—	1	—	—	—	—	14	203	—	—
Naumburg	—	—	4	8	—	—	—	—	—	—	—
Carlshafen	—	—	3	10	—	—	—	1	2	1	—
Sontra	1	—	4	15	—	7	8	1	—	1	—
Borken	—	—	7	5	—	1	—	—	—	—	—
Zievenberg	—	—	10	2	—	3	1	—	—	—	—
Immenhausen	—	—	6	69	—	5	7	—	—	—	—
Lichtenau	—	—	2	2	—	6	6	—	—	1	—
Oldendorf	1	1	3	7	—	—	—	—	—	—	—
Felsberg	—	—	—	—	—	—	—	—	—	—	—
Helmarshausen	—	—	1	—	—	—	—	—	—	—	—
Rodenberg	1	—	3	19	—	—	—	1	2	—	—
Trendelburg	—	—	1	1	—	—	—	—	—	—	—
Niedenstein	—	—	3	12	—	—	5	—	—	—	—
Liebenau	1	—	—	3	—	—	—	—	—	—	—
Summa in Niederhessen	20	5	162	449	2	112	112	28	240	19	25

Mechanische Künstler und Handwerker.

Schornsteinfeger.		Töpfer, Ofenfabrikanten und irden Geschirrmacher.		Glaser und Glasschleifer.		Zimmer-, Schilder- u. Rouleauxm., Anstr., Verg. Staffirer, Stukkat., Goldl.- und Goldrahm.-macher.		Bildhauer, Formschneider und Ciseleur.		Grobschm. aller Art, als: Grob-, Huf-, Waffen-, Pfannen-, Ketten-, Sensen- etc. Schmiede.		Schlosser, wor. auch Zirkel-, Zeug-, Bohr-, Säge-, Messer-, Nag.-, Büchsenschm., Sporer, Feilh. u. Instrumentenschleifer.	
Zahl der für eigene Rechnung arbeit. Pers.	Gehülfen und Lehrlinge.	Meister oder für eigne Rechnung arbeit. Pers.	Gehülfen und Lehrlinge.	Meister od. für eigene Rechnung arbeit. Pers.	Gehülfen und Lehrlinge.	Zahl der für eigene Rechnung arbeit. Pers.	Gehülfen und Lehrlinge.	Zahl der für eigene Rechnung arbeit. Pers.	Gehülfen und Lehrlinge.	Meister od. für eigene Rechnung arbeit. Pers.	Gehülfen und Lehrlinge.	Meister od. für eigene Rechnung arbeit. Pers.	Gehülfen und Lehrlinge.
3	15	18	19	19	8	44	111	3	—	16	30	40	52
2	4	1	—	1	—	—	—	—	—	5	4	22	25
1	1	5	3	—	—	12	12	—	—	5	7	11	9
1	2	2	3	3	—	12	20	—	—	4	2	9	6
2	2	6	10	4	1	—	—	—	—	2	3	6	6
1	1	1	3	2	1	—	—	—	—	11	10	7	5
1	2	—	—	3	2	—	—	—	—	9	7	11	9
1	1	—	—	1	1	—	—	—	—	3	4	—	—
1	1	—	—	4	1	1	2	—	—	6	11	7	7
1	—	3	1	3	2	1	—	—	—	7	5	30	11
1	—	4	1	2	—	—	—	—	—	5	3	7	4
—	—	—	—	—	—	—	—	—	—	9	7	—	—
—	1	1	—	5	—	—	—	—	—	4	4	3	3
—	—	29	42	—	—	—	—	—	—	3	2	69	37
1	1	—	—	—	—	11	2	—	—	3	2	5	3
1	—	-	—	10	2	—	—	—	—	2	2	6	—
—	—	—	—	—	—	—	—	—	—	3	4	2	2
1	—	—	—	—	—	1	1	—	—	14	9	3	1
1	1	—	—	1	—	1	—	—	—	3	3	—	—
—	—	—	—	—	—	—	—	—	—	2	4	2	3
1	1	2	—	—	—	—	—	—	—	2	1	3	4
1	—	—	—	2	—	1	1	—	—	5	3	2	2
—	—	—	—	1	—	4	—	—	—	7	3	3	1
—	—	2	2	—	—	—	—	—	—	4	3	2	1
1	—	—	—	—	—	—	—	—	—	3	3	18	13
1	—	—	—	—	—	1	—	—	—	8	7	5	4
1	1	—	—	5	3	5	2	—	—	2	1	3	—
—	—	—	—	—	—	—	—	—	—	3	5	2	—
—	—	—	—	—	—	—	—	—	—	5	4	1	1
—	—	—	—	—	—	—	—	—	—	2	2	1	—
—	—	—	—	—	—	—	—	—	—	1	1	2	—
—	—	—	—	—	—	3	4	—	—	1	2	1	2
24	34	74	84	66	21	97	155	3	—	159	158	283	211

Namen der Städte.	Mechanische Künstler und Handwerker.											
	Gürtler, Bronzeur, Metallknopfmacher, auch Schwerdtfeger.		Kupferschmiede.		Roth-, Gelb- und Glockengiesser.		Zinngiesser.		Klempner (in Blech und Zink).		Nadler, Haar- und Drathsiebmacher.	
	Meister od. für eigene Rechnung arbeit. Pers.	Gehülfen und Lehrlinge.	Meister oder f. e. R. arbeit. Pers.	Gehülfen und Lehrlinge.	Meister oder f. e. R. arbeit. Pers.	Gehülfen und Lehrlinge.	Meister oder f. e. R. arbeit. Pers.	Gehülfen und Lehrlinge.	Meister oder f. e. R. arbeit. Pers.	Gehülfen und Lehrlinge.	Meister oder f. e. R. arbeit. Pers.	Gehülfen und Lehrlinge.
Cassel	5	6	7	10	2	2	4	4	31	22	6	6
Eschwege . . .	—	—	4	5	1	—	2	—	3	2	—	—
Melsungen . . .	—	—	—	—	—	—	—	—	2	1	—	—
Homberg . . .	—	—	5	4	2	—	1	1	3	2	—	—
Rotenburg . . .	—	—	2	3	—	—	1	—	2	1	—	—
Hofgeismar . .	—	—	3	—	—	—	1	1	2	1	—	—
Witzenhausen .	—	—	3	1	1	1	1	1	2	2	—	—
Wolfhagen . .	—	—	1	1	—	—	2	—	1	—	—	—
Rinteln	1	—	4	—	—	—	1	—	3	—	—	—
Allendorf . . .	—	—	2	—	—	—	1	—	2	2	—	—
Fritzlar	—	—	1	—	—	—	1	—	3	2	—	—
Volkmarsen . .	—	—	—	—	—	—	—	—	1	1	—	—
Grebenstein . .	—	—	—	—	—	—	—	—	2	—	—	—
Grossallmerode	—	—	—	—	—	—	—	—	—	—	—	—
Spangenberg .	—	—	1	2	—	—	—	—	—	—	—	—
Gudensberg . .	—	—	—	—	—	—	—	—	—	—	—	—
Wannfried . . .	—	—	—	—	—	—	—	—	—	—	—	—
Obernkirchen .	—	—	—	—	—	—	—	—	2	1	—	—
Naumburg . .	—	—	1	1	—	—	—	—	1	—	—	—
Carlshafen . .	—	—	1	1	—	—	—	—	—	—	—	—
Sontra	—	—	—	—	—	—	—	—	—	—	—	—
Borken	—	—	1	—	1	—	—	—	—	—	—	—
Zievenberg . .	—	—	—	—	—	—	—	—	—	—	—	—
Immenhausen .	—	—	—	—	—	—	—	—	—	—	—	—
Lichtenau . . .	—	—	—	—	—	—	—	—	1	—	—	—
Oldendorf . . .	—	—	—	—	—	—	—	—	1	—	1	—
Felsberg	—	—	—	—	—	—	—	—	1	—	—	—
Helmarshausen	—	—	—	—	—	—	—	—	—	—	—	—
Rodenberg . . .	—	—	1	2	—	—	—	—	2	4	—	—
Trendelburg . .	—	—	—	—	—	—	—	—	—	—	—	—
Niedenstein . .	—	—	—	—	—	—	—	—	—	—	—	—
Liebenau . . .	—	—	—	—	—	—	—	—	—	—	—	—
Summa in Niederhessen . .	6	6	37	30	7	3	15	7	65	41	7	6

Mechanische Künstler und Handwerker.

Mechanici für mathemat., optische, physikalische u. chirurgische Instrumente.		Mechanici für musikalische Instrumente aller Art.		Klein- und Gross-Uhrmach., Uhrgehäuse- u. Zifferblattmacher.		Gold- und Silberarbeiter, auch Bijoutiers.		Steinschneider und Pettschaftstech., auch Graveure.		Gold- und Silberschläger.		Barbirer.	
Zahl der für eigene Rechnung arbeit. Pers.	Gehülfen und Lehrlinge.	Zahl der f. e. R. arbeit. Pers.	Gehülfen und Lehrlinge.	Zahl der f. e. R. arbeit. Pers.	Gehülfen und Lehrlinge.	Zahl der f. e. R. arbeit. Pers.	Gehülfen und Lehrlinge.	Zahl der f. e. R. arbeit. Pers.	Gehülfen und Lehrlinge.	Zahl der f. e. R. arbeit. Pers.	Gehülfen und Lehrlinge.	Zahl der f. e. R. arbeit. Pers.	Gehülfen und Lehrlinge.
10	8	11	39	16	10	13	16	6	—	—	—	15	20
1	—	1	—	6	2	4	1	—	—	—	—	4	7
—	—	—	—	2	—	—	—	—	—	—	—	1	2
—	—	—	—	2	—	1	—	—	—	—	—	1	2
—	—	1	1	2	3	—	—	—	—	—	—	5	2
—	—	—	—	2	—	1	—	—	—	—	—	1	2
1	—	1	1	1	2	1	1	—	—	—	—	2	1
—	—	—	—	—	—	—	—	—	—	—	—	1	—
—	—	1	2	2	1	3	1	—	—	—	—	3	—
—	—	1	—	2	—	—	—	—	—	—	—	2	1
—	—	—	—	1	—	—	—	—	—	—	—	2	—
—	—	—	—	—	—	—	—	—	—	—	—	2	—
—	—	—	—	—	—	—	—	—	—	—	—	—	—
—	—	—	—	2	—	—	—	—	—	—	—	1	—
—	—	—	—	—	—	—	—	—	—	—	—	1	1
—	—	—	—	—	—	—	—	—	—	—	—	1	—
—	—	—	—	1	—	—	—	—	—	—	—	1	—
—	—	—	—	1	—	1	—	—	—	—	—	1	—
—	—	—	—	—	—	—	—	—	—	—	—	2	—
—	—	—	—	1	1	—	—	—	—	—	—	1	1
—	—	—	—	—	—	—	—	—	—	—	—	1	—
—	—	—	—	—	—	—	—	—	—	—	—	1	—
—	—	—	—	—	—	—	—	—	—	—	—	—	—
—	—	—	—	—	—	—	—	—	—	—	—	—	—
—	—	—	—	—	—	—	—	—	—	—	—	1	—
—	—	—	—	—	—	—	—	—	—	—	—	2	—
—	—	—	—	—	—	—	—	—	—	—	—	1	1
—	—	—	—	—	—	—	—	—	—	—	—	—	—
—	—	—	—	1	—	1	—	—	—	—	—	2	—
—	—	—	—	—	—	—	—	—	—	—	—	—	—
—	—	—	—	—	—	—	—	—	—	—	—	—	—
—	—	—	—	—	—	—	—	—	—	—	—	—	—
12	8	16	43	42	19	25	19	6	—	—	—	55	40

Namen der Städte.	Mechanische Künstler und Handwerker.									
	Friseure und Touren-macher.		Fischer (welche die Fischerei gewerbsw. treiben).		Gemüse- und Obst-gärtner.		Buch-binder und Futteral-macher.		Die übrigen Hand-werker.	
	Zahl der für eigene Rechn. arbeit. Pers.	Gehülfen und Lehrlinge.	Zahl der f. e. R. arbeit. Pers.	Gehülfen und Lehrlinge.	Zahl der f. e. R. arbeit. Pers.	Gehülfen und Lehrlinge.	Zahl der f. e. R. arbeit. Pers.	Gehülfen und Lehrlinge.	Zahl der f. e. R. arbeit. Pers.	Gehülfen und Lehrlinge.
Cassel	15	1	—	—	86	88	24	27	11	—
Eschwege	—	—	5	—	1	—	3	4	—	—
Melsungen	—	—	—	—	—	—	3	2	3	3
Homberg	—	—	—	—	1	—	1	1	—	—
Rotenburg	—	—	—	—	2	—	4	—	—	—
Hofgeismar	—	—	—	—	—	—	1	—	—	—
Witzenhausen	—	—	—	—	1	—	1	1	—	—
Wolfhagen	—	—	—	—	—	—	1	1	1	3
Rinteln	1	—	—	—	—	—	3	1	—	—
Allendorf	—	—	12	—	—	—	2	2	1	2
Fritzlar	—	—	—	—	—	—	2	—	6	—
Volksmarsen	—	—	—	—	—	—	1	1	—	—
Grebenstein	—	—	—	—	—	—	1	1	—	—
Grossallmerode	—	—	—	—	—	—	—	—	5	5
Spangenberg	—	—	—	—	—	—	3	—	1	1
Gudensberg	—	—	—	—	—	—	2	—	2	1
Wannfried	—	—	11	—	1	—	—	—	—	—
Obernkirchen	—	—	—	—	—	—	1	—	—	—
Naumburg	—	—	—	—	—	—	1	—	—	—
Carlshafen	—	—	—	—	—	—	2	—	—	—
Sontra	—	—	—	—	—	—	—	—	—	—
Borken	—	—	—	—	—	—	—	—	—	—
Zievenberg	—	—	—	—	—	—	2	—	—	—
Immenhausen	—	—	—	—	—	—	—	—	—	—
Lichtenau	—	—	—	—	—	—	—	—	—	—
Oldendorf	—	—	—	—	—	—	1	—	—	—
Felsberg	—	—	1	—	—	—	1	—	13	4
Helmarshausen	—	—	—	—	—	—	1	1	—	—
Rodenburg	—	—	—	—	—	—	—	—	—	—
Trendelburg	—	—	—	—	—	—	1	—	—	—
Niedenstein	—	—	—	—	—	—	—	—	—	—
Liebenau	—	—	—	—	—	—	—	—	—	—
Summe in Niederhessen	16	1	29	—	92	88	62	42	43	19

Anstalten und Unternehmungen zum literarischen Verkehr gehörig

Schrift-giessereien.		Buch- und Notendruckereien.			Anstalten z. Abdruck v. Kupferstichen, Stahlstich. und Holzschnitten.		Lithographische Anstalten.		Buch-, Kunst- und Musikal.-handel.		Antiquare.	Leihbibliotheken.
Zahl der Anstalten.	Zahl d. dabei beschäftigten Arbeiter.	Zahl der Druckereien.	Zahl der Pressen.	Zahl d. dabei beschäft. Arbeiter.	Zahl der Anstalten.	Zahl d. dabei beschäft. Arbeiter.	Zahl der Anstalten.	Zahl d. dabei beschäft. Arbeiter.	Zahl der Anstalten.	Z. d. dab. besch. Herren, Kommis u. Lehrl.		
1	4	8	24 2 Masch.	60	—	—	6	31	6	27	2	5
—	—	1	1	2	—	—	—	—	—	—	—	—
—	—	—	—	—	—	—	—	—	—	—	—	1
—	—	—	—	—	—	—	—	—	—	—	—	—
—	—	2	2	4	—	—	—	—	—	—	—	1
—	—	—	—	—	—	—	—	—	—	—	—	—
—	—	1	1	3	—	—	—	—	—	—	—	1
—	—	—	—	—	—	—	—	—	—	—	—	—
—	—	1	3	5	—	—	—	—	1	2	—	1
—	—	—	—	—	—	—	—	—	—	—	—	1
—	—	—	—	—	—	—	—	—	—	—	—	—
—	—	—	—	—	—	—	—	—	—	—	—	—
—	—	—	—	—	—	—	—	—	—	—	—	1
—	—	—	—	—	—	—	—	—	—	—	—	—
—	—	—	—	—	—	—	—	—	—	—	—	—
—	—	—	—	—	—	—	—	—	—	—	—	—
—	—	—	—	—	—	—	1	1	—	—	—	—
—	—	—	—	—	—	—	—	—	—	—	—	—
—	—	—	—	—	—	—	—	—	—	—	—	—
—	—	—	—	—	—	—	—	—	—	—	—	—
—	—	—	—	—	—	—	—	—	—	—	—	1
—	—	—	—	—	—	—	—	—	—	—	—	—
—	—	—	—	—	—	—	—	—	—	—	—	—
—	—	—	—	—	—	—	—	—	—	—	—	—
—	—	—	—	—	—	—	—	—	—	—	—	—
—	—	—	—	—	—	—	—	—	—	—	—	—
—	—	—	—	—	—	—	—	—	—	—	—	—
—	—	—	—	—	—	—	—	—	—	—	—	—
—	—	—	—	—	—	—	—	—	—	—	—	—
—	—	—	—	—	—	—	—	—	—	—	—	—
—	—	—	—	—	—	—	—	—	—	—	—	—
—	—	—	—	—	—	—	—	—	—	—	—	—
—	—	—	—	—	—	—	—	—	—	—	—	—
1	4	13	33	74	—	—	7	32	7	29	2	12

Namen der Städte.	Handels-Gewerbe.											
	Handlungen, welche hauptsächl. m. Gelde, umlaufenden Papieren u. Wechseln Geschäfte treiben.		Grosshändler, welche eigene od. Kommiss.-Geschäfte mit Waaren ohne offene Läden treiben.		Weinhändler.		Getreidehändler.		Holzhändler.		Wollhändler.	
	Zahl derselben.	Dabei beschäft. Herren, Kommis u. Lehrlinge.	Zahl derselben.	Dabei beschäft. Herren, Kommis u. Lehrl.	Zahl derselben.	Dabei beschäft. Herren, Kommis u. Lehrl.	Zahl derselben.	Dabei beschäft. Herren, Kommis u. Lehrl.	Zahl derselben.	Dabei beschäft. Herren, Kommis u. Lehrl.	Zahl derselben.	Dabei beschäft. Herren, Kommis u. Lehrl.
Cassel	10	37	5	22	11	—	1	1	6	6	2	4
Eschwege . . .	3	2	—	—	—	—	2	2	5	—	2	—
Melsungen . . .	—	—	1	—	—	—	—	—	2	—	—	—
Homberg. . . .	—	—	—	—	—	—	—	—	2	1	—	—
Rotenburg . . .	—	—	—	—	—	—	—	—	1	1	—	—
Hofgeismar . .	—	—	—	—	—	—	—	—	—	—	8	—
Witzenhausen .	1	2	—	—	—	—	—	—	3	6	—	—
Wolfhagen . . .	—	—	—	—	—	—	—	—	—	—	—	—
Rinteln.	—	—	—	—	1	—	1	—	—	—	—	—
Allendorf. . . .	—	—	—	—	1	2	—	—	1	—	—	—
Fritzlar	—	—	—	—	—	—	3	—	—	—	—	—
Volkmarsen . .	—	—	—	—	—	—	—	—	—	—	—	—
Grebenstein . .	—	—	—	—	—	—	—	—	—	—	2	—
Grossallmerode	—	—	—	—	—	—	—	—	—	—	—	—
Spangenberg. .	—	—	1	—	—	—	—	—	—	—	—	—
Gudensberg . .	—	—	—	—	—	—	—	—	—	—	—	—
Wannfried . . .	—	—	4	3	3	1	2	2	1	—	—	—
Obernkirchen .	—	—	—	—	—	—	—	—	1	—	—	—
Naumburg . . .	—	—	—	—	—	—	—	—	—	—	—	—
Carlshafen . . .	—	—	2	15	—	—	—	—	—	—	1	1
Sontra	—	—	—	—	—	—	—	—	—	—	—	—
Borken.	—	—	—	—	—	—	—	—	—	—	—	—
Zievenberg . . .	—	—	—	—	—	—	—	—	—	—	—	—
Immerhausen .	—	—	—	—	—	—	—	—	—	—	—	—
Lichtenau . . .	—	—	—	—	—	—	—	—	—	—	—	—
Oldendorf . . .	—	—	—	—	—	—	—	—	1	—	—	—
Felsberg	—	—	—	—	—	—	—	—	—	—	—	—
Helmarshausen	—	—	—	—	—	—	—	—	—	—	—	—
Rodenberg . . .	—	—	—	—	—	—	—	—	1	—	—	—
Trendelburg . .	—	—	—	—	—	—	—	—	—	—	—	—
Neiderstein . . .	—	—	—	—	—	—	—	—	—	—	—	—
Liebenau. . . .	—	—	—	—	—	—	—	—	—	—	—	—
Summe in Niederhessen. .	14	41	13	40	16	3	9	5	24	14	15	5

Handels-Gewerbe.

Geld-, Waaren- u. Schiffs-Makler im Grosshandel.	Kaufleute, welche offene Läden halten.										Krämer mit kurzen Waaren, Nürnberger und Nadlerkram.	Viktualienhändler und Höker.	Herumziehende Krämer und Lumpensammler.
	Gewürz-, Material-, Spezereihändler u. Droguisten		Ausschnitthändl. in Seiden-, Baumwollen-, Leinen- und Wollen-Waaren.		Eisen-, Stahl-, Messing u. andere Metall-Waaren-händler.		Galanterie- und sogenannte Nürnberger-Waarenhändler.		Zu allen andern vorstehend nicht genannten Waaren-Artikeln.				
Zahl derselben.	Zahl derselben.	Dabei beschäft. Herren, Kommis u. Lehrlinge.	Zahl derselben.	Dabei beschäft. Herr. Commis u. Lehrl.	Zahl derselben.	Dabei beschäft. Herr., Commis u. Lehrl.	Zahl derselben.	Dabei beschäft. Herr., Kommis u. Lehrl.	Zahl derselben.	Dabei beschäft. Herr., Kommis u. Lehrl.			
—	111	203	42	101	14	32	15	38	14	20	42	82	4
4	21	11	13	7	2	—	—	—	—	—	2	16	6
—	15	4	6	2	3	—	1	—	—	—	—	4	2
—	8	12	3	4	3	—	—	—	—	—	7	3	1
—	14	19	22	22	2	—	—	—	—	—	—	—	—
—	15	3	9	—	6	—	5	—	—	—	—	—	3
1	16	15	9	5	3	4	—	—	—	—	2	2	1
—	4	5	7	5	2	—	—	—	—	—	—	—	1
—	15	27	3	12	—	—	—	—	—	—	—	7	1
—	9	13	2	4	—	—	—	—	—	—	—	—	1
—	16	—	4	—	1	—	—	—	1	—	4	4	2
—	19	8	6	3	5	3	—	—	—	—	—	—	—
—	10	3	1	1	—	—	—	—	—	—	—	—	8
—	8	—	—	—	4	—	—	—	—	—	—	—	—
—	8	4	4	—	4	—	—	—	4	1	7	—	1
—	8	—	7	—	—	—	—	—	7	—	—	—	3
—	12	—	9	—	2	—	—	—	—	—	1	—	—
—	7	9	—	—	1	3	—	—	—	—	—	1	2
—	4	5	4	5	2	—	—	—	—	—	—	—	—
—	10	19	2	3	—	—	—	—	1*	2	—	—	—
—	10	11	4	6	1	2	—	—	—	—	—	—	—
—	7	—	—	—	4	—	—	—	—	—	4	5	—
—	4	—	—	—	1	—	—	—	—	—	—	—	—
—	4	—	—	—	—	—	—	—	—	—	—	—	—
—	8	1	1	—	—	—	—	—	—	—	—	—	—
—	6	17	—	—	—	—	—	—	—	—	—	—	—
6	5	1	1	—	—	—	—	—	7	—	—	—	2
—	—	—	6	9	—	—	—	—	—	—	—	—	—
—	13	20	—	—	—	—	—	—	—	—	—	2	1
—	3	5	—	—	—	—	—	—	—	—	—	—	—
—	3	—	5	—	1	—	—	—	3	—	—	—	3
—	—	—	—	—	—	—	—	—	—	—	—	—	—
11	393	415	170	189	61	44	21	38	37	23	69	126	42

*) Branntweinhandel.

Namen der Städte.	Schifffahrt. Flussschifffahrt. Zahl der zur Frachtfahrt bestimmten Stromfahrzeuge.	Tragfähigkeit der Schiffe in Lasten zu 4000 Pfd.	Zahl der Schiffsmannschaft.	Fracht-, Stadt- und Reise-Fuhrwerk. Zahl der für eigene Rechnung dieses Gewerbe treibenden Personen.	Zahl der Pferde, welche sie gewöhnlich zu diesem Gewerbe halten.	Zahl der dabei beschäftigten Personen.
Cassel	—	—	—	66	195	86
Eschwege	7	16	16	19	65	36
Melsungen	4 gr. 4 kl.	10 2,5	12	2	4	2
Homberg	—	—	—	1	4	1
Rotenburg	—	—	—	—	—	—
Hofgeismar	—	—	—	4	4	4
Witzenhausen	8	15	16	2	8	4
Wolfhagen	—	—	—	—	—	—
Rinteln	5	185	22	17	40	17
Allendorf	6	6	12	32	54	49
Fritzlar	—	—	—	6	9	—
Volkmarsen	—	—	—	—	—	—
Grebenstein	—	—	—	1	1	1
Grossallmerode	—	—	—	4	6	2
Spangenberg	—	—	—	—	—	—
Gudensberg	—	—	—	—	—	—
Wannfried	4	16	9	2	7	4
Oberkirchen	2	80	10	16	33	—
Naumburg	—	·	—	—	—	—
Carlshafen	5	150	12	9	20	15
Sontra	—	—	—	—	—	—
Borken	—	—	—	—	—	—
Zievenberg	—	-	—	—	—	—
Immenhausen	—	—	—	—	—	—
Lichtenau	—	—	—	2	5	2
Oldendorf	—	—	—	6	10	—
Felsberg	—	—	—	—	—	—
Helmarshausen	—	—	—	24	100	24
Rodenberg	—	—	—	2	8	—
Trendelburg	—	—	—	—	—	—
Niederstein	—	—	—	—	—	—
Liebenau	—	—	—	—	—	—
Summe in Niederhessen	45	480,5	109	215	573	247

Gast- und Schankwirthschaft.					Handarbeiter und Gesinde.					
					Personen, die selbstständig von Handarbeit leben, als: Nätherinnen, Wäscherinnen, Tagelöhner, Holzhauer, Chausse- und Eisenbahnarbeiter u. dgl.		Gesinde.			
							Männliches.		Weibliches.	
Gasthöfe für die gebildeten Stände.	Wirthshäuser und Ausspannungen für das Frachtfuhrwesen und die zu Markte kommenden Landleute.	Speisewirthe und Garköche.	Schankwirthe, Tabagisten und Billardhalter.	Musikanten, die gewerbsweise in Wirthshäusern und bei Gastereien spielen.	Zahl der männlichen Handarbeiter.	Zahl der weiblichen Handarbeiter.	Zur persönlichen Bequemlichkeit der Herrschaft, als: Bediente, Kutscher, Jäger, Gärtner, Köche, Haushofmeister etc.	Knechte und Jungen bei der Landwirthschaft und bei andern Gewerben.	Zur persönlichen Bequemlichkeit der Herrschaft, als: Kammer- und Stubenmädchen, Köchinn., Wärterinn., Amm. etc.	Mägde und Mädchen bei der Landwirthschaft und bei andern Gewerben.
10	49	13	138	53	438	321	137	123	292	1914
1	11	2	4	2	139	19	7	45	25	295
3	8	—	1	1	138	20	7	21	42	96
3	4	8	—	4	71	38	7	34	10	146
2	2	11	17	—	109	70	13	39	16	155
1	—	—	24	1	90	9	10	56	2	165
2	11	—	6	4	120	55	12	49	15	84
1	3	—	4	1	83	48	5	36	64	78
4	10	—	3	5	62	19	6	67	—	219
1	4	1	3	6	110	51	15	6	31	26
2	4	—	9	3	90	16	4	12	—	131
1	2	—	6	—	96	71	2	32	30	34
1	—	1	7	—	65	6	4	38	2	60
—	—	—	3	—	50	7	2	8	30	32
1	4	—	—	—	76	32	6	28	13	48
1	5	—	1	—	51	—	—	8	—	78
1	3	3	—	—	130	133	—	42	38	53
2	5	—	—	—	14	13	—	23	—	96
1	1	—	4	—	34	17	—	18	6	43
1	4	—	16	1	35	7	17	17	1	81
1	4	—	2	—	67	25	3	19	—	70
1	4	—	—	—	50	2	3	37	2	65
1	1	—	3	—	24	20	2	30	5	71
—	—	1	2	1	52	4	—	13	—	29
—	5	—	1	—	55	5	4	12	8	34
2	3	—	—	3	24	4	—	42	—	73
1	2	—	—	—	22	2	—	21	4	51
—	1	—	4	—	87	2	1	30	3	37
2	—	—	—	1	12	7	—	37	—	87
—	1	—	3	—	60	8	2	45	11	30
1	—	—	—	—	14	—	—	6	—	20
—	—	—	—	—	—	—	—	—	—	—
48	151	40	261	86	2468	1041	269	994	650	4401

b) In den Städten der Provinzen Oberhessen, Fulda und Hanau.

Namen der Städte.	Mechanische Künstler und Handwerker.											
	Bäcker.		Kuchenbäcker, Pfefferküchler u. Konditor.		Fleischer oder Schlächter.		Seifensieder und Lichtzieh.		Gerber aller Art, als: Loh-, Weiss-Sämischgerb., wie auch Lederbereiter, Lederthauer, Korduan. u. Pergamnt.		Schuhmacher, Pantoffelmacher und Altflicker.	
	Meister od. für eigene Rechnung arbeit. Pers.	Gehülfen und Lehrlinge.	Meister od. für eigene Rechnung arbeit. Pers.	Gehülfen und Lehrlinge.	Meister od. für eigene Rechnung arbeit. Pers.	Gehülfen und Lehrlinge.	Meister od. für eigene Rechnung arbeit. Pers.	Gehülfen und Lehrlinge.	Meister od. für eigene Rechnung arbeit. Pers.	Gehülfen und Lehrlinge.	Meister od. für eigene Rechnung arbeit. Pers.	Gehülfen und Lehrlinge.
Marburg	52	80	1	1	37	40	12	—	24	10	114	171
Frankenberg . .	35	11	1	—	27	8	2	—	56	22	28	14
Treysa	26	10	—	—	11	3	1	—	33	7	38	16
Neukirchen . .	15	4	—	—	9	2	4	—	8	5	36	20
Kirchhain . . .	19	—	—	—	8	2	—	—	4	2	36	10
Neustadt	13	2	—	—	8	1	—	—	—	—	10	—
Ziegenhain . . .	10	7	—	—	9	7	1	—	—	—	20	6
Rosenthal . . .	4	—	—	—	5	—	—	—	1	—	12	4
Wetter	16	4	—	—	12	1	—	—	—	—	25	4
Rauschenberg .	10	4	—	—	10	2	5	—	—	—	9	9
Gemünden . . .	8	—	—	—	9	2	—	—	1	—	14	4
Amöneburg . .	7	—	—	—	1	—	—	—	—	—	7	4
Frankenau . . .	1	1	—	—	3	—	—	—	—	—	4	2
Schweinsberg .	3	—	—	—	2	—	—	—	—	—	12	3
Schwarzenborn	2	1	—	—	1	—	—	—	—	—	9	—
Oberhessen	221	124	2	1	152	68	25	—	127	46	374	267
Fulda	22	39	3	1	38	30	11	3	12	28	102	53
Hersfeld	25	25	—	—	23	10	3	3	22	52	57	54
Schmalkalden .	20	14	1	1	25	17	4	2	20	8	48	23
Brotterode . . .	1	—	—	—	6	1	—	—	—	—	8	6
Hünfeld	5	2	—	—	8	6	—	—	2	2	18	4
Fulda	73	80	4	2	100	64	18	8	56	90	233	140
Hanau	42	67	5	3	71	53	6	7	9	17	157	140
Gelnhausen . .	25	22	1	1	32	14	1	1	7	9	106	49
Bockenheim . .	7	13	3	1	15	5	1	1	—	—	28	46
Steinau	16	4	—	—	13	2	—	—	2	1	15	19
Schlüchtern . .	23	16	—	—	9	8	2	2	1	2	15	19
Windecken . .	6	6	—	—	5	1	—	—	—	—	8	8
Salmünster . . .	5	—	—	—	2	—	1	—	1	—	15	1
Wächtersbach .	5	4	—	—	5	3	1	—	—	—	15	4
Sooden	—	—	—	—	—	—	—	—	—	—	25	18
Hanau	129	132	9	5	152	86	12	11	20	29	384	304

Mechanische Künstler und Handwerker.

Handschuhmacher.		Kürschner u. Rauchwaarenhdl. auch Mützenmacher.		Riemer, Sattler, Beutler und Täschner.		Seiler und Reepschläger.		Spritzen- und Spritzenschlauchmacher.		Schneider und Korsettmacher.		Posamentirer und Knopfmacher.	
Meister od. für eigene Rechnung arbeit. Pers.	Gehülfen und Lehrlinge.	Meister od. für eigene Rechnung arbeit. Pers.	Gehülfen und Lehrlinge.	Meister od. für eigene Rechnung arbeit. Pers.	Gehülfen und Lehrlinge.	Meister od. für eigene Rechnung arbeit. Pers.	Gehülfen und Lehrlinge.	Meister od. für eigene Rechnung arbeit. Pers.	Gehülfen und Lehrlinge.	Meister od. für eigene Rechnung arbeit. Pers.	Gehülfen und Lehrlinge.	Meister od. für eigene Rechnung arbeit. Pers.	Gehülfen und Lehrlinge.
3	—	4	6	10	14	6	—	—	—	50	106	6	4
3	—	1	—	2	—	1	—	—	—	15	6	2	—
—	—	3	2	2	2	2	—	—	—	11	2	1	—
—	—	1	—	11	2	2	—	—	—	7	9	3	—
—	—	1	—	3	1	1	—	—	—	7	2	—	—
—	—	—	—	3	1	—	—	—	—	9	4	—	—
1	—	—	—	3	1	—	—	—	—	14	7	—	—
—	—	—	—	—	—	—	—	—	—	9	—	—	—
—	—	—	—	3	3	1	—	—	—	10	2	—	—
—	—	—	—	2	1	—	—	—	—	10	5	—	—
—	—	1	—	5	—	2	—	—	—	—	—	1	—
—	—	—	—	1	—	—	—	—	—	5	4	—	—
—	—	—	—	—	—	—	—	—	—	4	6	—	—
—	—	—	—	1	—	—	—	—	—	6	1	—	—
—	—	—	—	—	—	—	—	—	—	—	—	—	—
7	—	11	8	46	25	15	—	—	—	157	154	13	4
—	—	6	4	11	15	7	6	—	—	49	31	2	1
1	—	1	1	4	8	4	4	—	—	30	38	5	1
1	—	2	1	3	3	1	1	—	—	32	11	—	—
—	—	—	—	1	—	—	—	—	—	5	7	—	—
—	—	—	—	4	3	1	—	—	—	6	4	—	—
2	—	9	6	23	29	13	11	—	—	122	91	7	2
2	—	9	7	12	15	14	4	1	6	76	99	5	8
—	—	2	3	10	8	9	5	1	—	26	11	4	3
—	—	1	1	4	7	—	—	—	—	25	29	1	3
—	—	—	—	6	1	—	—	—	—	13	4	—	—
—	—	—	—	5	4	2	2	—	—	10	16	2	—
—	—	3	1	2	—	1	1	1	5	7	6	—	—
—	—	—	—	2	—	1	—	—	—	14	2	—	—
—	—	—	—	1	—	1	—	—	—	5	1	—	—
—	—	—	—	—	—	—	—	—	—	3	1	—	—
2	—	15	12	42	35	28	12	3	11	179	169	12	14

Namen der Städte.	Mechanische Künstler und Handwerker.									
	Putzmach. und Putzmacherinn. auch Putzdrahtverfertiger.		Tapezirer und Polsterarbeiter.		Hutmach., Filzmacher und Hutstaffirer.		Tuchscheerer u. Tuchbereiter.		Färber aller Art.	
	Meister od. für eigene Rechnung arbeit. Pers.	Gehülfen und Lehrlinge.	Meister oder f. e. R. arbeit. Pers.	Gehülfen und Lehrlinge.	Meister oder f. e. R. arbeit. Pers.	Gehülfen und Lehrlinge.	Meister oder f. e. R. arbeit. Pers.	Gehülfen und Lehrlinge.	Meister oder f. e. R. arbeit. Pers.	Gehülfen und Lehrlinge.
Marburg	4	—	4	5	6	2	1	—	5	2
Frankenberg	5	2	—	—	3	—	3	1	5	5
Treysa	—	—	—	—	—	—	2	—	4	—
Neukirchen	—	—	—	—	1	—	—	—	4	4
Kirchhain	—	—	—	—	—	—	—	—	2	—
Neustadt	—	—	—	—	—	—	—	—	4	4
Ziegenhain	1	—	—	—	—	—	—	—	2	—
Rosenthal	2	—	—	—	—	—	—	—	2	—
Wetter	—	—	—	—	—	—	—	—	3	2
Rauschenberg	—	—	—	—	—	—	—	—	2	2
Gemünden	1	—	—	—	—	—	—	—	5	1
Amöneburg	1	—	—	—	—	—	—	—	—	—
Frankenau	—	—	—	—	—	—	—	—	1	1
Schweinsberg	—	—	—	—	—	—	—	—	1	—
Schwarzenborn	—	—	—	—	—	—	—	—	—	—
Oberhessen	14	2	4	5	10	2	6	1	40	21
Fulda	5	9	—	—	1	—	2	—	12	14
Hersfeld	5	1	—	—	2	1	3	6	9	23
Schmalkalden	9	—	2	—	—	—	3	—	4	1
Brotterode	—	—	—	—	—	—	—	—	—	—
Hünfeld	1	—	—	—	—	—	—	—	3	3
Fulda	20	10	2	—	3	1	8	6	28	41
Hanau	8	9	9	6	2	4	1	—	6	7
Gelnhausen	3	2	—	—	—	—	—	—	3	1
Bockenheim	3	—	1	1	1	3	—	—	3	2
Steinau	—	—	—	—	6	2	—	—	2	—
Schlüchtern	—	—	—	—	2	2	—	—	2	6
Windecken	—	—	1	—	—	—	—	—	1	—
Salmünster	—	—	—	—	1	—	—	—	2	1
Wächtersbach	—	—	—	—	—	—	—	—	—	—
Sooden	—	—	—	—	—	—	—	—	—	—
Hanau	14	11	11	7	12	11	1	—	19	17

Mechanische Künstler und Handwerker.

Zimmerleute, Schiffbauer und Brunnenmacher für hölzerne Pumpen.			Tischler, Stuhlmacher, Meublenfabrikanten, Meublenpolirer und zur Tischlerei gehörige Gewerbe.		Rade- und Stellmacher.		Gross- und Kleinböttcher.		Drechsler in Holz, Horn, Bein, Metall, Bernstein.		Kammmacher.		Bürstenbinder und Pinselmacher.	
Meister od. für eigene Rechnung arbeit. Pers.	Gehülfen und Lehrlinge.	Zu Zimmerflickarbeit konzess. Personen.	Meister oder f. e. R. arbeit. Pers.	Gehülfen und Lehrlinge.	Meister oder f. e. R. arbeit. Pers.	Gehülfen und Lehrlinge.	Meister oder f. e. R. arbeit. Pers.	Gehülfen und Lehrlinge.	Meister oder f. e. R. arbeit. Pers.	Gehülfen und Lehrlinge.	Meister oder f. e. R. arbeit. Pers.	Gehülfen und Lehrlinge.	Meister oder f. e. R. arbeit. Pers.	Gehülfen und Lehrlinge.
6	25	—	23	46	3	4	8	4	7	2	3	—	1	1
2	4	—	16	5	3	2	4	1	—	—	—	—	—	—
1	2	—	12	8	5	—	6	1	3	—	—	—	—	—
6	8	—	16	7	3	2	3	—	6	1	1	2	—	—
1	2	—	10	4	3	1	3	—	1	—	—	—	—	—
3	6	—	8	4	4	—	2	1	1	—	—	—	—	—
2	6	—	16	14	3	2	1	—	2	1	—	—	—	—
2	4	—	6	—	2	1	3	—	3	—	—	—	—	—
4	—	—	8	3	3	1	4	2	2	—	—	—	—	—
2	12	—	10	6	4	1	7	3	4	—	—	—	—	—
6	2	—	7	1	3	1	4	1	1	—	—	—	—	—
4	4	—	5	—	2	—	3	—	1	—	—	—	—	—
2	4	—	5	—	1	—	1	—	—	—	—	—	—	—
2	4	—	3	2	2	1	2	—	2	—	—	—	—	—
—	—	—	7	—	6	—	4	1	2	—	—	—	—	—
43	83	—	152	100	47	16	55	14	35	4	4	2	1	1
6	15	—	31	47	4	6	15	16	10	3	7	4	—	—
4	44	—	15	31	4	6	5	6	4	3	—	–	—	—
2	5	—	18	17	2	2	11	5	6	3	1	—	1	—
3	4	—	4	4	7	4	2	—	6	4	—	—	—	—
3	—	—	9	4	5	—	—	—	—	—	—	—	—	—
18	68	—	77	103	22	18	33	27	26	13	8	4	1	—
4	42	—	74	121	9	7	21	13	8	12	5	3	5	4
3	4	—	20	10	8	7	13	7	7	2	1	—	1	—
5	6	—	14	10	3	1	2	2	1	4	—	—	1	1
6	4	—	12	12	7	6	5	1	6	8	—	—	—	—
1	6	—	8	3	4	8	1	—	4	—	—	—	—	—
5	4	—	7	5	2	2	4	—	3	3	1	—	1	—
4	2	—	7	1	4	—	—	—	—	—	1	—	—	—
1	2	—	5	1	3	1	3	1	—	—	—	—	—	—
1	1	—	2	—	3	1	—	—	—	—	—	—	—	—
30	71	—	149	163	43	33	49	24	29	29	8	3	8	5

Namen der Städte.	Mechanische Künstler und Handwerker. Korbmacher. Meister od. für eigene Rechnung arbeit. Pers.	Korbmacher. Gehülfen und Lehrlinge.	Maurer. Meister oder f. e. R. arbeit. Pers.	Maurer. Gehülfen und Lehrlinge.	Maurer. Zur Maurerflickarbeit konzess. Personen.	Ziegel- und Schieferdecker. Meister oder f. e. R. arbeit. Pers.	Ziegel- und Schieferdecker. Gehülfen und Lehrlinge.	Steinmetzen auch Steinhauer. Meister oder f. e. R. arbeit. Pers.	Steinmetzen auch Steinhauer. Gehülfen und Lehrlinge.	Steinsetzer oder Pflasterer. Meister oder f. e. R. arbeit. Pers.	Steinsetzer oder Pflasterer. Gehülfen und Lehrlinge.
Marburg	—	—	16	30	—	9	6	—	—	—	—
Frankenberg . .	1	—	7	8	—	4	—	—	—	2	—
Treysa	—	—	13	6	—	2	2	—	—	1	—
Neukirchen . .	—	—	4	5	—	2	3	—	—	3	—
Kirchhain . . .	—	—	10	—	—	—	—	—	—	—	—
Neustadt	2	—	6	6	—	—	—	—	—	—	—
Ziegenhain . . .	—	—	1	59	—	1	3	—	—	1	3
Rosenthal . . .	—	—	3	4	—	—	—	—	—	—	—
Wetter	—	—	5	5	—	—	—	—	—	—	—
Rauschenberg .	—	—	3	4	—	—	—	—	—	—	—
Gemünden . . .	4	—	18	6	—	—	—	—	—	—	—
Amöneburg . .	—	—	7	2	—	3	—	—	—	—	—
Frankenau . . .	1	—	8	42	—	1	1	—	—	3	—
Schweinsberg .	2	—	2	5	—	1	1	—	—	—	—
Schwarzenborn	—	—	7	—	—	—	—	—	—	—	—
Oberhessen	10	—	110	182	—	23	16	—	—	10	3
Fulda	1	—	12	169	—	1	2	—	—	1	7
Hersfeld	—	—	6	20	—	3	6	—	—	2	—
Schmalkalden .	—	—	6	14	—	—	—	—	—	—	—
Brotterode . . .	—	—	—	—	—	—	—	—	—	—	—
Hünfeld	—	—	4	1	—	—	—	—	—	—	—
Fulda	1	—	28	204	—	4	8	—	—	3	7
Hanau	1	—	8	23	—	10	10	1	7	1	3
Gelnhausen . .	1	—	10	31	—	2	1	4	9	1	—
Bockenheim . .	—	—	8	20	—	—	—	2	17	—	—
Steinau	—	—	10	13	—	—	—	—	—	—	—
Schlüchtern . .	1	—	4	21	—	—	—	—	—	—	—
Windecken . . .	—	—	14	11	—	—	—	—	—	—	—
Salmünster . . .	—	—	7	4	—	—	—	—	—	—	—
Wächtersbach .	1	—	2	2	—	2	—	—	—	—	—
Sooden	—	—	6	2	—	—	—	—	—	—	—
Hanau	4	—	69	127	—	14	11	7	33	2	3

Mechanische Künstler und Handwerker.

Schornsteinfeger.		Töpfer, Ofenfabrikanten und irden Geschirrmacher.		Glaser und Glasschleifer.		Zimmer-, Schilder- u. Rouleauxm., Anstr., Verg. Staffirer, Stukkat., Goldl.- und Goldrahm.-macher.		Bildhauer, Formschneider und Ciseleur.		Grobschm. aller Art, als: Grob-, Huf-, Waffen-, Pfannen-, Ketten-, Sensen- etc. Schmiede.		Schlosser, wor. auch Zirkel-, Zeug-, Bohr-, Säge-, Messer-, Nag.-, Büchsenschm.,- Sporer, Feilh. u. Instrumentenschleifer.	
Zahl der für eigene Rechnung arbeit. Pers.	Gehülfen und Lehrlinge.	Meister oder für eigene Rechnung arbeit. Pers.	Gehülfen und Lehrlinge.	Meister od. für eigene Rechnung arbeit. Pers.	Gehülfen und Lehrlinge.	Zahl der für eigene Rechnung arbeit. Pers.	Gehülfen und Lehrlinge.	Zahl der für eigene Rechnung arbeit. Pers.	Gehülfen und Lehrlinge.	Meister od. für eigene Rechnung arbeit. Pers.	Gehülfen und Lehrlinge.	Meister od. für eigene Rechnung arbeit. Pers.	Gehülfen und Lehrlinge.
2	1	31	49	5	5	—	—	—	—	16	18	12	18
—	—	—	—	—	—	—	—	—	—	4	3	4	2
1	1	2	3	—	—	—	—	—	—	8	6	4	1
1	1	2	—	4	1	—	—	—	—	5	—	3	2
—	—	3	—	2	—	—	—	—	—	4	2	6	2
2	2	6	6	—	—	—	—	—	—	3	3	2	—
1	1	1	2	1	—	—	—	—	—	4	2	6	10
—	—	—	—	—	—	—	—	—	—	4	—	2	—
1	—	—	—	—	—	—	—	—	—	3	3	2	2
1	2	—	—	—	—	—	—	—	—	4	3	4	2
1	—	2	2	—	—	—	—	—	—	5	—	6	—
—	—	—	—	2	—	—	—	—	—	3	—	1	—
—	—	—	—	—	—	—	—	—	—	3	3	—	—
—	—	—	—	1	2	—	—	—	—	3	3	4	—
—	—	—	—	—	—	—	—	—	—	4	5	6	—
10	8	47	62	15	8	—	—	—	—	73	51	62	39
2	2	4	3	12	4	7	5	—	—	11	16	23	30
1	1	6	2	2	1	13	27	—	—	5	6	10	14
1	2	2	1	—	—	16	19	—	—	27	20	56	37
—	—	—	—	—	—	2	2	—	—	2	1	11	13
1	—	1	—	—	—	—	—	—	—	5	4	3	4
5	5	13	6	14	5	38	53	—	—	50	47	103	98
3	3	—	—	6	6	11	6	1	—	9	14	27	45
1	1	3	2	6	1	11	4	—	—	6	8	18	10
—	—	—	—	3	3	8	10	1	3	5	5	6	6
1	—	36	8	6	1	—	—	—	—	9	6	4	2
1	1	—	—	4	2	—	—	—	—	5	10	4	5
—	—	—	—	4	—	9	5	—	—	3	4	6	1
—	—	—	—	2	—	—	—	—	—	3	3	2	—
1	—	—	—	2	—	3	—	—	—	7	2	3	1
1	—	—	—	—	—	—	—	—	—	3	3	1	—
8	5	39	10	33	13	42	25	2	3	50	55	71	70

Namen der Städte.	Mechanische Künstler und Handwerker.											
	Gürtler, Bronzeur, Metallknopfmacher, auch Schwerdtfeger.		Kupferschmiede.		Roth-, Gelb- und Glockengiesser.		Zinngiesser.		Klempner (in Blech und Zink).		Nadler, Haar- und Drahtsiebmacher.	
	Meister od. für eigene Rechnung arbeit. Pers.	Gehülfen und Lehrlinge.	Meister oder f. e. R. arbeit. Pers.	Gehülfen und Lehrlinge.	Meister oder f. e. R. arbeit. Pers.	Gehülfen und Lehrlinge.	Meister oder f. e. R. arbeit. Pers.	Gehülfen und Lehrlinge.	Meister oder f. e. R. arbeit. Pers.	Gehülfen und Lehrlinge.	Meister oder f. e. R. arbeit. Pers.	Gehülfen und Lehrlinge.
Marburg	1	—	5	1	—	—	2	—	5	4	1	—
Frankenberg . .	—	—	2	1	—	—	—	—	3	3	—	—
Treysa	—	—	2	3	—	—	—	—	1	1	—	—
Neukirchen . .	—	—	1	—	—	—	—	—	2	—	1	—
Kirchhain . . .	—	—	1	1	—	—	—	—	—	—	—	—
Neustadt	—	—	—	—	—	—	—	—	—	—	—	—
Ziegenhain . . .	—	—	1	—	—	—	—	—	3	3	—	—
Rosenthal . . .	—	—	—	—	—	—	—	—	—	—	—	—
Wetter	—	—	—	—	—	—	—	—	—	—	—	—
Rauschenberg .	—	—	—	—	—	—	—	—	—	—	—	—
Gemünden . . .	—	—	—	—	—	—	—	—	1	—	—	—
Amöneburg . .	—	—	—	—	—	—	4	—	1	1	—	—
Frankenau . . .	—	—	—	—	—	—	—	—	1	1	—	—
Schweinsberg .	—	—	—	—	—	—	—	—	—	—	—	—
Schwarzenborn	—	—	—	—	—	—	—	—	—	—	—	—
Oberhessen	1	—	12	6	—	—	6	—	17	13	2	—
Fulda	—	—	2	—	—	—	3	—	6	3	—	—
Hersfeld	1	—	3	2	—	—	1	1	3	6	—	—
Schmalkalden .	9	7	2	2	—	—	2	—	3	1	—	—
Brotterode . . .	2	2	—	—	—	—	—	—	—	—	—	—
Hünfeld	—	—	—	—	—	—	—	—	—	—	—	—
Fulda	12	9	7	4	—	—	6	1	12	10	—	—
Hanau	5	16	2	5	—	—	2	1	8	19	4	—
Gelnhausen . .	1	—	4	—	—	—	2	1	2	2	—	—
Bockenheim . .	1	2	—	—	—	—	—	—	3	4	—	—
Steinau	—	—	—	—	—	—	—	—	2	1	4	—
Schlüchtern . .	—	—	—	—	—	—	—	—	3	—	—	—
Windecken . .	—	—	—	—	—	—	—	—	2	—	—	—
Salmünster . . .	—	—	—	—	—	—	—	—	1	—	—	—
Wächtersbach .	—	—	—	—	—	—	—	—	1	—	—	—
Sooden	—	—	—	—	—	—	—	—	—	—	1	4
Hanau	7	18	6	5	—	—	4	2	22	26	9	4

Mechanische Künstler und Handwerker.

Mechanici für mathemat., optische, physikalische u. chirurgische Instrumente.		Mechanici für musikalische Instrumente aller Art.		Klein- und Gross-Uhrmach., Uhrgehäuse- u. Zifferblattmacher.		Gold- und Silberarbeiter, auch Bijoutiers.		Steinschneider und Pettschaftstech., auch Graveure.		Gold- und Silberschläger.		Barbirer.	
Zahl der für eigene Rechnung arbeit. Pers.	Gehülfen und Lehrlinge.	Zahl der f. e. R. arbeit. Pers.	Gehülfen und Lehrlinge.	Zahl der f. e. R. arbeit. Pers.	Gehülfen und Lehrlinge.	Zahl der f. e. R. arbeit. Pers.	Gehülfen und Lehrlinge.	Zahl der f. e. R. arbeit Pers.	Gehülfen und Lehrlinge.	Zahl der f. e. R. arbeit. Pers.	Gehülfen und Lehrlinge.	Zahl der f. e. R. arbeit. Pers.	Gehülfen und Lehrlinge.
6	6	2	4	2	2	3	2	1	—	—	—	5	4
—	—	—	—	1	—	—	—	—	—	—	—	1	1
—	—	—	—	—	—	—	—	—	—	—	—	2	1
—	—	—	—	—	—	—	—	—	—	—	—	1	—
—	—	1	—	—	—	—	—	—	—	—	—	1	—
—	—	—	—	—	—	—	—	—	—	—	—	2	—
—	—	—	—	1	1	—	—	—	—	—	—	1	—
—	—	—	—	—	—	—	—	—	—	—	—	1	—
—	—	—	—	1	—	—	—	—	—	—	—	2	—
—	—	—	—	—	—	—	—	—	—	—	—	1	—
—	—	—	—	—	—	—	—	—	—	—	—	2	—
—	—	1	—	—	—	—	—	—	—	—	—	6	—
—	—	—	—	—	—	—	—	—	—	—	—	—	—
—	—	—	—	—	—	—	—	—	—	—	—	—	—
—	—	—	—	—	—	—	—	—	—	—	—	—	—
6	6	4	4	5	3	3	2	1	—	—	—	25	6
—	—	3	4	5	4	3	3	—	—	—	—	8	2
—	—	—	—	2	—	1	—	1	—	—	—	3	2
—	—	—	2	3	—	4	—	1	—	—	—	2	—
—	—	—	—	—	—	—	—	—	—	—	—	—	—
—	—	—	—	—	—	—	—	—	—	—	—	2	2
—	—	3	6	10	4	8	3	2	—	—	—	15	5
3	2	6	8	12	9	44	404	2	2	—	—	9	8
—	—	—	—	3	2	1	1	—	—	—	—	4	1
4	4	—	—	4	4	1	—	—	—	—	—	4	3
—	—	—	—	—	—	—	—	—	—	—	—	—	—
—	—	—	—	—	—	—	—	—	—	—	—	—	—
—	—	—	—	—	—	—	—	—	—	—	—	2	—
—	—	1	—	—	—	—	—	—	—	—	—	—	—
—	—	—	—	—	—	—	—	—	—	—	—	1	—
—	—	—	—	—	—	—	—	—	—	—	—	—	—
7	6	7	8	19	15	46	405	2	2	—	—	20	12

Namen der Städte.	Mechanische Künstler und Handwerker.									
	Friseure und Tourenmacher.		Fischer (welche die Fischerei gewerbsw. treiben).		Gemüse- und Obstgärtner.		Buchbinder nnd Futteralmacher.		Die übrigen Handwerker.	
	Zahl der für eigene Rechn. arbeit. Pers.	Gehülfen und Lehrlinge.	Zahl der f. e. R. arbeit. Pers.	Gehülfen und Lehrlinge.	Zahl der f. e. R. arbeit. Pers.	Gehülfen und Lehrlinge.	Zahl der f. e. R. arbeit. Pers.	Gehülfen und Lehrlinge.	Zahl der f. e. R. arbeit. Pers.	Gehülfen und Lehrlinge.
Marburg	1	—	1	—	2	—	7	5	14	30
Frankenberg	—	—	—	—	—	—	2	—	—	—
Treysa	—	—	—	—	—	—	2	2	—	—
Neukirchen	—	—	—	—	—	—	2	—	—	—
Kirchhain	—	—	—	—	—	—	—	—	—	—
Neustadt	—	—	—	—	—	—	—	—	—	—
Ziegenhain	—	—	—	—	—	—	1	—	14	6
Rosenthal	—	—	—	—	—	—	1	—	—	—
Wetter	—	—	—	—	1	—	—	—	5	1
Rauschenberg	—	—	—	—	—	—	1	—	4	4
Gemünden	—	—	1	—	1	—	—	—	—	—
Amöneburg	—	—	—	—	—	—	—	—	1	—
Frankenau	—	—	—	—	—	—	—	—	—	—
Schweinsberg	—	—	—	—	—	—	—	—	—	—
Schwarzenborn	—	—	—	—	—	—	1	—	—	—
Oberhessen	1	—	2	—	4	—	17	7	38	41
Fulda	1	—	—	—	—	—	12	12	34	10
Hersfeld	—	—	—	—	—	—	4	1	5	5
Schmalkalden	—	—	—	—	3	—	5	1	146	90
Brotterode	—	—	—	—	—	—	—	—	21	31
Hünfeld	—	—	—	—	—	—	—	—	—	—
Fulda	1	—	—	—	3	—	21	14	243	177
Hanau	5	4	—	—	53	7	8	21	5	5
Gelnhausen	—	—	—	—	—	—	3	—	5	4
Bockenheim	2	—	—	—	1	2	1	2	—	—
Steinau	—	—	—	—	—	—	1	—	9	18
Schlüchtern	—	—	—	—	—	—	2	1	6	4
Windecken	—	—	—	—	—	—	—	—	1	3
Salmünster	—	—	—	—	—	—	1	—	7	3
Wächtersbach	—	—	—	—	—	—	—	—	—	—
Sooden	—	—	—	—	—	—	—	—	—	—
Hanau	7	4	—	—	54	9	16	24	33	37

Anstalten und Unternehmungen zum literarischen Verkehr gehörig.

Schriftgiessereien.		Buch- und Notendruckereien			Anstalten z. Abdruck v. Kupferstichen, Stahlstich. und Holzschnitten.		Lithographische Anstalten.		Buch-, Kunst- und Musikal.-handel.		Antiquare.	Leihbibliotheken.
Zahl der Anstalten.	Zahl d. dabei beschäftigten Arbeiter.	Zahl der Druckereien.	Zahl der Pressen.	Zahl d. dabei beschäft. Arbeiter.	Zahl der Anstalten.	Zahl d. dabei beschäft. Arbeiter.	Zahl der Anstalten.	Zahl d. dabei beschäft. Arbeiter.	Zahl der Anstalten.	Z. d. dab. besch. Herren, Kommis u. Lehrl.		
—	—	2	5	8	—	—	1	1	3	4	1	1
—	—	—	—	—	—	—	—	—	—	—	—	—
—	—	—	—	—	—	—	—	—	—	—	—	—
—	—	—	—	—	—	—	—	—	—	—	—	—
—	—	—	—	—	—	—	1	1	—	—	—	—
—	—	—	—	—	—	—	—	—	—	—	—	—
—	—	—	—	—	—	—	—	—	—	—	—	—
—	—	—	—	—	—	—	—	—	—	—	—	—
—	—	—	—	—	—	—	—	—	—	—	—	—
—	—	—	—	—	—	—	—	—	—	—	—	—
—	—	—	—	—	—	—	—	—	—	—	—	—
—	—	—	—	—	—	—	—	—	—	—	—	—
—	—	—	—	—	—	—	—	—	—	—	—	—
—	—	—	—	—	—	—	—	—	—	—	—	—
—	—	—	—	—	—	—	—	—	—	—	—	—
—	—	2	5	8	—	—	2	2	3	4	1	1
—	—	2	3	7	—	—	1	2	2	4	—	—
—	—	2	2	3	—	—	—	—	1	1	—	2
—	—	2	2	2	—	—	1	3	1	1	—	1
—	—	—	—	—	—	—	—	—	—	—	—	—
—	—	—	—	—	—	—	—	—	—	—	—	—
—	—	6	7	12	—	—	2	5	4	6	—	3
—	—	3	5	20	—	—	4	5	3	4	1	2
—	—	1	1	1	—	—	1	—	—	—	—	1
—	—	—	—	—	—	—	2	1	1	1	1	—
—	—	—	—	—	—	—	—	—	—	—	—	—
—	—	—	—	—	—	—	—	—	—	—	—	—
—	—	—	—	—	—	—	—	—	—	—	—	—
—	—	—	—	—	—	—	—	—	—	—	—	—
—	—	—	—	—	—	—	—	—	—	—	—	—
—	—	—	—	—	—	—	—	—	—	—	—	—
—	—	4	6	21	—	—	7	6	4	5	2	3

Namen der Städte.	Handels-Gewerbe. Handlungen, welche hauptsächl. m. Gelde, umlaufenden Papieren u. Wechseln Geschäfte treiben. Zahl derselben.	Dabei beschäft. Herren, Kommis u. Lehrlinge.	Grosshändler, welche eigene od. Kommiss.-Geschäfte mit Waaren ohne offene Läden treiben. Zahl derselben.	Dabei beschäft. Herren, Kommis u. Lehrl.	Wein-händler. Zahl derselben.	Dabei beschäft. Herren, Kommis u. Lehrl.	Getreide-händler. Zahl derselben.	Dabei beschäft. Herren, Kommis u. Lehrl.	Holz-händler. Zahl derselben.	Dabei beschäft. Herren, Kommis u. Lehrl.	Woll-händler. Zahl derselben.	Dabei beschäft. Herren, Kommis u. Lehrl.
Marburg	—	—	—	—	—	—	—	—	1	—	—	—
Frankenberg . .	—	—	—	—	—	—	—	—	—	—	—	—
Treysa	—	—	—	—	—	—	—	—	1	—	—	—
Neukirchen . .	—	—	—	—	—	—	—	—	—	—	—	—
Kirchhain . . .	—	—	—	—	—	—	—	—	—	—	1	1
Neustadt	—	—	—	—	—	—	—	—	—	—	1	1
Ziegenhain . . .	—	—	—	—	—	—	—	—	—	—	—	—
Rosenthal . . .	—	—	—	—	—	—	—	—	—	—	—	—
Wetter	—	—	—	—	—	—	1	—	—	—	—	—
Rauschenberg .	—	—	—	—	—	—	—	—	—	—	—	—
Gemünden . . .	—	—	—	—	—	—	2	1	—	—	—	—
Amöneburg . .	—	—	—	—	—	—	—	—	—	—	5	5
Frankenau . . .	—	—	—	—	—	—	4	--	—	—	—	—
Schweinsberg .	—	—	—	—	—	—	—	—	—	—	—	—
Schwarzenborn	—	—	—	—	—	—	—	—	—	—	—	—
Oberhessen	—	—	—	—	—	—	7	1	2	—	7	7
Fulda	—	—	—	—	—	—	—	—	—	—	—	—
Hersfeld	—	—	—	--	—	—	—	—	—	—	—	—
Schmalkalden .	1	—	7	14	—	—	—	—	2	3	—	—
Brotterode . . .	—	—	17	34	—	—	—	—	—	—	—	—
Hünfeld	—	—	—	—		—	—	—	—	—	—	—
Fulda	1	—	24	48	—	—	—	—	2	3	—	—
Hanau	2	3	3	19	4	3	—	—	9	9	—	—
Gelnhausen . .	—	—	—	—	1	1	2	—	—	—	—	—
Bockenheim . .	—	—	—	—	—	—	—	—	4	—	—	—
Steinau	—	—	—	—	—	—	—	—	—	—	—	—
Schlüchtern . .	—	—	—	—	—	—	—	—	—	—	—	—
Windecken . .	—	—	—	—	—	—	—	—	—	—	—	—
Salmünster . . .	—	—	—	—	—	—	—	—	—	—	—	—
Wächtersbach .	—	—	—	—	—	—	—	—	—	—	—	—
Sooden	—	—	—	—	—	—	—	—	—	—	—	—
Hanau	2	3	3	19	5	4	2	—	13	9	—	—

Handels-Gewerbe.

Geld-, Waaren- u. Schiffs-Makler im Grosshandel.	Kaufleute, welche offene Läden halten. Gewürz-, Material-, Spezereihändler u. Droguisten		Ausschnitthändl. in Seiden-, Baumwollen-, Leinen- und Wollen-Waaren.		Eisen-, Stahl-, Messing u. andere Metall-Waarenhändler.		Galanterie- und sogenannte Nürnberger-Waarenhändler.		Zu allen andern vorstehend nicht genannten Waaren-Artikeln.		Krämer mit kurzen Waaren, Nürnberger und Nadlerkram.	Viktualienhändler und Höker.	Herumziehende Krämer und Lumpensammler.
Zahl derselben.	Zahl derselben.	Dabei beschäft. Herren Kommis u. Lehrlinge.	Zahl derselben.	Dabei beschäft. Herr. Commis u. Lehrl.	Zahl derselben.	Dabei beschäft. Herr., Commis u. Lehrl.	Zahl derselben.	Dabei beschäft. Herr., Kommis u. Lehrl.	Zahl derselben.	Dabei beschäft. Herr., Kommis u. Lehrl.			
—	51	30	6	8	2	1	—	—	—	—	—	4	—
—	6	9	—	—	—	—	—	—	—	—	—	1	1
—	20	2	—	—	—	—	—	—	2	—	—	—	—
—	8	8	6	6	—	—	—	—	—	—	—	—	—
—	12	13	—	—	—	—	1	1	—	—	—	—	—
—	5	6	2	2	—	—	—	—	—	—	—	—	—
—	13	13	5	5	3	3	—	—	—	—	—	—	—
—	7	8	3	3	2	2	—	—	—	—	—	—	—
—	6	4	—	—	—	—	—	—	1	—	—	—	1
—	—	—	4	6	—	—	—	—	—	—	—	—	—
—	7	—	—	—	—	—	—	—	—	—	—	—	—
—	3	4	—	—	—	—	—	—	—	—	1	—	1
—	4	4	—	—	—	—	—	—	—	—	—	—	—
—	1	1	—	—	—	—	—	—	—	—	1	—	—
—	5	2	1	—	—	—	—	—	—	—	4	—	—
—	148	104	27	30	7	6	1	1	3	—	6	5	3
—	22	51	14	35	1	3	1	2	2	4	30	52	15
—	18	10	8	1	4	2	3	—	4	—	2	5	13
—	17	23	6	8	4	5	1	1	—	—	—	16	16
—	3	3	—	—	7	7	—	—	—	—	4	—	14
—	9	10	5	5	2	2	—	—	—	—	—	—	—
—	69	97	33	49	18	19	5	3	6	4	36	73	58
—	68	22	25	18	6	2	4	6	3	1	7	12	23
—	15	21	21	45	5	7	6	7	6	6	—	—	—
—	13	13	8	8	2	2	—	—	—	—	—	—	—
—	10	—	—	—	—	—	—	—	—	—	—	—	—
—	19	8	10	11	—	—	—	—	16	14	—	—	—
—	7	8	2	2	1	1	—	—	—	—	—	1	—
—	4	—	—	—	—	—	—	—	—	—	—	—	—
—	6	—	2	—	1	—	—	—	—	—	2	—	—
—	3	—	—	—	—	—	—	—	—	—	—	—	—
—	145	72	68	84	15	12	10	13	25	21	9	13	23

Namen der Städte.	Schifffahrt. Flussschifffahrt. Zahl der zur Frachtfahrt bestimmten Stromfahrzeuge.	Tragfähigkeit der Schiffe in Lasten zu 4000 Pfd.	Zahl der Schiffsmannschaft.	Fracht-, Stadt- und Reise-Fuhrwerk. Zahl der für eigene Rechnung dieses Gewerbe treibenden Personen.	Zahl der Pferde, welche sie gewöhnlich zu diesem Gewerbe halten.	Zahl der dabei beschäftigten Personen.
Marburg	—	—	—	13	50	17
Frankenberg	—	—	—	1	3	2
Treysa	—	—	—	3	4	4
Neukirchen	—	—	—	3	8	3
Kirchhain	—	—	—	2	2	3
Neustadt	—	—	—	—	—	—
Ziegenhain	—	—	—	8	26	13
Rosenthal	—	—	—	—	—	—
Wetter	—	—	—	—	—	—
Rauschenberg	—	—	—	—	—	—
Gemünden	—	—	—	1	2	1
Amöneburg	—	—	—	—	—	—
Frankenau	—	—	—	—	—	—
Schweinsberg	—	—	—	—	—	—
Schwarzenborn	—	—	—	—	—	—
Oberhessen	—	—	—	31	95	43
Fulda	—	—	—	44	183	74
Hersfeld	—	—	—	5	6	5
Schmalkalden	—	—	—	4	9	5
Brotterode	—	—	—	1	2	1
Hünfeld	—	—	—	3	5	3
Fulda	—	—	—	57	205	88
Hanau	—	—	—	19	81	31
Gelnhausen	—	—	—	3	6	3
Bockenheim	—	—	—	9	14	7
Steinau	—	—	—	3	3	3
Schlüchtern	—	—	—	3	5	4
Windecken	—	—	—	—	—	—
Salmünster	—	—	—	—	—	—
Wächtersbach	—	—	—	2	2	2
Sooden	—	—	—	—	—	—
Hanau	—	—	—	39	111	50

Gast- und Schankwirthschaft.					Handarbeiter und Gesinde.					
					Personen, die selbstständig von Handarbeit leben, als: Nähterinnen, Wäscherinnen, Tagelöhner, Holzhauer, Chausse- und Eisenbahnarbeiter u. dgl.		Gesinde.			
							Männliches.		Weibliches.	
Gasthöfe für die gebildeten Stände.	Wirthshäuser und Ausspannungen für das Frachtfuhrwesen und die zu Markte kommenden Landleute.	Speisewirthe und Garköche.	**Schankwirthe, Tabagisten und Billardhalter.**	**Musikanten, die gewerbsweise in Wirthshäusern und bei Gastereien spielen.**	**Zahl der männlichen Handarbeiter.**	**Zahl der weiblichen Handarbeiter.**	**Zur persönlichen Bequemlichkeit der Herrschaft, als: Bediente, Kutscher, Jäger, Gärtner, Köche, Haushofmeister etc.**	Knechte und Jungen bei der Landwirthschaft und bei andern Gewerben.	**Zur persönlichen Bequemlichkeit der Herrschaft, als: Kammer- und Stubenmädchen, Köchinn., Wärterinn., Amm. etc.**	**Mägde und Mädchen bei der Landwirthschaft und bei andern Gewerben.**
2	16	6	90	12	406	206	25	20	54	420
2	5	—	—	1	25	15	2	25	2	104
1	3	—	22	—	146	53	—	66	–	84
2	2	2	13	—	54	37	1	21	1	83
2	1	—	1	—	26	7	2	28	21	79
1	1	3	12	3	203	15	—	43	2	47
3	3	—	13	3	51	31	7	38	20	64
1	2	—	9	3	15	8	2	21	3	25
2	2	—	18	—	62	28	1	24	1	63
1	1	—	8	6	44	3	—	18	—	56
1	—	—	8	—	41	13	2	33	4	24
—	—	—	9	5	23	6	1	44	10	33
1	1	—	—	2	70	25	—	4	—	14
—	—	—	4	—	30	15	4	4	4	18
—	1	—	1	—	30	19	—	21	—	25
19	38	11	208	35	1226	481	47	410	122	1139
7	9	3	91	63	197	88	24	110	319	109
3	4	2	11	4	72	34	17	62	159	148
3	4	—	11	7	94	57	7	39	150	86
1	—	—	7	—	91	100	—	21	1	47
4	5	—	15	—	287	244	1	68	14	125
18	22	5	135	74	741	523	49	300	643	515
7	35	6	8	7	453	460	23	230	67	1040
4	2	—	5	12	80	30	1	75	5	190
—	—	2	12	9	29	12	19	33	160	17
—	12	—	—	—	105	15	—	58	—	60
2	2	—	3	—	184	50	—	76	—	118
—	3	—	5	—	15	20	—	12	—	40
2	4	—	3	—	30	7	—	20	—	35
1	1	—	1	—	11	2	10	16	6	22
—	1	—	3	–	33	21	—	4	—	6
16	60	8	40	28	940	617	53	524	238	1528

Beilage IV.

Zusammenstellung der Geldprägungen in der Kurfürstlichen Münze zu Cassel vom Jahre 1621 bis 1848.

Jahr.	Münzfuss.	Gold.	Silber.			Kupfer.			Summa des Silbers und Kupfers.		
		Thlr.	Thlr.	Alb.	Hl.	Thlr.	Alb.	Hl.	Thlr.	Alb.	Hl.
1621	In der damal. Lipper- und Wipperzeit nicht anzugeben	—	91168	6	5		—	—	91168	6	5
1625	9 Thaler aus der feinen Mark	Stück Goldgulden 1022	24332	—	—	—	—	—	24332	—	—
1626	„ „	2268	15488	—	—	—	—	—	15488	—	—
1628	„ „	4125	17258	9	2	—	—	—	17258	9	2
1629	„ „	4194	8795	1	4	—	—	—	8795	1	4
1630	„ „	7353	7069	28	4	—	—	—	7069	28	4
1631	„ „	—	9422	—	—	—	—	—	9422	—	—
1632	„ „	2996	8224	8	4	—	-	—	8224	8	4
1670	16 Fl. Fuss	—	1173	20	8	—	—	—	1173	20	8
1677	„ „	—	1415	4	1	—	—	—	1415	4	1
1678	„ „	—	2925	24	—	—	—	—	2925	24	—
1679	„ „	—	2359	10	2	—	—	—	2359	10	2
1680	„ „	—	22535	25	8	—	-	—	22535	25	8
1681	„ „	—	47926	4	3	—	—	—	47926	4	3
1682	„ „	—	11894	19	3	—	—	—	11894	19	3
1683	„ „	—	9005	7	2	—	—	—	9005	7	2
1685	„ „	—	15510	—	—	—	—	—	15510	—	—
1686	„ „	—	20091	6	4	—	—	—	20091	6	4
1687	„ „	—	2406	30	8	—	—	—	2406	30	8
1690	„ „	—	3749	25	—	—	—	—	3749	25	—
1691	19 Fl. Fuss	—	27221	13	3	—	—	—	27221	13	3
1723	„ „	—	23717	4	6	928	4	6	24645	9	—
1724	„ „	—	22374	21	-	—	—	—	22374	21	—
1725	„ „	—	23988	17	9	1360	20	10	25349	6	7
1726	„ „	—	17405	9	8	683	16	1	18088	25	9
1727	„ „	—	22404	26	—	1426	22	1	23831	16	1
1728	„ „	—	11960	21	2	1706	17	1	13667	6	1

Jahr.	Münzfuss.	Gold.	Silber.			Kupfer.			Summa des Silbers und Kupfers.		
			Thlr.	Alb.	Hl.	Thlr.	Alb.	Hl.	Thlr.	Alb.	Hl.
1729	19 Fl. Fuss	—	18604	28	8	956	28	5	19561	26	1
1730	„ „	—	16167	20	4	1220	4	8	17387	25	—
1731	„ „	—	14664	2	4	1361	8	2	16025	10	6
1732	„ „	—	18843	1	8	959	15	5	19802	17	1
1733	„ „	—	20650	25	6	1128	4	8	21778	30	2
1734	„ „	—	20840	18	4	1026	14	3	21867	—	7
1735	„ „	—	18525	27	—	1907	—	5	30432	27	5
1736	„ „	—	14242	2	8	1981	3	8	16223	6	4
1737	„ „	—	34260	26	8	928	3	8	35188	30	4
1738	„ „	—	48806	23	6	320	4	9	49126	28	3
1739	„ „	—	22788	—	4	1862	24	1	24650	24	5
1740	19 ½ Fl. Fuss . .	—	27196	13	—	1217	24	6	28414	5	6
1741	„ „	—	19377	10	—	2444	31	3	21822	9	3
1742	„ „	—	11523	4	4	1913	5	1	13436	9	5
		Stück									
1743	20⅝ Fl. Fuss . .	128 ¼	20534	17	8	1570	14	10	22105	—	6
1744	„ „	158 ½	17163	15	4	1668	31	7	18832	14	11
1745	„ „	230	17139	1	8	2243	18	11	19382	20	7
1746	„ „	266	14253	12	—	2430	9	10	16683	21	10
1747	„ „	448 ½	17623	12	4	2269	23	4	19893	3	8
1748	„ „	193 ¼	15529	12	4	2274	28	5	17804	8	9
1749	„ „	1452 ½	25076	1	8	1796	—	11	26872	2	7
1750	„ „	2755	23792	26	6	1622	23	2	25415	17	8
1751	„ „	219	18756	9	8	2621	18	3	21377	27	11
1752	„ „	104	18420	31	.4	4087	13	3	22508	12	7
1753	„ „	—	19814	3	8	3091	4	10	22905	8	6
1754	„ „	433	18226	28	—	3799	9	5	22026	5	—
1755	„ „	97 ½	13258	21	—	4814	12	—	18073	1	—
1756	„ „	37 ¼	16874	4	10	3438	17	3	20312	22	—
1757	„ „	—	18729	29	8	1997	20	4	20727	18	—
1758	„ „	67	12249	20	2	3030	9	5	15279	29	—
1759	„ „	—	5030	7	8	2622	29	—	7653	4	—
1760	„ „	—	763	29	—	2470	18	4	3234	15	—
1761	„ „	—	21003	12	—	2290	25	3	23294	5	—
1762	„ „	—	42273	19	—	1762	22	7	44036	9	—
1763	„ „	—	168038	30	—	—	—	—	168038	30	—
1764	20 Fl. Fuss	—	85279	—	8	—	—	—	—	—	—
1765	„ „	—	111407	11	—	1925	21	6	113333	—	6
1766	„ „	—	311326	8	—	—	—	—	311326	8	—
1767	„ „	—	443764	29	4	—	—	—	443764	29	4
1768	„ „	—	230314	31	4	—	—	—	230314	31	4
1769	„ „	—	154780	5	—	—	—	—	154780	5	—
1770	„ „	—	89601	11	6	312	14	—	89913	25	6
1771	„ „	—	190409	1	4	—	—	—	190409	1	4
	„ „	Pistolen									
1772	„ „	5953	25492	18	8	1483	12	4	26975	31	—
1773	„ „	6166	44011	17	4	3183	24	2	47195	9	6
1774	„ „	—	29663	24	—	3228	6	7	32891	30	7

Jahr.	Münzfuss.	Gold.	Silber.			Kupfer.			Summa des Silbers und Kupfers.		
			Thlr.	Alb.	Hl.	Thlr.	Alb.	Hl.	Thlr.	Alb.	Hl.
		Pistolen.									
1775	20 Fl. Fuss	3186	59850	4	—	1922	10	8	61772	14	8
1776	„ „	—	—	—	—	—	—	—	—	—	—
1777	„ „	17268	88472	22	—	937	11	4	89410	1	4
1778	„ „	3108	85578	20	—	—	—	–	85578	20	—
1779	„ „	2946	153915	24	—	—	—	—	153915	24	—
1780	„ „	3000	187526	2	—	698	24	—	188224	26	—
1781	21 Fl. Fuss	—	167423	14	—	—	—	—	167423	14	—
1782	„ „	2425	98575	13	4	785	25	4	99361	6	8
1783	„ „	13215	42411	16	—	1656	19	2	44068	3	2
1784	„ „	17652	64566	–	—	—	—	—	64566	—	—
1785	„ „	6626	117711	—	—	357	2	8	118068	2	8
1786	„ „	5330	46604	13	4	—	—	—	46604	13	4
1787	„ „	5790	37891	12	—	427	16	—	38318	28	—
1788	„ „	1665	65793	1	4	—	—	—	65793	1	4
1789	„ „	—	53346	4	—	1860	27	4	55206	31	4
1790	„ „	1129	23934	2	8	2955	31	2	26890	1	10
1791	„ „	1914	19338	21	4	1526	21	—	20865	10	4
1792	„ „	—	24063	9	4	1456	12	2	25519	21	6
1793	„ „	—	23032	21	4	627	13	–	23660	2	4
1794	„ „	1782	24709	5	4	1025	26	4	25734	31	8
1795	„ „	3105	34918	1	4	817	23	10	35735	25	2
1796	„ „	9336	31236	26	8	595	–	6	31831	27	2
1797	„ „	3483	23203	6	8	1582	19	11	24785	26	7
1798	„ „	2176	38561	16	—	825	19	—	39387	3	—
1799	„ „	2519	33321	10	8	752	21	4	34074	–	—
1800	„ „	4112	32989	26	8	1014	2	9	34003	29	5
1801	„ „	3386	16490	—	—	2438	—	3	18928	—	3
1802	„ „	675	21826	1	4	1848	20	5	23674	21	9
1803	„ „	1659	21906	28	—	2810	27	6	24717	23	6
1804	„ „	—	20824	26	8	1562	14	8	22387	9	4
1805	„ „	1941	32446	18	8	521	16	8	32968	3	4
1806	„ „	875	31992	24	—	1557	6	2	33549	30	2
1807	„ „	—	32832	30	8	532	11	—	33365	9	8
1808	„ „	Jerm.'d'or	135528	18	8	—	—	—	135528	18	8
						Centim.					
1809	20 Fl. Fuss	13450	68389	—	5	1830	7	10	70219	8	3
1810	„ „	9104	84387	24	1	11625	14	1	96013	6	2
1811	„ „	18903	186246	23	3	8370	14	4	194617	5	7
1812	„ „	—	223701	31	2	14331	18	9	238033	17	11
1813	„ „	5465 u. 2045 St. à 20u. 5Frc.	150051	26	—	3300	8	11	153352	2	11
						Heller.					
1814	21 Fl. Fuss	—	77105	10	8	1487	17	6	78592	28	2
1815	„ „	1534	44290	29	4	1050	15	4	45341	12	8
1816	„ „	692	58039	2	8	1845	31	2	59885	1	10
1817	„ „	405	29368	10	8	2053	29	8	31422	8	4
1818	„ „	1947	12282	13	4	2101	28	7	14384	9	11

Jahr.	Münzfuss.	Gold.	Silber. Thlr.	Alb.	Hl.	Kupfer. Thlr.	Alb.	Hl.	Summa des Silbers und Kupfers. Thlr.	Alb.	Hl.
		Jerm.'d'or									
1819	21 Fl. Fuss . . .	1548	56590	2	8	4296	2	8	60886	5	4
1820	" "	334	42280	30	8	3679	29	2	46960	27	10
1821	" "	291	20981	14	8	4113	18	—	25095	—	8
1822	" "	851	49217	21	4	1036	25	4	50254	14	8
1823	" "	1140	71930	16	–	573	2	8	72503	18	8
1824	" "	518	78807	5	4	2748	11	8	81555	17	—
1825	" "	409	105056	21	4	3205	29	2	108262	18	6
1826	" "	—	127236	28	5	1950	27	5	129187	23	10
1827	" "	—	145286	23	8	2524	28	4	147811	20	—
1828	" "	952	146540	5	4	2163	2	5	148703	7	9
1829	" "	502	98340	5	4	2533	8	—	100873	13	4
1830	" "	—	87344	16	—	1758	8	11	89102	24	11
1831	" "	=	61214	19	6	1459	10	9	62673	30	3
1832	" "	—	19901	—	—	1263	9	2	21164	9	2
1833	" "	—	24771	10	8	1777	14	4	26548	25	—
1834	" "	1025	136316	—	—	1361	19	11	137677	19	11
				ggr.							
1835	" "	—	177468	—	—	814	5	12	177468	5	12
1836	" "	2002	127453	20	—	—	—	—	127453	20	—
1837	" "	4	129947	16	—	—	—	—	129947	16	—
1838	" "	252	97603	12	—	—	—	—	97603	12	—
1839	" "	1996	46496	—	—	—	—	—	46496	—	—
1840	" "	16707	77266	4	—	104	22	4	77370	26	4
				sgr.							
1841	" "	16390	290897	12	—	—	—	—	290897	12	—
1842	" "	6909	417130	29	—	334	22	9	417465	21	9
1843	" "	1657	24052	10	—	3200	5	7	27252	15	7
1844	" "	1495	119212	20	–	4354	13	6	223567	3	6
1845	" "	1364	16330	26	—	2854	5	—	19184	1	—
1846	" "	1357	9592	18	—	1413	18	3	11006	6	3
1847	" "	1357	28875	27	—	655	2	4	29530	29	4
1848	" "	—	6942	27	—	3723	29	—	10666	26	—

Beilage V.

Ueber die im Umlauf befindliche Quantität Kurhessischen Metall- und Papier-Geldes.

Aus der vorstehenden von den Casseler Münzbeamten in der Mitte des Jahres 1849 aufgestellten Uebersicht ist leider nicht ersichtlich, in welchem Verhältniss die einzelnen ausgeprägten Münzsorten zu einander standen, und namentlich nicht wie viel und nach welchem Münzfuss ausser der Kupfermünze noch Scheidemünze geprägt wurde; indessen reicht dieselbe doch hin, um einen der Wahrheit nahe kommenden Schluss auf die Quantität des im Umlauf befindlichen hessischen Geldes zu machen.

Gegenwärtig sind zwar noch Silbermünzen aus dem vorigen Jahrhundert im Umlauf, aber in sehr geringer Quantität. Die Silbermünzen, welche fast ausschliesslich circuliren, sind diejenigen, welche nach der westphälischen Zeit seit 1814 nach dem 21 Guldenfuss *) ausgeprägt wurden. Mehr existiren noch von den älteren Goldmünzen **), indessen ist dafür nicht nur

*) Dieser Münzfuss ist nur ein nomineller, denn er galt nur für die ganzen Thalerstücke, während die kleineren Münzen schlechter ausgeprägt wurden; jedoch sind über den Feingehalt dieser kleineren Münzsorten niemals gesetzliche Bestimmungen publicirt worden. Nach einer durch den Münzrath Fulda in einer Münzstreitigkeit mit Hannover in den Zeitungen von 1789 gegebenen Nachricht (S. Kopp's Handbuch II., p. XI. ff.) wurden damals

2 Albusstücke (32 Albus = 1 Thaler) im 21¼ Guldenfusse,

1 Albusstücke im 21¾ Guldenfusse,

1 Groschenstücke im 22 Guldenfusse geprägt.

Dieser Münzfuss wurde nach der Wiederherstellung des Fürstenthums 1814 nach einem handschriftlichen Document dahin modificirt, dass alle 3 genannten Geldsorten seitdem im 22 Guldenfusse (14⅔ Thlr. = 1 feine Mark) ausgeprägt wurden. Nach einer andern actenmässigen Notiz prägte Hessen von 1822 bis 1829 ein Drittel- und ein Sechstel-Thalerstücke, zusammen im Betrage von 721,037½ Thlr., und zwar ebenfalls nur im 22 Guldenfusse. Erst 1834 wurde der preuss. Münzfuss vollständig recipirt.

**) Von den hessischen Pistolen gehen 39,03 Stück auf eine Cöln. M. f. Gold.

von den neueren seit 1814 ausgeprägten Goldstücken manches wieder in den Schmelztiegel zurückgewandert, je nachdem man an den doppelten oder an den einfachen Pistolen gerade momentan ein grösseres Wohlgefallen fand, sondern auch viel von den seit 1814 geprägten kleinen Silbersorten mussten wegen ihres zu geringen Silbergehaltes wieder eingeschmolzen werden. Man wird deshalb von der Wahrheit nicht sehr abweichen, wenn man die seit 1814 ausgeprägte Münzquantität als die gegenwärtig im Umlaufe befindliche Geldsumme betrachtet. Hiermit kann natürlich nicht behauptet werden, dass gerade auch so viel Geld auf hessischem Gebiet in Circulation sei. Vielmehr bringen Lage und Münzfuss mit sich, dass das hessische Geld gegenwärtig im ganzen Zollvereine umläuft, soweit der Thalerfuss gilt, und dass man umgekehrt in Hessen, abgesehen vom Gold, auch mehr preussisches Geld als hessisches zu Gesicht bekommt. Immerhin liefert aber das Resultat einen nicht unwichtigen Beitrag zu einer Berechnung der in ganz Deutschland umlaufenden Geldmasse.

Nach der obigen Tabelle wurden von 1814 bis Ende 1848 im Ganzen ausgeprägt
3,941,229 Tlhr. 2 Sgr. od. durchschn. jährl. 99,749 Thlr. 12 Sgr. *) und zwar 10 Proc. in Gold, 88 Proc. in Silber und 2 Proc. in Kupfer, und es kommt demnach auf den Kopf der Bevölkerung

4 Thlr. 18 Sgr. 9 Hlr. Metallgeld.

Durch die Gesetze vom 26. August 1848 und vom 24. März 1849 sind in Hessen überhaupt $2\frac{1}{2}$ Million Thlr. Papiergeld creirt und ausgegeben worden, und es beträgt daher das circulirende Papiergeld auf den Kopf

3 Thlr. 9 Sgr. 4 Hlr.

Im Ganzen kommen hiernach auf jeden Einwohner 7 Thlr. 28 Sgr. 1 Hlr., und das Papiergeld verhält sich zum Metallgeld wie $41{,}4$ zu $58{,}2$.

---

*) Von 1814 bis 1834 betrug die durchschnittliche jährliche Ausprägung	76,796 Thlr.
von 1835 bis 1840 betrug sie	129,322 Thlr. 6 Sgr. 3 Hlr.
von 1841 bis 1848 endlich	137,821 Thlr. 5 Sgr. 8 Hlr.

Beilage VI.

Ueber das Landeskredit-Institut Kurhessens.

Auf den Vorschlag des verstorbenen Casseler Oberbürgermeisters Schomburg wurde bekanntlich in Kurhessen durch das Gesetz vom 23. Juni 1832 das erste ländliche Kreditinstitut zu Gunsten des Bauernstandes in Deutschland gegründet. Da dasselbe ausserhalb Kurhessens immer noch weniger bekannt ist, als es verdient, so sollen hier einige Notizen über dasselbe zusammengestellt werden.

Das Gesetz erschien nicht nur am gleichen Tage mit dem Gesetz über die Ablösung der Grundzinsen, Zehnten, Dienste und anderen Reallasten, sondern beide Gesetze ergänzten sich auch gegenseitig.

Das Ablösungsgesetz bestimmte nämlich in §. 15:

„Zu mehrerer Beförderung der Ablösungen sollen aus der fordersamst zu errichtenden Landeskredit-Kasse, nach Maassgabe des deshalbigen Gesetzes vom heutigen Tage, Darlehen hergeschossen werden, welche der Regel nach mittelst angemessener Stückzahlung an dieselbe allmählig zu tilgen, und bis zur Abtragung:

a) wenn sie zur Ablösung von Diensten verwendet werden, mit 3 vom Hundert,

b) wenn die Verwendung zur Ablösung von Zehnten geschieht, mit $3\frac{1}{2}$ vom Hundert, und

c) wenn damit Grundzinsen abgelöst werden, mit $3\frac{3}{4}$ vom Hundert zu verzinsen sind.

Ist der Staat selbst der ursprüngliche Gläubiger des Ablösungs-Capitals, so bedarf es bei der Ablösung nur eines geeigneten Schuldbekenntnisses zu Gunsten der Landeskredit-Kasse.“

Das Gesetz über die Errichtung einer Landeskredit-Kasse enthält dagegen folgende Hauptbestimmungen:

§. 1.

„In Cassel wird eine Landeskredit-Kasse errichtet, welche Gelder gegen Zinsen annimmt und ausleihet.“

§. 2.

„Der Staat haftet mit seinem ganzen Vermögen für alle Verbindlichkeiten der Landeskredit-Kasse.“

§. 3.

„Das Ministerium des Innern führt die obere Aufsicht über die Landeskredit-Kasse, benehmlich mit dem Finanz-Ministerium. Bei dieser Aufsicht wirken auch die Landstände insoweit mit, als deren ständiger Ausschuss oder ein sonst während des Landtages dazu besonders erwählter Ausschuss an der Rechnungs-Abhörung Theil nimmt.“

§. 4.

„Die Verwaltungs-Behörde (Direction) der Landeskredit-Kasse zu Cassel wird gebildet:

1) aus 3 stimmführenden Mitgliedern, deren eines genaue Kenntniss vom Kassen- und Rechnungswesen besitzen, ein anderes dem Verwaltungsfache angehören und ein drittes in Rechtssachen erfahren sein muss,
2) einem Secretär, sofern nicht ein stimmführendes Mitglied die Secretär-Geschäfte übernehmen wird,
3) einem Hauptkassirer,
4) einem Buchhalter und Kontrolleur,
5) dem nöthigen Probatur-, Repositur-, Schreiberei- und Diener-Personal.

Ein Mitglied der Direction ist auf den Vorschlag der Stände-Versammlung oder deren ständigen Auschusses zu ernennen.“

§. 6.

„Kapitale werden nur an kurhessische Unterthanen ausgeliehen, welche mittelst gerichtlicher Verpfändung ihrer in Kurhessen liegenden Grundstücke oder an solchen zustehenden Realrechte (als Zinsen, Zehnten etc.) hinreichende Sicherheit zu leisten im Stande sind, ohne Beschränkung auf die persönlichen Verhältnisse des Darlehensuchenden, oder auf den Zweck, wozu das Darlehen verwendet werden soll, jedoch mit vorzüglicher Berücksichtigung derer, welche zum Zwecke der Ablösung von Diensten oder Zehnten, auch hiernächst von Grundzinsen, des nachgesuchten Darlehens bedürfen."

§. 8.

„Unter sonst gleichen Verhältnissen sind, wenn es in dem Augenblicke an Mitteln gebricht, um alle Darlehensuchenden zu befriedigen, die nachgesuchten kleineren Darlehen vorzuziehen."

§. 10.

„Für Kapitale, welche auf eine geringere Zeit, als ein Jahr ausgeliehen oder innerhalb des ersten Jahres wieder abgelegt werden, wird der Zinsfuss auf $4\frac{1}{2}$ vom Hundert bestimmt; für die übrigen Kapitale soll er nicht über 4 Procent betragen. Ueber den Zinsfuss für die Kapitale, welche zur Ablösung von Diensten, Zehnten und Grundzinsen hergeliehen werden, gelten die Bestimmungen des Ablösungsgesetzes."

§. 11.

„Bei der Feststellung des Zinsfusses muss zugleich die Leistung eines bestimmten, grösseren oder geringeren, halbjährlichen Kapital-Abtrages, wodurch der Schuldner sich nach und nach von der Schuld völlig befreit, verabredet werden.

Der Kapitalabtrag soll für ein Jahr mindestens $\frac{1}{2}$ Procent des ursprünglichen Darlehens ausmachen, und mit Inbegriff der Zinsen eine bestimmte, bis zur gänzlichen Abtragung des Kapitals sich gleich bleibende Summe bilden, so dass die jährliche Zahlung ungeachtet der allmähligen Verminderung des Kapitals und der Zinsen immer dieselbe bleibt. Der daraus entstehende Tilgungsplan soll gleich Anfangs dem Schuldner behändigt und als Quittungsbuch für die halbjährlichen Zahlungen benutzt werden."

§. 13.

Die Schuldner können jederzeit die ganzen Kapitale abtragen; doch müssen sie, wenn nicht vorher eine 3monatliche Kündigung Statt hatte, von den abzutragenden Beträgen auf 3 Monate 2 Procent weitere Zinsen entrichten."

§. 15.

„Der zur Ausleihung der Kapitale nöthige Verlag wird beschafft:

1) durch Abgabe von Geldvorräthen bei den Haupt-Depositenkassen, so wie
2) der verfüglichen baaren Bestände der Sparkassen,
3) durch Ablieferung der für Domänenstücke eingehenden Laudemial-Gelder, der Renterei-Kapitale und des Erlöses von verkauften Bestandtheilen des Staatsvermögens,
4) durch Anlehen von Körperschaften und Privatpersonen, und
5) durch Zuschüsse aus dem Staatsvermögen."

§. 19.

„Die den Haupt-Depositen- und den Sparkassen, so wie der Staatskasse über die abgegebenen Gelder zu ertheilenden Scheine sollen ein einfaches Schuldbekenntniss mit dem Versprechen der Verzinsung und rücksichtlich der erstgenannten Kassen mit dem Vorbehalte einer gegenseitigen vierwöchigen Kündigung enthalten, und nach einem hierzu bestimmten Formulare abgefasst sein.

Die Landeskredit-Kasse hat gleichwohl den Sparkassen jederzeit die ihnen nothwendigen Summen zurückzuerstatten, so weit es ohne Nachtheil geschehen kann."

§. 20.

„Um den, etwa weiter nöthigen Kapital-Verlag anzuschaffen, sollen von in- und ausländischen Körperschaften und Privatpersonen Anlehen, im geringsten Betrage von 50 Thalern, zu möglichst billigsten Zinsen, deren Betrag in der Regel $3\frac{1}{2}$ Proc. nicht übersteigen darf, aufgenommen werden."

§. 21.

„Die Schuldverschreibungen, welche über runde Summen von 50 bis höchstens 500 Thalern auszustellen sind, sollen auf den Inhaber lauten und mit den erforderlichen Zinsabschnitten versehen sein. Sie sollen namentlich die Zusicherung enthalten, dass das Staatsvermögen für die Schuld hafte, und dass gegenseitig eine sechsmonatliche Kündigung statthaft sei, so wie dass diese von Seiten der Landeskredit-Kasse durch eine öffentliche Bekanntmachung in sämmtlichen Provincial-Wochenblättern mit Erfolg geschehen könne."

§. 22.

„Es kann jedoch auch der Darleiher auf sein Verlangen, durch eine von der Direction unter die Schuldverschreibung zu setzende Erklärung als der rechtmässige Besitzer namhaft gemacht werden; in welchem Falle die Schuldverschreibung nur durch gerichtliche Cession auf einen Anderen übergehen kann.

Auf die Zins-Abschnitte ist jedoch jenes Verfahren nicht auszudehnen."

§. 23.

„Wenn es für die Kasse vortheilhaft ist, so kann die Direction auch auf kürzere Zeit ohne die im §. 21. erwähnte Kündigungsfrist Gelder gegen geringe Zinsen annehmen."

§. 24.

„Nöthigenfalls erhält die Landeskredit-Kasse auch Zuschüsse aus der Hauptstaats-Kasse oder aus dem Staatsschatze gegen Zinsen, welche $3\frac{1}{2}$ vom Hundert nicht übersteigen dürfen, und auf Scheine, welche nach der im §. 21. vorgeschriebenen Form ausgestellt werden."

Mit dem Beginn des Jahres 1833 trat auf Grundlage dieser gesetzlichen Bestimmungen das neue Institut ins Leben. Die Sicherheit, welche dasselbe gewährte und namentlich die Bestimmung über die Kündbarkeit der Darlehen bewirkten bald, dass ihm hinreichende Capitalien von Privaten und Corporationen zuströmten, und dass seine Obligationen unter allen politischen Schwankungen stets einen festen Cours behaupteten. Vom Beginn des Jahres 1833 bis zum Schluss 1849 wurden im Ganzen 46,370 Stück Obligationen im Werthe von 11,506,575 Thlr. ausgegeben, und davon im Laufe dieses Zeitraumes 4,238 Stück im Werthe von 1,619,125 Thlr. eingelöst, so dass beim Beginn des Jahres 1850 noch 42,132 Stück Landeskredit-Kassen-Obligationen im Umlaufe waren, die einen Werth von 9,887,450 Thlr. repräsentirten. Zu derselben Zeit (Ende 1849) war der Gesammtbetrag der aufgenommenen Passiv-Capitalien oder der Schuld der Landeskredit-Kasse 14,761,048 Thlr. und der Gesammtbetrag der ausgeliehenen Activ-Capitalien oder des Guthabens derselben 14,453,399 Thlr. Die Zahl derer, welche aus der Landeskredit-Kasse Geld geliehen hatte, betrug in demselben Zeitpunkt 26,545.

Wie viel von den ausgeliehenen Capitalien zur Ablösung von Diensten, Zehnten und Grundzinsen verwendet wurde, ist bereits oben im §. 15. mitgetheilt worden. Die Verwaltung kostete im Jahre 1849:

	Thlr.
a) an Gehalten:	
1) für 1 Director und 3 Directionsmitglieder	4700
2) „ 1 Secretär	800
3) „ 1 Hauptkassirer	1200
4) „ 1 Kassencontrolleur	900
5) „ 1 Kassenscribent und Gehülfe . .	500
6) „ 2 Buchhalter	1600
7) „ 3 Probatoren	1600
8) „ 1 Repositar	600
9) „ 1 Canzlist	500
10) „ 1 Pedell und Kassendiener . . .	200
Summe	12600
b) an unständigen Dienstkosten	4500
c) Vergütungen für die Rentmeister, welche die Geschäfte der Anstalt mit den Privatpersonen in den einzelnen Provinzen vermitteln und vorbereiten, an Procenten und Schreibgebühren	9000
Zusammen	26100

Beilage VII.

Resultate der Sparkasse in Marburg seit Gründung derselben im Jahre 1839.

Jahr.	Bestand aus dem vorigen Jahre.			Zugang.			Abgang.			Es verbleibt demnach Ende d. J.						
										Summa.			Personen.	Durchschn. Ersparniss einer Pers.		
	Thlr.	Sgr.	Hl.	Thlr.	Sgr.	Hl.	Thlr.	Sgr.	Hl.	Thlr.	Sgr.	Hl.		Tlr.	Sg.	Hl.
1839	—	—	—	5737	1	8	641	12	6	5095	19	2	198	25	22	—
1840	5095	19	2	5951	14	9	1045	18	9	10001	15	—	300	33	10	—
1841	10001	15	—	9770	3	9	2463	19	8	17308	2	2	440	39	10	1
1842	17308	2	2	12170	11	7	3890	—	5	25588	13	4	638	40	1	—
1843	25588	13	4	16086	1	5	7780	21	—	33894	9	5	779	43	15	—
1844	33894	9	5	11115	9	—	7919	4	10	37090	13	7	852	43	16	—
1845	37090	13	7	15553	28	11	10130	19	8	42513	23	—	1003	42	11	—
1846	42513	23	—	22158	19	—	15125	6	-	49547	5	6	1081	45	25	—
1847	49547	5	6	20510	27	6	19701	14	—	50356	19	—	1112	45	8	6
1848	50356	19	—	19277	9	—	22149	13	—	47484	15	—	1039	45	21	—
1849	47484	15	—	22422	16	—	15232	4	—	54684	27	—	1089	50	6	—

Beilage VIII.

Die directen Steuern und ihre Vertheilung in Kurhessen.

Bis zum Jahre 1833 gab es in Kurhessen 13 verschiedene Gattungen directer Steuern, zu denen 1834 noch die Klassensteuer als die 14te kam. Sie waren theils allgemeiner Natur wie die Viehsteuer, Wegebausteuer, Gendarmeriesteuer, theils local und provinziell wie das Schutzgeld der Juden in der Provinz Hanau, in den Kreisen Fulda und Hersfeld, und der sogenannte Scheffelsatz der Grafschaft Schaumburg.

In Folge der Bestimmungen der Verfassungsurkunde von 1831 trat allmählig eine Vereinfachung ein, und seit 1841 existiren nur noch die Grundsteuer nebst der Exemtensteuer, die Gewerbesteuer und die Klassensteuer.

1.
Die Gewerbesteuer

wird von allen Gewerbetreibenden mit folgenden Ausnahmen erhoben. Befreit sind nämlich von derselben nach dem Gewerbesteuergesetz vom 21. Juli 1840:

1) die Eigenthümer und Pächter von Grundstücken, sowohl hinsichtlich der Bewirthschaftung als auch hinsichtlich des Absatzes ihrer Bodenproducte. Jene haben Grundsteuer, diese Klassensteuer zu zahlen,
2) die Branntweinbrenner, weil diese durch eine indirecte Abgabe besteuert werden,
3) die Handlungsdiener (diese müssen Klassensteuer zahlen),
4) die Handwerksgesellen und sonstigen Gehülfen und Arbeiter, welche keinen eigenen Haushalt haben,
5) die Berg- und Hüttenleute,
5) Maler, Bildhauer und alle Künstler, die ihre Kunst ohne Gehülfen und nicht gewerbmässig betreiben,

7) die Wollen-, Baumwollen- und Leinengarnspinner, die Wollen- und Baumwollenkratzer, welche ihr Gewerbe ohne fremde Hülfe betreiben,
8) die Lumpensammler,
9) alle Tagelöhner, Aufwärter, Handwerksgesellen, Bedienten und Arbeiter, Näherinnen, Büglerinnen, Wäscherinnen und Leinweber, sobald sie das 60. Lebensjahr zurückgelegt haben,
10) diejenigen, welche regelmässig aus öffentlichen Wohlthätigkeitsanstalten Unterstützungen erhalten.

Durch das Gesetz vom 13. April 1848 wurde die Steuerfreiheit der unter 4. und 9. aufgeführten Klassen noch erweitert und bestimmt, dass alle „Höcker, Korbmacher, Siebmacher, Schäfer und andere Hirten, so wie sonstige dergleichen geringe Gewerbtreibende, Tagelöhner, Aufwärter, Handwerksgesellen, Dienstboten, Arbeiter, Näherinnen, Wäscherinnen, Büglerinnen und Leinweber, welche weder buntes Leinen noch Damast verfertigen," gänzlich befreit sein sollten.

Massstab der Besteuerung ist der muthmassliche Reinertrag, den die verschiedenen steuerbaren Gewerbe abwerfen. Derselbe wird:

a) nach der Grösse und den gewerblichen Verhältnissen der Orte,
b) nach der Zahl der Gehülfen und
c) bei einzelnen Gewerben nach besonderen Normen

abgeschätzt. Zu diesem Behuf sind die Ortschaften in 4 Klassen*) getheilt, und für jede Klasse ein Normalsteuersatz als Simplum festgesetzt**), der durch das Gesetz vom 13. April

---

*) Zur ersten Klasse gehört nur Cassel, zur zweiten nur Hanau, Fulda und Marburg, zur dritten Allendorf, Bockenheim, Eschwege, Fritzlar, Gelnhausen, Hersfeld, Hofgeismar, Homberg, Hünfeld, Carlshafen, Melsungen, Schmalkalden, Treysa, Wannfried, Witzenhausen, Wolfhagen und der Flecken Brotterode.

**) Derselbe beträgt nach dem Gesetz von 1840:

	für den Handwerksmeister.	für d. Fabrikanten, Kaufmann etc.	für den Schank- u. Speisewirth.
1) in der ersten Klasse	4 bis 6 Ggr.	1 Thlr. — Ggr.	16 Ggr.
2) „ „ zweiten „	3 „ 4 „	— „ 16 „	8 „
3) „ „ dritten „	2 „ 3 „	— „ 10 „	6 „
4) „ „ vierten „	1½ „ 2 „	— „ 8 „	4 „

1848 für die Handwerker ebenfalls erniedrigt wurde*). Für jeden der 3 ersten Gehülfen zahlt der Meister $\frac{1}{3}$, für jeden weiteren Gehülfen die Hälfte dieses Normalsteuersatzes mehr.

Die Fabrikanten, Kaufleute, Wein- und Branntweinhändler, Essigbrauer, Müller, Spediteure, Apotheker, Buchdrucker, Buchhändler u. s. w. bilden eine Gesellschaft und besteuern sich durch eine aus ihrer Mitte gewählte Commission selbst, indem sie die von ihnen aufzubringende Summe, welche durch Summirung der Normalsteuersätze gefunden wird, unter sich repartiren. Auch die Wirthe, Metzger und Bäcker bilden besondere Gesellschaften zur Selbstbesteuerung, jedoch wird bei den Metzgern und Bäckern in den beiden ersten Klassen der Städte die aufzubringende Summe nicht nach der Zahl der Gewerbtreibenden, sondern nach der Seelenzahl**) bestimmt. Die Steuer der Bierbrauer richtet sich nach der in den letzten 12 Monaten bezahlten indirecten Abgabe***). Fuhrleute, Lohnkutscher und Pferdeverleiher werden nach der Pferdezahl besteuert.

Die Zahl der jährlich zu erhebenden Simplen wird in dem jedesmaligen Finanzgesetze bestimmt, soll jedoch nicht über zwölf steigen.

2.

Die Klassensteuer

wurde in der Absicht eingeführt†), alles Einkommen, welches weder durch die Grundsteuer noch durch die Gewerbesteuer

---

*) In der ersten Abtheilung auf 4 Sgr.
„ „ zweiten „ „ 3 „
„ „ dritten „ „ 2 „
„ „ vierten „ „ 1½ „

**) In den Städten der ersten Abtheilung ist der Ansatz für den Kopf der Bevölkerung 1⅙ Heller, in denen der zweiten Abtheilung ¾ Heller.

***) Von einem Thaler indirecter Abgabe zahlt der Bierbrauer als Gewerbesteuer-Simplum in der ersten Klasse 1 Ggr. 2 Hlr.
„ „ zweiten „ — „ 12 „
„ „ dritten „ — „ 9 „
„ „ vierten „ — „ 4½ „

†) Durch die Gesetze vom 31. Oct. 1833 und vom 25. März 1834.

getroffen wird, ebenfalls einer Steuer zu unterwerfen. Gegenstand der Besteuerung wurde daher:

1) das Diensteinkommen und die Wartegelder,
2) die Pensionen und Gnadengehalte, insofern sie aus Staats- oder andern öffentlichen Kassen bezahlt werden,
3) alles Einkommen von Kapitalien, mögen dieselben im In- oder Auslande ausgeliehen oder angelegt sein,
4) das Einkommen durch Pachtung von Gütern,
5) die Grundgefälle und andere Real-Nutzungen im Inlande, und
6) das Einkommen von der Ausübung eines wissenschaftlichen Berufs (wozu namentlich ärztliche und wundärztliche Praxis, die Verrichtungen der Anwälte, Schriftstellerei, Unterricht u. s. w. gehören) oder einer ähnlichen Geschäftsthätigkeit.

Befreit von der Klassensteuer blieben:

1) das Einkommen der landesherrlichen Familie, der Staats-Kasse, der Kirchen, der öffentlichen Unterrichts-Anstalten und der milden Stiftungen des Inlandes,
2) die Kapitalrenten Fremder,
3) die Besoldungen, Wartegelder, Pensionen und Gnadengehalte, welche aus dem Auslande bezogen werden, so wie die Pensionen und Waisenkassen des Inlandes und
4) dasjenige Einkommen, dessen Steuerfreiheit auf besonderen vertragsmässigen Bestimmungen beruht.

Die Steuer wird durch das jährliche Einkommen dem nachfolgenden Tarife gemäss bestimmt:

Klasse	von einem jährlichen Einkommen.				Steuersimplum.		
		Thlr.		Thlr.	Thlr.	Sgr.	Pf.
1	über	5000	bis	5500	15	12	6
2 .	„	4000	„	5000	12	22	6
3 .	„	3000	„	4000	9	20	—
4 . .	„	2500	„	3000	8	—	—
5 . . .	„	2000	„	2500	6	7	6
6	„	1750	„	2000	5	5	—
7	„	1500	„	1750	4	12	6
8	„	1400	„	1500	3	26	3
9	„	1300	„	1400	3	15	—

Klasse	von einem jährlichen Einkommen. Thlr.		Thlr.	Steuersimplum. Thlr.	Sgr.	Pf.
10	„	1200	„ 1300	3	3	9
11	über	1100	bis 1200	2	22	6
12	„	1000	„ 1100	2	11	3
13	„	900	„ 1000	2	—	—
14	„	800	„ 900	1	20	—
15	„	700	„ 800	1	10	—
16	„	600	„ 700	1	1	3
17	„	500	„ 600	—	25	—
18	„	400	„ 500	—	20	—
19	„	300	„ 400	—	15	—
20	„	200	„ 300	—	10	—
21	„	150	„ 200	—	6	3
22	„	100	„ 150	—	3	9
23	„	75	„ 100	—	1	11
24	„	50	„ 75	—	1	3

Uebersteigt das jährliche Einkommen das der höchsten Klasse, so wird für jede übersteigenden 500 Thlr. ein Thaler berechnet.

Die Zahl der in einem Jahre zur Erhebung kommenden Simpla wird durch das betreffende Finanzgesetz festgesetzt; jedoch dürfen nicht mehr als 13 Simpla erhoben werden.

Die Veranlagung der Steuer ist einfach. Der Steuerpflichtige declarirt sein Einkommen auf Staatsbürgerpflicht. Die Richtigkeit der Declaration wird durch eine an jedem Orte bestehende Steuer-Commission*) in einer jedes Vierteljahr stattfindenden Sitzung unter Leitung der Steuerbehörde geprüft. Glaubt diese Commission mit Sicherheit annehmen zu können, dass die Erklärung des Pflichtigen von der Wahrheit abweicht, so zieht ihn dieselbe nach eigener Ansicht zur Steuer heran und überlässt es jenem, hiergegen gründliche Reclamationen bei den obersten Finanzbehörden zu führen und nöthigen Falls den Weg Rechtens zu betreten.

*) Dieselbe besteht ausser dem die directen Steuern veranlagenden Steuerbeamten aus dem Bürgermeister, Gemeinderathe und Gemeindeausschuss und ist zur strengsten Verschwiegenheit hinsichtlich der Privatvermögensverhältnisse und der gepflogenen Verhandlungen verpflichtet.

3.

Die Grundsteuer

wird nicht überall in Kurhessen auf dieselbe Weise erhoben. Vielmehr sind 4 verschiedene Steuergebiete mit ebenso viel verschiedenen Grundsteuer-Verfassungen zu unterscheiden: die althessischen Lande, das Fürstenthum Hanau, die kurhessischen Gebietstheile des ehemaligen Hochstifts Fulda und das Fürstenthum Isenburg. Das erstere umfasst die Provinzen Niederhessen und Oberhessen, den Kreis Schmalkalden, das Fürstenthum Hersfeld und das Justizamt Schwarzenfels im Kreise Schlüchtern. Es ist beiweitem das grösste und nimmt von dem gesammten Flächeninhalt Kurhessens 74 Procent ein. Auf Fulda kommen 430,638 Acker oder noch nicht ganz 11 Procent, auf Hanau circa 8 Procent und auf die Isenburg'schen Fürstenthümer 7 Procent.

Die Steuerverfassungen in Fulda und im Isenburg'schen sind die unvollkommensten. Jene stützt sich auf einen Anschlag alles steuerbaren Vermögens im ehemaligen Hochstift Fulda vom Jahre 1740, bei welchem ohne vorausgegangene Vermessung der Güterwerth nur im Allgemeinen, vorzugsweise nach dem Maasse der Aussaat*) geschätzt und auf Steuerkapital reducirt, von dem Steuerkapital $\frac{2}{3}$ für Lehnslasten, Zehnten, Erbzinsen u. s. w. in Abzug gebracht und endlich von dem Rest des Steuerkapitals 13 Pfennige von 100 fl. als Simplum erhoben wurde**). Diese beruht auf einer im Anfange des vorigen Jahrhunderts festgestellten Matrikel, welche das Steuersimplum jedes Amtes und in diesem wieder das jedes Ortes

---

*) 2 Mass oder 4,39 Casseler Viertel wurden = 1 Morgen gesetzt, und die Wiesen wurden nach der Fuhre Heu (1 Fuhre = 1 Morgen) angeschlagen.

**) Die Zahl der jährlich erhobenen Simpeln hing von dem Bedürfniss ab und schwankte vom Jahre 1741 bis 1800 zwischen 18 und 40. Vom Jahre 1801 bis 1809 betrug sie durchschnittlich 36, und seit 1810 sind jährlich 35½ Simpla erhoben worden. Exemtionen existiren im Fuldaschen gar nicht; die Steuerfreiheit der geistlichen Güter wurde bereits durch die grossherzogl. Frankfurt'sche Regierung seit dem 1. Januar 1811, und die der ritterschaftlichen Güter durch eine Kurhessische Verordnung vom 10. Dec. 1823 aufgehoben.

bestimmte und die Vertheilung der Steuer auf die Pflichtigen den Gemeinden überliess*).

Dagegen bildet in Althessen sowohl als in Hanau der Reinertrag des Bodens bereits seit der Mitte des vorigen Jahrhunderts die Grundlage der Veranlagung. Dort in Althessen sollte nach den landesherrlichen Entschliessungen vom 18. Aug. 1741**) und nach dem Steuer-Reglement vom 16. October 1764***) von allen Grundstücken der Rohertrag ermittelt, durchschnittlich 48 Procent desselben als Reinertrag angenommen und $\frac{1}{60}$ des Reinertrags als Steuersimplum erhoben werden, so dass bei Erhebung von 12 Simpeln, welche Zahl bisher die Regel bildete, die Grundsteuer $\frac{1}{5}$ des Reinertrags ausmacht. Zur Durchführung dieses Steuerprincips schlug man nach vorausgegangener Vermessung aller Grundstücke beim Ackerland jeden Gulden Reinertrag zu 5 Gulden Steuerkapital an†) und erhob von jedem Steuergulden jährlich 1 Heller als Simplum. Bei Wiesen schlug man jeden Centner Heu zu 1 und jeden Centner Grummet zu $\frac{1}{2}$ Steuergulden an. Gärten und Weinberge setzte man den Wiesen derselben Gemarkung gleich. Häuser wurden nicht nach dem Miethnutzen, sondern auf dem Lande nach der Bodengüte der Gemarkung, in welcher sie lagen, in den Städten nach den commerziellen Verhältnissen besteuert und in 16 Klassen, dort von 80 bis 5 Stfl., hier von 160 bis 10 Stfl. getheilt. Das beste Haus in den Dörfern wurde gleich 5 Acker Landes der besten Sorte am Orte angeschlagen, so dass in Gegenden, wo die besten, den Anschlag von 16 Stfl. per Acker erhaltenden Ländereien vorkamen, das beste Haus zu 80 Steuergulden angesetzt wurde. Wie auf diese Weise in den

---

*) Wer Specielleres über diese Grundsteuer und überhaupt über die Grundsteuerverhältnisse Kurhessens sucht, den verweise ich auf meinen landständischen Bericht über den Grundsteuergesetz-Entwurf in den gedruckten landst. Verhandl. von 1849 bis 50, Beilage 113.

**) Gedr. in der Sammlung hess. Landesordnungen Bd. IV. S. 764 ff.

***) Gedr. ebd. Bd. VI. S. 161 ff.

†) Hierbei rechnete man 12 Casseler Viertel oder 192 Metzen Partim (halb Korn, halb Hafer) = 20 fl. an Werth. Da aber 192 Metzen 48 Procent von 400 Metzen ausmachen, so schlug man der Kürze wegen 400 Metzen Partim Rohertrag zu 100 fl. oder 4 Metzen zu 1 fl. Steuerkapital an.

verschiedenen Dörfern nach Massgabe der geringeren Güte der besten Ländereien der höchste Häuseranschlag abnahm, so geschah dies auch in den Städten nach Massgabe der weniger günstigen merkantilischen Verhältnisse. Nur für Cassel wurde besonders bestimmt, dass das beste Haus mit 250 Stfl. und das geringste nicht unter 50 Stfl. in Verhalt kommen sollte.

Ausgeschlossen blieben von diesem noch jetzt gesetzlich gültigen Grundsteuersysteme

a) als völlig steuerfrei:
1) die ursprünglichen Domanialkammergüter,
2) diejenigen Güter, deren Steuerfreiheit sich auf vollgültige Privilegien und Verträge gründet,
3) die Güter der milden Stiftungen, Kirchen, Schulen und anderen öffentlichen Unterrichtsanstalten;

b) als einer besonderen älteren Steuer unterworfen:
1) alle herrschaftlichen Lehne,
2) alle Rittergüter, welche vom Adel schon vor 1655 als solche besessen wurden und später nicht von Bürgern oder Bauern erworben waren,
3) die Rathhäuser in Städten und alle übrigen auf befreiten Plätzen stehenden öffentlichen Gebäude.

Für diese letztern 3 Klassen von Grundstücken blieb der sogenannte Treysaer Anschlag vom 19. December 1576 *), nach welchem sie eine weit geringere Abgabe zu tragen hatten, mit einigen Modificationen gültig.

In der westphälischen Zeit wurden diese Steuer-Exemtionen der ritterschaftlichen Güter zwar aufgehoben, aber nach Wiederherstellung des kurhessischen Staates wieder eingeführt, und 1816 bestimmte ein Ausschreiben des Steuer-Collegiums, dass die Exemtensteuer die Hälfte der gewöhnlichen Grundsteuer betragen solle. Durch die Verfassungs-Urkunde von 1831

---

*) Dieser Anschlag, welcher auf dem Landtage zu Treysa zur Aufbringung einer dem Kaiser zu Regensburg bewilligten Türkensteuer zu Stande kam, war eine allgemeine Vermögens- und Einkommensteuer. Jeder sollte „sein Hab und Gut, liegendes und fahrendes, namentlich alle Zinsen und Gefälle, Renten, Kapitalien, Vorräthe, Handel, Gewerbe und Vieh in rechtem ziemlichen Werth“ anschlagen und von 100 Fl. Kapital ¹/₆ Fl. zahlen. Gedruckt ist dieser Anschlag in der Sammlung hess. Landesord. II., S. 268 ff.

wurde zwar die gesetzliche Einführung einer gleichmässigen Grundbesteuerung und daher die Aufhebung aller Steuerexemtionen zugesagt, aber alle Versuche, welche bisher auf den verschiedenen Landtagen seit 1831 zur Ausführung dieser Verfassungsbestimmung gemacht worden sind, scheiterten an der Streit-Frage über die Entschädigung der bestehenden Steuerfreiheiten. Erst durch das Gesetz vom 26. August 1848 über die Auseinandersetzung der Lehens-, Meier- und anderer gutsherrlichen Verhältnisse wurde der so lange vergeblich geführte Streit zwischen Staatsregierung und Ständeversammlung über jene Frage wenigstens insoweit gehoben, als durch den §. 3. desselben alle bisherigen Lehngüter in die volle Grundsteuer gesetzt wurden.

In Hanau beruht die Grundsteuer-Verfassung auf der Generalsteuer-Instruction vom Jahre 1748 und ist namentlich dadurch von der althessischen verschieden, als der Reinertrag hier aus dem Rohertrage durch specielle Berechnung der Kulturkosten gefunden ist und unmittelbar das Steuerkapital bildet. Von 15 Albus oder $\frac{1}{2}$ Guld. beträgt das Steuersimplum 3 Hlr., und da 8 Simpla erhoben werden, so beträgt die Steuerlast 24 Heller oder 3 Albus jährlich von 15 Albus Reinertrag, also $\frac{1}{5}$ desselben. Sie würde demnach der in den alten Landen erhobenen Steuer ganz gleich sein, wenn in beiden Gebieten der Reinertrag auf dieselbe Weise ermittelt worden wäre.

Häuser, Hofreithen und Gärten sind auf dem Lande immer als ein Object und zwar nach dem vermessenen Grund und Boden doppelt so hoch als der beste Morgen am Orte veranschlagt; ebenso in den Landstädten, jedoch wurden sie hier viermal so hoch als der beste Morgen Ackerland geschätzt. Nur in der Altstadt Hanau sind die Häuser als solche taxirt worden, und zwar hat man die Hälfte des abgeschätzten Werthes als Steuerkapital und 2 Procent des Steuerkapitals als Reinertrag angenommen. Da das beste Haus daselbst zu 16000 Fl. Werth oder zu 8000 Fl. Steuerkapital geschätzt, also die jährliche Rente zu 160 Fl. veranschlagt ist, so bezahlt hier das beste Haus 32 Fl. jährliche Steuer, was nach dem althessischen Steuerfuss 585 Fl. Steuerkapital ausmachen würde. Die Häusersteuer ist demnach in Altstadt Hanau bedeutend höher als in Cassel, während sie sich in den Landstädten Hanau's niedriger herausstellt als in Althessen.

Als steuerfrei sind nach der Generalsteuer-Instruction von 1748 nur die Güter betrachtet worden, „welche entweder ihrer Qualität und Beschaffenheit nach die Freiheit von denen Beschwerden auf rechtmässige Weise erlangt oder solche vor undenklichen Jahren hergebracht haben", und zwar so lange, „als der Eigenthumsherr sie selbst baut oder (im Gegensatz eines Erb- oder Landsiedelleihebestands) sie verpachtet." Dagegen erkennt ein landesherrliches Rescript vom 27. Februar 1751 zwar eine Steuerfreiheit adeliger, geistlicher und anderer gefreiter Personen an, betrachtet jedoch dieselbe „als *ad exceptionem* gehörig und also zu erweisen.' Seit 1813 hat man dagegen die Aufhebung der grossherzoglich frankfurt'schen Regierung dazu benutzt, um die auch früher steuerfreien Güter zur Besteuerung heranzuziehen. Sogar die geistlichen, Pfarr- und Schulbesoldungsgüter, so wie Güter der milden Stiftungen sind von 1816 bis 1831 wenigstens zu den 4 Simpeln der ausserordentlichen Steuer, welche damals zur Deckung der Kriegsschulden erhoben wurde, herangezogen worden. Auch die standesherrlichen Güter der Provinz Hanau sind nach althanauischen Grundsätzen, jedoch nur zur Hälfte des Betrags, und das bis dahin noch steuerfreie ritterschaftliche Grundeigenthum zum vollen Betrage der Grundsteuer durch Verordnung vom 10. December 1823 seit dem 1. Januar 1824 verpflichtet. Ganz steuerfrei sind in Folge eines Staatsvertrags zwischen Frankfurt und Hanau von 1785 die sogenannten Frankfurter Freigüter am Bornheimer Wege.

Seit 1844 wurde die althanauische Grundsteuer-Verfassung auch in der ehemaligen freien Reichsstadt Gelnhausen eingeführt, welche bekanntlich 1803 an Kurhessen überwiesen wurde. Dort wurde bis dahin ein fixes Geschoss vom Grundbesitz erhoben, welches monatlich 65 Thlr. 29 Sgr. betrug und sich dergestalt vertheilte, dass auf jeden Morgen Land durchschnittlich 5 Heller kamen. 1842 begann man auf Grund des für Gelnhausen publicirten Organisations-Patents vom 4. Oct. 1850 die Rectification nach althessischen Grundsätzen, führte aber in Folge einer Beschwerde der Stadt nicht die althessische, sondern die althanauische Grundsteuer ein, welche sich im Ganzen um 107 Thlr. 27 Sgr. 7 Hlr. monatlich höher herausstellte, als das bis dahin bezahlte Geschoss.

In Hanau wie in allen übrigen Landestheilen ist sowohl die Höhe des einmal durch Schätzung gewonnenen Reinertrags als auch die Höhe des Steuersimplums unveränderlich, und es tritt nicht, wie z. B. in Nassau, nach bestimmten Zeiträumen eine regelmässig wiederkehrende Ertragsschätzung ein. Nur die Zahl der Simpla, welche zur Erhebung kommen, ist beweglich und wird durch die Finanzgesetze bestimmt. *)

Die verschiedenen hier dargestellten Grundsteuer-Verfassungen Kurhessens sollten unter dem Märzministerium durch eine einzige ersetzt werden. Der Entwurf des neuen Grundsteuergesetzes, welcher gegen Ende des Jahres 1849 der Stände-Versammlung vorgelegt wurde, schloss sich in seinen Hauptbestimmungen der althessischen Grundsteuer-Verfassung an, dehnte die Reinertrags-Besteuerung auf das ganze Land aus und entfernte nur das Veraltete **) und Unhaltbare ***).

Auch hatte der Budgetausschuss sich bereits mit dem Finanzministerium über die noch nöthig erachteten Modificationen des Entwurfs vollkommen geeinigt, und die Stände-Versammlung auch den Entwurf bereits in erster Berathung angenommen, als die Auflösung der Stände-Versammlung durch das gegenwärtige Ministerium die weitere Ausführung des Gesetzes hinderte. Seitdem ist nichts wieder von einer beabsichtigten Einführung einer allgemeinen Grundsteuer-Verfassung vernommen worden.

Ueber die Resultate sämmtlicher directer Steuern und ihre Vertheilung auf die Steuerpflichtigen, auf die Stadt- und Landbevölkerung etc. theilen wir folgende Zusammenstellungen mit:

---

*) Hierbei gilt natürlich, da gleichzeitig in Hanau 8, in Althessen 12, in Fulda 35 ½ Simpla erhoben werden, 1 hanauisches Simplum = 1 ½ althessischen = 4,1375 fuldischen Simpeln.

**) Hierzu gehörte namentlich die Besteuerung der Häuser in den Städten, deren Classification immer noch die mercantilischen Verhältnisse des vorigen Jahrhunderts zu Grunde liegen.

***) Hauptsächlich gehörte hierher der durchgreifende Fehler der althessischen Steuerverfassung, dass auf allen Ländereien ohne Rücksicht auf ihre Qualität die Culturkosten in Procenten des Rohertrags berechnet wurden, so dass auf dem guten Acker oft 5 und 6 mal so viel Culturkosten in Anschlag kamen als auf dem schlechten, während in der Wirklichkeit oft gerade umgekehrt auf schlechtem Boden die Culturkosten höher sind als auf gutem.

a.

Uebersicht der jährlichen Erträge der Grund-, Gewerbe- und Klassensteuer von 1831 bis 1851 nach den Voranschlägen in den Finanzgesetzen.

Finanzperiode.	Jährliche Grundsteuer der vollen Contribuenten.	Exemtensteuer.	Gesammte Grundsteuer.	Gewerbesteuer.	Klassensteuer.	Summa.
	Thlr.	Thlr.	Thlr.	Thlr.	Thlr.	Thlr.
$183^1/_4$	398248	17280	415528	64350		
$183^4/_6$	397360	17300	414660	68480	70000	553140
$183^7/_9$	403790	18010	421800	71130	71900	564830
1840	408800	18700	427500	71130 *)	67000	565630
$184^1/_2$				90130	55830	573460
$184^3/_5$	449000	19030	468030	97760	56250	622040
$184^6/_8$	455900	19130	475030	104500	58700	638230
1849	521910	6980	528890	72500	64000	665390
$185^0/_1$			553000	67500	74000	694500

b.

Uebersicht der Steuerpflichtigen und ihrer Steuerbeträge im Jahre 1837.

Bezirke.	Jährl. Steuersumme.	Zahl der Steuerpflichtigen.	Demnach kamen durchschn. an Steuern: auf einen Steuerpflichtig.			auf einen Einwohn.		
	Thlr.		tlr.	sgr.	pf.	tlr.	sgr.	pf.
Niederhessen ohne Schaumburg . .	320334	86980	3	20	6	1	1	8
Kreis Schaumburg.	33951	7600	4	14	—	—	29	8
Prov. Niederhessen	354285	94580	3	22	4	1	—	8
Prov. Oberhessen	110301	31676	3	14	3	—	28	8
Kreis Hersfeld	28688	14540	3	15	9	—	26	3
Kreis Schmalkalden	20973	8140	2	7	4	—	25	—
Grossherzogthum Fulda	47878	9350	3	10	9	—	17	—
Prov. Fulda	97539	32030	3	1	4	—	21	6
Prov. Hanau	73826	35780	2	1	11	—	19	—
Kurhessen	635953**	194066	3	8	4	—	20	11

---

*) Die unter der Rubrik Gewerbesteuer von 1831 bis 1840 angegebenen Summen umfassen die Erträge der Viehsteuer mit, welche durch das Gesetz vom 21. Juli 1840 aufgehoben wurde

**) In dieser Steuersumme sind nicht nur Grund-, Gewerbe- und Klassensteuer, sondern auch alle übrigen damals noch bestehenden directen Steuern, namentlich die Viehsteuer, Wegebausteuer und Gendarmeriesteuer mit inbegriffen.

c.

Uebersicht der Steuerpflichtigen und ihrer Steuerbeträge im Jahre 1849 *), nachdem durch das Gesetz vom 13. April 1848 die Tagelöhner, Dienstboten und geringeren Gewerbtreibenden von der Gewerbsteuer befreit worden waren.

Bezirke.	Jährl. Steuersumme. Thlr.	Zahl der Steuerpflichtigen.	In Proc. der Bevölkerung.	Demnach kamen durchschn. an Steuern: auf einen Steuerpflichtig. tlr.	sgr.	pf.	auf einen Einwohn. tlr.	sgr.	pf.
Niederhessen ohne Schaumburg	323653	61347	18,7	5	8	3	—	29	6
Kreis Schaumburg	38222	5006	13,7	7	19	—	1	1	4
Prov. Niederhessen	361875	66353	18,2	5	12	1	—	29	9
Prov. Oberhessen	118274	23744	20	4	29	5	—	29	11
Kreis Hersfeld	29940	6582	13,8	4	16	5	—	18	11
Kreis Schmalkalden	19461	4254	15,1	4	17	3	—	20	10
Die Kreise Fulda und Hünfeld	48401	10553	13,7	4	17	6	—	18	10
Prov. Fulda	97472	21389	14	4	16	8	—	19	3
Prov. Hanau	84969	24269	19,2	3	15	—	—	20	3
Kurhessen	662692	135755	17,8	4	26	5	—	26	2

*) Diese Tabelle ist wie die folgenden nach den Erhebungsrollen der ersten Hälfte des Jahres 1849 angefertigt und enthält deshalb nicht Voranschläge der Steuern, sondern die wirklich zur Erhebung gekommenen Steuerbeträge. Daher die kleine Differenz zwischen den Steuersummen in dieser Tabelle und in Tab. *a*.

d.

Vertheilung der directen Steuern auf Stadt und Land im Jahre 1849.

Kreis.	Monatliches Aufkommen an direkten Steuern. In den Städten. thlr.	sgr.	hlr.	Auf dem Lande. thlr.	sgr.	hlr.	Summa. thlr.	sgr.	hlr.	Demnach verhalten sich die Abgaben der Städte wie	zu den Abgaben auf dem Lande zu
Cassel	3901	11	—	2101	21	6	6003	2	6	64,9	35,1
Eschwege	983	11	11	2936	7	6	3919	19	5	25,1	74,9
Fritzlar	599	8	11	2006	5	2	2605	14	1	22,9	77,1
Hofgeismar	1182	26	7	1887	22	4	3070	18	11	38,4	61,6
Homberg	415	22	9	1401	25	1	1817	17	10	22,8	77,2
Melsungen	543	18	4	1685	16	3	2229	4	7	24,4	75,6
Rotenburg	477	20	10	2056	12	9	2534	3	7	18,8	81,2
Schaumburg	796	16	10	2388	19	2	3185	6	—	25,0	75,0
Witzenhausen . . .	857	29	2	1684	18	9	2542	17	11	33,7	66,3
Wolfhagen	905	20	10	1351	12	11	2257	3	9	40,1	59,9
Prov. Niederhessen	10664	7	2	19500	11	5	30164	18	7	35,3	64,7
Marburg	760	28	6	2636	8	5	3397	6	11	22,4	77,6
Frankenberg	540	28	10	367	—	10	907	29	8	59,5	40,5
Kirchhain	630	9	3	1519	28	11	2150	8	2	29,3	71,7
Ziegenhain	630	13	3	2770	8	2	3400	21	5	18,5	81,5
Prov. Oberhessen	2562	19	10	7293	16	4	9856	6	2	25,9	74,1
Fulda	578	15	11	2061	13	11	2639	29	10	21,9	78,1
Hersfeld	479	3	8	2015	27	9	2495	1	5	19,3	80,7
Hünfeld	111	12	2	1254	12	11	1365	25	1	8,1	91,9
Schmalkalden . . .	372	8	—	1249	16	10	1621	24	10	22,9	77,1
Prov. Fulda	1541	9	9	6581	11	5	8122	21	2	18,9	81,1
Hanau	1212	17	1	2845	21	3	4058	8	4	29,8	70,2
Gelnhausen	398	27	11	1446	9	—	1845	6	11	21,6	78,4
Schlüchtern	364	18	—	812	21	7	1177	9	7	30,9	69,1
Prov. Hanau	1976	3	—	5104	21	10	7080	24	10	27,9	72,1
Kurhessen	16744	9	9	38480	1	—	55224	10	9	30,3	69,7

e.

Die verschiedenen Klassen der Steuerpflichtigen nach der Höhe ihrer individuellen Leistungen im Jahre 1849.

Kreis.	Zahl derer, welche jährlich 60 Thlr. u. darüber an Steuer zahlen.	Zahl derer, welche 24 bis 60 Thlr. zahlen.	Zahl derer, welche 12 bis 24 Thlr. zahlen.	Zahl derer, welche 2 bis 12 Thlr. zahlen.	Zahl derer, welche unter 2 Thlr. zahlen.	Summe aller Steuerpflichtigen.
Cassel:						
a) Stadt	104	319	485	2339	1534	4781
b) Landkreis . .	7	108	305	1827	4892	7139
Eschwege	30	174	492	3322	6286	10304
Fritzlar	11	184	307	1113	1902	3517
Hofgeismar	14	92	365	3064	3759	7294
Homberg	8	99	278	1479	2058	3922
Melsungen	5	64	387	1511	2857	4824
Rotenburg	15	105	361	2292	4345	7118
Schaumburg	23	347	464	1882	2290	5006
Witzenhausen . . .	18	88	227	2357	3703	6393
Wolfhagen	9	63	253	1692	4038	6055
Niederhessen	244	1643	3924	22878	37664	66353
Marburg	9	238	480	2728	3995	7450
Frankenberg	4	11	205	1272	3039	4531
Kirchhain	11	90	343	1924	3514	5882
Ziegenhain	11	209	362	1953	3346	5881
Oberhessen	35	548	1390	7877	13894	23744
Fulda	6	78	471	2532	3474	6561
Hersfeld	10	136	506	2056	3874	6582
Hünfeld	—	30	258	1282	2422	3992
Schmalkalden . . .	4	32	146	1270	2802	4254
Fulda	20	276	1381	7140	12572	21389
Hanau	13	145	453	4175	7222	12008
Gelnhausen	6	14	91	2005	4500	6616
Schlüchtern	—	10	129	1458	4048	5645
Hanau	19	169	673	7638	15770	24269
Kurhessen	318	2636	7368	45533	79900	135755

f.

Antheil der verschiedenen Klassen der Steuerpflichtigen an der Gesammtleistung aller Steuerpflichtigen im Jahre 1849.

Bezeichnung der Klasse.	Zahl der Steuerpflichtigen.	In Procenten.	Antheil, den sie von den Steuersummen zahlten.
I. Klasse, welche 60 Thaler und darüber zahlt	318	0,2	7
II. Klasse, welche 24 — 60 Thaler jährl. zahlt	2636	1,9	17
III. Klasse, welche 12 — 24 Thaler jährl. zahlt	7368	5,4	21
IV. Klasse, welche 2 — 12 Thaler jährlich zahlt	45533	33,6	42
V. Klasse, welche unter 2 Thaler jährlich zahlt	79900	58,9	13
Summe	135755	100	100

Druck von Trowitzsch und Sohn in Berlin.

FSC
www.fsc.org
MIX
Papier | Fördert gute Waldnutzung
FSC® C083411

Kolibri 360 GmbH
Ferdinand-Jühlke-Straße 7
99095 Erfurt, Deutschland
produktsicherheit@kolibri360.de